베이컨 수필집

# 베이컨 수필집

프랜시스 베이컨 | 김길중 옮김

문예출판사

# Bacon's Essays

Francis Bacon

## 차례

참 • 9

죽음 • 13

종교의 단합 • 17

복수 • 25

역경 • 28

속임수와 눈가림 • 31

부모와 자식 • 36

결혼과 독신 생활 • 39

시기심 • 42

사랑 • 50

높은 지위 • 54

대담성 • 60

착한 행동과 착한 바탕 • 63

귀족 • 68

반란과 소란 • 71

무신론 • 83

미신 • 88

여행 • 91

제국 • 94

충고 • 101

늑장 • 108

교활 • 111

자기 자신을 위한 지혜 • 118

혁신 • 121

신속 • 123

겉보기 지혜 • 126

우정 • 129

지출 • 140

참으로 위대한 왕국과 공화국 • 142

건강 관리 • 155

의심 • 158

담론 • 160

식민지 • 164

재산 • 169

예언 • 175

야심 • 181

가면극과 여흥 • 185

인간의 본성 • 188

습관과 교육 • 191

행운 • 194

이자 • 198

젊은이와 늙은이 • 204

아름다움 • 208

장애 • 211

건축 • 214

정원 • 220

협상 • 228

추종자와 친구 • 231

청원 • 234

학문 • 237

파벌 • 240

격식과 예절 • 243

칭찬 • 246

허세 • 249

명예와 명성 • 252

사법 • 256

노여움 • 262

만상(萬象)의 변전(變轉) • 266

소문 • 274

**작품 해설 • 277**
**프랜시스 베이컨 연보 • 281**

• 본문의 주는 모두 옮긴이 주다.

# 참

"참이란 무엇인가?"라고 빌라도는 조롱하듯 묻고는 아예 대답을 들으려 하지도 않았다.* 확실히 세상에는 마음에 줏대 없음을 낙으로 삼고 고정된 신념을 속박이라고 생각하여 행동이나 사고(思考)를 제멋대로 하려는 사람들이 있다. 이런 유파의 철학자**들은 이미 사라진 지 오래지만, 이 옛사람들이 보여주었던 설득력도 없이 그들을 답습하는 어설픈 사람들이 아직도 남아 있다. 그러나 참을 찾아내는 데 드는 힘들고 어려운 노력이나, 참을 찾아냈을 때 그것이 인간의 사고에 던지는 속박 때문에 사람들이 거짓을 좋아하

---

\* 《요한복음》 18장 38절에서 로마 총독 빌라도는 예수의 설명을 들은 후 비웃듯 이런 질문을 던진다.
\*\* 고대 그리스의 회의학파를 가리킨다.

는 것은 아니다. 그것은 잘못된 것이긴 하나, 거짓 자체에 대한 본래적인 사랑 때문인 것이다. 그리스 말기의 어느 철학자는 이 문제를 곰곰이 생각했으나, 시인들처럼 기쁨을 가져다주지도 않고, 장사하는 사람처럼 잇속이 있는 일도 아닌데 오직 거짓, 그것을 위하여 거짓을 사랑하는 것이 무슨 까닭인지 이해할 수 없었다. 어째서 적나라한 한낮의 햇빛과도 같은 이 참이, 세상이란 무대 위에 오른 가면극과 무언극과 개선 행진을 우아하고 맵시 있게 비추는 데에는 촛불의 반도 미치지 못하는 것인지, 나 자신도 알 수 없다. 참은 아마도 대낮의 밝은 빛 아래에서 가장 아름다운 모습을 드러내는 진주의 가치를 지닐 것이다. 그러나 여러 가지 빛을 받고서야 가장 아름다운 모습이 되는 다이아몬드나 홍옥의 가치에는 미치지 못할 것이다. 거짓을 섞어놓으면 언제나 기쁨에 보탬이 된다. 사람들의 마음속에서 헛된 생각이나 달콤한 희망이나 그릇된 판단이나 걷잡을 수 없는 망상 따위를 빼앗는다면, 많은 사람들은 가엾게도 마음이 위축되어 우울과 실의에 빠지고, 심지어는 제 자신까지 미워하게 될 것이 아닌가? 성자(聖者) 한 분이 시가 상상력을 가득 채워준다는 까닭 때문에 시를 가리켜 '악마의 술'이라고 대단히 신랄하게 말한 적이 있다.* 그러나 앞서 말한 것처럼, 해를 끼치는 것은 마음을 스쳐 지나가는 거짓이 아니라, 마음속에 가라앉아 떠나지를 않는 거짓이다. 그러나 비록 이러한 거짓이 인간의 타락한 판단력이

---

\* 시(詩)를 '잘못의 술'이라고 한 성 아우구스투스의 말과, 시를 '악령의 음식'이라고 한 히에로니무스의 말을 뒤섞은 표현이다.

나 감정 속에 자리 잡고 있더라도, 오직 그 진가를 스스로 구하는 자에게만 모습을 드러내는 참은 인간 본성의 가장 높은 선(善)이다. 참에게 애정을 구하고 참과 사랑을 하는 것이 참의 탐구요, 참이 모습을 드러내는 것이 참의 인식이요, 참을 즐기는 것이 참의 믿음이다. 여러 날에 걸친 신의 노작 가운데 제일 먼저 만들어진 것은 감각의 빛이었고, 제일 나중 것은 이성의 빛이었다. 그 이후로 신이 안식일에 하는 일은 성령으로 인간의 마음을 비추는 것이다. 신은 먼저 암흑의 우주에 빛을 불어넣었고, 그런 다음 인간 위에 빛을 불어넣었다. 신은 지금도 선민(選民)의 머리 위에 빛을 불어넣고 빛을 일깨우고 있다. 쾌락파\*의 꽃이 된 어느 시인\*\*은 다음과 같은 멋진 말을 했다. 아마 이 시인이 없었다면 쾌락파는 볼품이 없었을 것이다.

"해변에 서서 바다 위에 흔들리는 배를 바라보는 일은 즐겁다. 성곽의 창가에 기대어 전투와 모험을 내려다보는 것 역시 즐겁다. 그러나 참의 고지에 서서(이 산을 굽어볼 산은 없으며, 공기는 항상 맑고 온화하다) 저 아래 골짜기에서 벌어지는 잘못과 헤매임과 안개와 모진 비바람을 굽어보는 기쁨에 견줄 것이 어디 있으랴."

물론 이런 모습을 굽어볼 때 동정심을 가져야지, 결코 허세나 교만을 부려서는 안 된다. 사람의 마음이 자비심을 따라 운행하고 섭리 안에 안주하며 참을 축으로 회전한다면, 이야말로 하늘나라가

---

\* 그리스의 에피쿠로스를 중심으로 한 학파.
\*\* 기원전 1세기의 시인 루크레티우스를 가리킨다.

땅 위에 내려온 것이다.

 신학적, 철학적 참에서 시선을 돌려 일상생활의 참을 생각해보자. 정직하고 솔직한 처신이 명예로운 인간의 본바탕이요, 거짓이 섞인 처신은 불순물이 섞인 금화나 은화 같아서 겉모습은 나아 보이나 품질은 떨어진다는 점을, 이를 실행하지 않는 사람들도 인정할 것이다. 이와 같이 구불구불하고 비뚤어진 길은 발로 걷지 못하고 배로 기어가는 뱀의 길이다. 거짓과 불성실만큼 사람을 치욕으로 둘러씌우는 악은 없다. 거짓의 말이 왜 그토록 불명예스럽고 혐오감을 살 만한 것인가에 대하여 몽테뉴는 이렇게 말했다.

 "잘 생각해보면 사람이 거짓말을 한다는 것은, 그 사람이 신에 대해 용감하고 인간에 대해 비겁하다는 것과 마찬가지다."*

 신에게는 모습을 드러내고 인간에게는 모습을 숨기는 것이다. 거짓과 불성실의 사악함이 가장 크게 들려오는 날은, 이 거짓이 마지막 나팔 소리가 되어 온 인간의 머리 위에 신의 심판을 불러올 때일 것이다. 그리스도가 재림할 때는 "주님은 이 땅 위에 믿음이란 찾아볼 수 없을 것"**이라고 예언되어 있다.

---

\*　몽테뉴의 《수필집》 2권 18장.
\*\*　《누가복음》 18장 8절의 "그러나 인자가 올 때 세상에서 믿음을 볼 수 있겠느냐"에 언급된 것으로, 성경에서의 믿음은 물론 신앙을 뜻하지만, 베이컨은 신의(信義)라는 뜻으로 쓰고 있다.

# 죽음

　어린아이가 어두운 곳에 가기를 두려워하듯, 사람은 죽음을 두려워한다. 또 어린아이의 자연스러운 두려움이 이야기를 들으면 더욱 커지듯, 죽음에 대한 두려움도 그러하다. 확실히 죄의 대가로서, 저승으로 가는 관문으로서 죽음을 생각하는 것은 성스럽고 종교적이다. 그러나 자연에 바쳐야 할 헌물로서 죽음을 두려워하는 것은 나약한 태도다. 종교적 묵상의 과정에서 허영심과 미신이 뒤섞이는 수가 때로 있다. 수도승들이 남긴 금욕과 고행에 대한 책에 이런 말이 있다.
　"사람들은 자기 손가락 끝이 눌리거나 상처를 받을 때의 고통으로 미루어보건대 온몸이 부패하고 해체되는 죽음의 고통은 어마어마하리라고 상상할 것이다. 그러나 대개의 경우 죽음이 지나갈 때의 아픔은 손이나 발의 상처가 주는 아픔에 미치지 않는다. 가장 치명적인 부분의 감각이 가장 예민한 것은 아니다."

그리하여 "무서운 것은 죽음 그 자체가 아니라, 죽음과 아울러 오는 것"이라고 한 철인(哲人)의 말은 명석한 속인(俗人)의 말로서는 훌륭한 통찰이었다.* 신음 소리, 몸의 뒤척임, 핏기 없는 얼굴, 슬피 우는 벗들, 검은 상복, 장례식 따위 때문에 죽음이 무시무시하게 생각되는 것이다. 사람의 마음이 죽음의 두려움을 제압하고 극복할 수 없을 만큼 약한 것이 아님을 알아두어야 한다. 죽음과의 싸움에서 승리를 거두도록 도울 조력자들이 주위에 얼마든지 있는 이상, 죽음은 그토록 무시무시한 적이 아니다. 복수의 마음은 죽음을 뛰어넘고, 사랑의 마음은 죽음을 대수롭지 않게 여기고, 명예의 마음은 죽음을 열망하며, 슬픔의 마음은 죽음으로 달려가고, 공포의 마음은 죽음 속으로 앞질러 들어간다. 오토 황제**가 자살하자, 많은 사람들이 애련의 정을 못 이겨(애련의 마음은 온갖 감정 중 가장 섬세한 감정이다) 군주에 대한 순수한 동정심에서 가장 진실한 신하의 자세로 그의 뒤를 따라 자결했다. 동정의 마음뿐이 아니다. 세네카는 불만과 포만(飽滿)의 마음을 이에 덧붙인다.

"용감하지도 불행하지도 않으면서, 단지 똑같은 일을 매우 자주 되풀이하는 권태 때문에 사람은 죽음을 원하기도 한다."

한편 죽음이 다가와도 고결한 사람은 거의 흔들리지 않는다는

---

\* 1세기 로마의 철인 세네카의 《서간집》에 나오는 구절로, 속인은 비그리스도교인으로 신의 계시에 힘입지 않은 이를 뜻한다.
\*\* 로마 황제로, 재위 3개월 만에 패전하자 자살했다.

점 또한 알아두어야겠다. 아우구스투스 카이사르\*는 "리비아여, 잘 있소. 우리의 결혼 생활을 영원히 잊지 마오"라고 작별의 인사를 하면서 죽었다. 타키투스\*\*에 의하면 티베리우스\*\*\*는 달랐다. 몸에 남은 마지막 힘이 티베리우스를 떠난 후에도 위선의 표정은 그대로 남았던 것이다. 베스파시아누스\*\*\*\*는 의자에 앉아 "난 신이 되어 가고 있는가 봐"라고 실소하면서 죽었다. 갈바\*\*\*\*\*는 "쳐라! 이것이 로마 인민을 위한 것이라면" 하고 몸을 쑥 내밀었다. 셉티미우스 세베루스\*\*\*\*\*\*는 "아직도 내가 할 일이 남아 있으면 어서 가져오라"고 재촉하면서 죽었다. 대충 이런 식이다. 확실히 스토아 학파의 철인들은 죽음을 지나치게 중요하게 생각했고, 그것에 대한 준비를 거창하게 함으로써 죽음을 더욱 두렵게 했다. "목숨에 끝이 있음은 자연이 베푼 은혜의 하나"라고 한 시인\*\*\*\*\*\*\*의 말이 옳다. 죽는다는 것은 태어난다는 것과 마찬가지로 당연한 것이다. 아마 갓난아이에게는 태어나는 아픔이 죽는 고통만큼이나 클 것이다. 열심히 살다가 죽는 사람은 흥분해 있는 동안 상처를 입는 사람과 비슷하다. 우선 당장에는 그 아픔을 거의 느끼지 못한다. 그러므로 마음이 무

---

\*    초대 로마 황제로, 카이사르의 조카. 리비아는 그의 황후.
\*\*   로마의 역사가(55~117년경).
\*\*\*  아우구스투스 카이사르를 이은 황제.
\*\*\*\* 로마 황제(69~79년 재위).
\*\*\*\*\* 로마 황제로, 반란군에 의해 피살되었다(68~69년 재위).
\*\*\*\*\*\* 로마 황제(193~211년 재위).
\*\*\*\*\*\*\*로마의 시인 유베날리스를 가리킨다.

엇인가 좋은 일에 기울어 고정되어 있으면 죽음의 아픔을 피할 수 있다. 모든 것 중 제일 아름다운 노래는 고귀한 목적과 기대를 완수한 사람의 "이제 놓아주옵소서" 하는 말일 것이다.* 죽음은 이러한 혜택도 베푼다. 곧 명성을 떨치게 하고 질투의 불을 끄는 것이다. 그래서 "살아 생전에 시샘을 받던 이도, 죽은 후에는 사랑을 받는다" 했던 것이다.**

---

\* 누가복음》2장 29절의 "주여 이제 말씀하신 대로 종을 평안히 놓아주시옵소서"로 어느 유대인이 기꺼이 죽음을 기다리는 대목이다.

\*\* 호라티우스의 《서간집》 2권.

# 종교의 단합

종교는 인간 사회를 결속시켜주는 중요한 것이므로, 종교 자체가 참된 결속을 이루어야 할 것이다. 종교를 에워싼 분쟁과 분파는 이교도들에게는 알려지지 않은 악습이다. 그 까닭은 이교도들에게는 종교가 의식과 행사지, 변함없는 믿음이 아니기 때문이다. 그들의 신앙이 어떠한 것이었냐는 이교도들의 교회에서 중추적인 박사와 교부(敎父)의 역할을 시인이 떠맡았던 사실을 보면 짐작할 수 있을 것이다. 그러나 참된 신의 모습은 '질투하는 신'이요, 그에 대한 예배와 종교는 이질적인 것이 끼어들거나 경쟁자가 등장하는 것을 용납하지 않는다.* 그러므로 교회의 단합에 관하여 몇 마디 하

---

\* 십계명 중 "여호와 너의 하나님은 질투하는 하나님인즉……"(《신명기》5장) 참조.

려는 것이다. 즉, 교회 단합의 결실은 무엇이고, 그 한계는 무엇이며, 그 수단은 어떠한 것인가를 살펴보려는 것이다.

그 결실(신을 기쁘게 해드리는 것이 이보다 앞서는 결실이겠지만)에는 두 가지가 있다. 하나는 교회 밖의 사람들에 대한 것이요, 다른 하나는 교회 안의 사람들에 대한 것이다. 전자에 관해서 분명한 것은 이단과 분열이 모든 과오 중에서 가장 극심한 폐단이라는 점이다. 필경 도의의 타락 이상 가는 폐단이다. 왜냐하면 인간의 육체에 상처나 장애가 썩은 고름보다도 더욱 나쁜 것과 마찬가지로 영혼도 그러하기 때문이다. 따라서 교회 안의 단합이 무너지면 사람들은 교회를 멀리하고 교회를 떠난다. 그러므로 이와 같은 난처한 지경에 이르러 한 사람은 "보라, 그리스도가 광야에 있다" 하고 또 한 사람은 "보라, 그리스도가 골방에 있다"\* 할 때 어떤 자는 그리스도를 이교도의 비밀 집회에서 찾고, 교회의 겉모습에서 찾는 자들에게는 "나가지 말라"고 외치는 소리가 끊임없이 들려와야 할 것이다. 이방인의 설법자가 된 바울(그의 특별한 소명은 교회 밖의 사람들에 대한 관심이었다)은 "다 방언으로 말하면 무식한 자들이나 믿지 아니하는 자들이 들어와서 너희를 미쳤다 하지 않겠느냐"고 했다.\*\* 무신론자들이나 불경한 사람들이 종교 내에 이토록 큰 불협화음이 있고 상충하는 의견이 분분함을 알게 된다면 이와 다를 바 없을 게

---

\* 《마태복음》 24장 26절의 가짜 그리스도에 대한 경계를 참조.
\*\* 《고린도전서》 14장 23절.

분명하다. 그들은 교회를 외면하고 "비웃는 자의 자리"*에 앉을 것이다.

이처럼 중대한 문제를 증거하는 실례로서, 별로 대수로운 것은 아니나 그 볼꼴 사나운 면을 잘 나타내주는 예가 있다. 즉, 어떤 비웃음의 대가가 가공의 장서 목록을 작성했는데, 이 목록에 포함된 책 이름 하나가 '이단자들의 모리스 춤'**으로 되어 있었다. 모든 이단의 종파는 제가끔 각양각색의 흉측한 자세를 취하기 때문에, 거룩한 것이라면 즐겨 경멸하는 세속인들과 타락한 정상배(正常輩)들의 비웃음을 사지 않을 수 없는 것이다.

교회 내의 사람들에 대한 결실은 무한한 축복을 머금은 평화다. 그것은 신앙의 기반을 굳히고 자비심을 일깨운다. 교회의 외형적인 평화가 내부로 스며들어 양심의 평화가 된다. 그것은 논쟁의 글을 쓰고 읽는 데 들이는 수고를 수행과 신앙심에 관한 저작 활동으로 돌리게 한다.

단합의 한계에 관해서는 이 한계의 참된 위치가 어떠한 것인가가 더할 나위 없이 중요하다. 이에는 양극단이 있는 듯하다. 어떤 광신자는 모든 온건한 언사를 역겹게 생각한다. "예후여, 그것이 평안인가?" "평안이 네게 상관이 있느냐? 내 뒤로 돌이키라."*** 평

---

* 《시편》1편 1절.
** 베이컨 당시 영국에서 유행하던 춤으로, 이교도인 무어인들에게서 연유한 것으로 추측된다.
*** 《열왕기하》9장 18절.

화에는 전혀 흥미가 없는 것이다. 파벌과 도당(徒黨)이 문제될 뿐이다. 이에 반하여 라오디케아인\*들과 미온적인 인사들은 양측에서 골고루 취하고 솜씨 있게 화해를 이룸으로써 종교상의 문제를 조정하고 가운데 길을 갈 수 있다고 생각한다. 마치 신과 인간 사이에서 중재 역할을 담당하려는 듯 말이다. 이 양극단은 모두 피해야 한다. 이것은 피할 수 있을 것이다. 오직 우리의 구세주 자신이 그리스도교인을 위하여 한계를 그은 규약, 즉 "우리와 더불어 있지 않은 자는 우리의 적"이라는 것과 "우리와 적대하지 않는 자는 우리와 더불어 있다"는 두 가지 서로 모순되는 조목을 정당하고 분명하게 설명해야 한다. 종교에서 본질적이고 중요한 문제와 순수하게 신앙의 문제가 아닌 의견, 질서, 선의의 문제를 올바로 구별한다면, 이 양극단은 피할 수 있다. 많은 사람들이 이것을 사소한 문제요, 이미 이루어진 일이라고 생각하는 듯하다. 그러나 이 과업이 더 광범위한 찬동을 얻으려면 분파적인 감정을 떠나서 일을 해야 할 것이다.

이에 관해서 나는 내 나름대로 작은 충고를 할 수 있다. 사람들은 다음과 같은 두 가지 유형의 논쟁으로 신의 교회에 흠이 가게 해서는 안 된다. 그 하나는 논쟁의 대상이 되는 문제점이 사소하고 경미한 것인데도 반박을 위한 반박으로 불이 붙어 헛되이 열을 올리고 싸움질을 하는 경우다. 초기 교부 한 사람\*\*이 지적했듯이 "그리

---

\*   소아시아의 라오디케아 지방의 주민들. 이들의 교회는 미온적인 태도로 인해 바울에게 힐난을 받았다(《요한계시록》 3장 14절).

\*\*  12세기 프랑스의 성직자 베르나르.

스도의 옷은 꿰맨 자국이 없지만 교회의 의복에는 여러 가지 빛깔이 있는 것"이다. 그는 이어서 "옷에 다양성이 있는 것은 좋다. 그러나 꿰맨 데가 있어서야 되겠는가"라고 했다. 합일과 획일은 구별되어야 한다. 또 한 가지 논쟁의 유형은, 대상이 되는 문제점이 중대한 것이긴 하지만 이를 지나치게 까다롭고 애매한 정도까지 몰고 가는 경우다. 이쯤 되면 문제는 본질적인 뜻을 잃고 잔꾀에 빠진다. 판단력과 이해력이 있는 사람이라면, 무지한 사람들이 때로 의견을 달리하고 있지만 그 다른 의견들이 실은 똑같은 것을 뜻하는 것인데도 결코 합의를 보지 못함을 내심 잘 알고 있을 것이다. 만약 사람과 사람 사이의 판단의 차이에서 이와 같은 일이 일어나더라도 인간의 마음을 다 알고 있는 저 위에 계신 신을 연약한 사람들이 때때로 서로 공박하지만, 실은 같은 것을 추구하고 있다고 불쌍히 여기시어 양쪽을 다같이 받아들인다고 생각할 수 있지 않을까? 이러한 논쟁의 성질에 관하여 사도 바울도 "기이한 말로 신을 모독하거나, 소위 학식이란 거짓 이름으로 반론을 내지 말라"는 탁월한 경고와 교훈을 토로했다. 사람들은 있지도 않은 반론을 내세워 이에 새로운 말을 만들어 붙인다. 그리하여 뜻이 말을 지배해야 마땅함에도 결과적으로 말이 뜻을 지배하게 된다. 또한 거짓된 평화 혹은 단합에는 두 가지 양상이 있다. 그 하나는 평화가 오로지 암묵적으로 무지에 근거를 두고 있는 경우다. 온갖 빛깔이 어둠 속에서는 똑같아 보이기 때문이다. 다른 하나는 근본적인 문제에 관한 이견을 곧바로 받아들여 누덕누덕 땜질하는 경우다. 이와 같은 경우에는 참과 거짓이 느부갓네살 왕이 꿈속에서 본 철과 진흙으로 된 신상의 발가락과 비슷하다.* 붙어 있기는 하겠지만 결코 하나로 합일될 수는 없다.

    이제 단합을 이루는 수단에 관하여 이야기해보자. 종교적 단합을 성취하거나 강화함에 있어 자비심과 인간 사회의 이법(理法)을 손상시키거나 좀먹지 않도록 조심해야 한다. 그리스도교인들에겐 두 가지 칼이 있다. 심령의 칼과 세속적인 칼이 그것이다. 이 두 가지 칼은 종교를 유지하기 위한 자기 나름의 임무와 위치를 가진다. 그러나 우리는 마호메트의 칼과 같은 제3의 칼을 들어서는 안 된다. 즉, 전쟁을 통해 종교를 전파하거나, 피비린내 나는 박해를 통해 양심을 강요해서는 안 된다. 물론 명백한 부정이나 신에 대한 모독, 반국가적인 책동의 기미가 있다든지, 더욱이 반란을 회책하고, 음모와 모반을 지지하며, 민중의 손에 칼을 쥐어주는 따위라면 신으로부터 권능을 받은 모든 정부를 전복하려는 것이므로 문제가 달라질 것이다. 이것은 첫째 돌판으로 두 번째 돌판을 때려 부수는 셈이기 때문이다.** 사람들이 그리스도교인이라고 생각하기에 앞서 그들 역시 인간임을 어찌 잊을 수 있으랴. 아가멤논이 자기 혈육인 딸을 제물로 바치는 것을 참고 견디어내는 광경을 보고 시인 루크레티우스***는 "종교가 이토록 몹쓸 짓을 하다니" 하고 외쳤다.

---

\*   《다니엘》 2장 33절.
\*\*   모세가 신에게서 받은 계명을 새긴 두 돌판 중 첫째 것은 신에 대한 인간의 의무이고, 둘째 것은 인간에 대한 인간의 의무였다.
\*\*\*   로마의 시인(기원전 95~기원전 55년경).

만약에 이 시인이 프랑스의 대학살 사건*이나 영국의 화학 음모 사건**을 알았더라면 무어라고 했을까? 그는 필경 일곱 갑절쯤 더욱 맹렬한 쾌락주의자와 무신론자가 되었을 것이다. 세속적인 칼은 종교적인 문제에 관한 한 대단히 신중을 기하여 빼야 하는 것과 마찬가지로, 칼을 일반 백성의 손에 넘겨주는 것 또한 흉측한 일이다.

이와 같은 짓은 재세례파(再洗禮派)***와 광신도들에게나 넘겨주기로 하자. 악마가 "내 가장 높은 구름에 올라 지극히 높은 자와 비기리라"****고 한 것은 대단한 불경(不敬)이었다. 그러나 신에게 배역을 주어 "내 이제 밑으로 내려가 암흑의 왕과 같이 되리라"고 말하게 한다면 더욱 몹쓸 불경이 될 것이다. 만약 종교의 대도(大道)가 밑바닥으로 내려가 왕을 시해하고, 인민을 참살하고, 국가와 정부를 뒤엎는 잔인하고 흉포한 짓을 저지른다면 이보다 나은 점이 무엇이겠는가? 확실히 이것은 성령을 비둘기의 형상이 아니라 독수리나 갈가마귀의 모습으로 내려오게 하는 것*****이며, 그리스도

---

\* 1572년, 성 바톨로뮤 축제일에 행해진 신교도(위그노) 대학살 사건.
\*\* 1605년, 신교가 국교인 것에 불만을 품은 구교도의 화약 음모 사건. 가이 포크스가 의사당을 폭파하려 했다.
\*\*\* 15세기에 주목을 끌었던 급진적 종파. 개인의 독립적인 종교적 전능을 신봉하는 이들은 유아 세례를 의미 없다 하여 성년 재세례를 주장했고, 한때 독일에서 절대적 평등과 재산의 공유를 목표로 이상적인 그리스도교 공화국을 세우려다 좌절되었다.
\*\*\*\* 《이사야》14장 14절.
\*\*\*\*\* 《누가복음》3장 22절.

교 교회의 배에 해적선이나 아사신선(船)*의 깃발을 내어 다는 것이다. 그러므로 교회는 교리와 교령(敎令)으로, 군주는 칼로, 그리스도교적이거나 일반적인 모든 학문은 헤르메스의 지팡이**로 이런 경향으로 흐르는 사실과 의견을 처단하여 지옥으로 보내버릴 필요가 절실하다. 이것은 이미 상당한 정도까지 이루어지고 있다. 확실히 종교에 관한 충고로서는 "사람의 성내는 것이 하나님의 의를 이루지 못하느니라"***고 한 사도의 충고를 으뜸으로 삼아야 할 것이다. 어느 현명한 교부도 이에 못지않게 솔직한 고백을 하고 있다.

"양심의 억압을 주장하고 역설하는 사람들은 대체로 그들 자신의 개인적인 목적에 눈이 어두워 그러는 것이다."

귀담아 들어야 할 말이다.

---

\* 십자군 전쟁 당시 이슬람교도의 특공대. 암살자라는 뜻인 영어의 assassin에서 유래되었다.
\*\* 그리스 신화의 헤르메스는 지팡이를 들고 죽은 혼령을 저승으로 인도한다.
\*\*\* 《야고보서》1장 20절.

# 복수

복수는 본래 인간의 형평, 본성 혹은 정의감의 한 가지 형태다. 사람의 마음이 이런 본성으로 치달으면 치달을수록 법률은 그 뿌리를 뽑아야 한다. 발단이 되는 첫 가해 행위는 법을 어기는 데 그치지만, 이 가해에 대한 복수는 법의 기능마저 빼앗는 것이기 때문이다. 확실히 복수를 하면 원수와 맞비기지만, 이를 넘겨버리면 피해자가 우월해진다. 용서는 군주가 하는 일이니까. 따라서 솔로몬은 "허물을 용서하는 것이 자기의 영광이니라"*고 했던 것이다. 지난 일은 지난 것이요, 돌이킬 수 없다. 현명한 사람들에게는 지금 당장 해야 할 일이나 앞으로 닥쳐올 일이 얼마든지 있다. 어찌 지나간 일로 시달리는 사람들처럼 제 자신을 왜소하게 만들면서 헛

---

\* 《잠언》 19장 11절.

된 일을 하라. 남에게 해를 끼치는 것이 좋아서 해를 끼치는 사람이 어디 있겠는가? 오로지 그렇게 함으로써 이득과 쾌락과 명예 따위를 얻어내려고 그러는 것이 아닌가? 그렇다면 사람들이 나보다도 자기 자신을 더 사랑한다 하여 화를 낼 까닭이 무엇이겠는가? 어떤 사람이 천성적으로 악하여 해를 끼친다면, 그것은 가시나 찔레처럼 찌르고 할퀴는 짓 외엔 아무것도 할 줄 모르기 때문이다. 복수 중에서 가장 너그럽게 봐줄 수 있는 것은 아마도 피해를 회복해줄 법이 없는 경우다. 그러나 이런 경우라도 복수는 처벌받을 법이 없는 형태의 것이어야 한다. 그러지 않는다면 적은 아직도 한 발자국 앞서는 것이고, 2대 1의 형세가 되는 것이다. 어떤 사람들은 복수를 결행하기에 앞서 상대방에게 보복을 당하는 까닭을 알리고 싶어 한다. 이것은 비교적 대범한 자세다. 보복을 하는 것보다는 상대방으로 하여금 뉘우치게 하는 데 복수의 기쁨이 있는 듯하기 때문이다. 그러나 야비하고 교활한 비겁자는 어둠 속을 나는 화살과 같다. 피렌체의 공작 코스무스는 배신과 불성실을 능사로 하는 친구들을 마치 용서치 못할 죄를 저지른 것처럼 통렬하게 비난하면서 이렇게 말했다.

"원수를 용서하라는 계율은 이후로도 남을 것이다. 그러나 친구를 용서하라는 계율은 단연코 등장하지 않을 것이다."

욥의 정신은 이에 비하여 고매한 목소리를 가진다.

"우리가 하나님께 복을 받았은즉 재앙도 받지 아니하겠느뇨?"*

---

\*  《욥기》2장 10절.

친구에 대해서도 어느 정도 이와 마찬가지다. 복수를 궁리하는 사람은 곧 나아서 쾌유될 수도 있었을 상처를 늘 아프게 간직하는 셈이다. 공적인 복수는 대체로 결말이 좋다. 카이사르의 죽음, 페르티나크스\*의 죽음, 프랑스의 앙리 3세\*\*의 죽음, 그 외에도 많은 예에서 보는 바와 같다. 그러나 사적인 복수는 그렇지 못하다. 아니 오히려 복수심에 불타는 사람들의 일생은 마녀들의 일생과 흡사하게 악심을 품었던 대가로 불행한 말로를 걷는다.

---

\*   193년에 반란군에게 살해된 로마의 황제.
\*\*  1589년에 암살된 프랑스의 왕(재위 1574~1589년).

# 역경

"번성에 속하는 좋은 것은 탐낼 만한 것이지만, 역경에 속하는 좋은 것은 찬양할 만한 것"이라는 세네카의 (스토아*풍 표현이기는 하지만) 의기 높은 말이 있다. 분명히 기적이 자연 위에 군림하는 것이라면, 기적은 대체로 역경 속에서 나타난다. 이보다 더욱 높은 의기로 세네카는 또 "우리가 인간의 약점과 아울러 신의 가호를 지니고 있음은 참으로 위대한 일"이라고 말하고 있다. 이것을 과장이 좀 더 허용되는 시로 썼더라면 좋았을 것이다. 사실상 시인들은 부지런히 이 문제를 다루어왔다. "헤라클레스가 (인간성을 상징하는)

---

\* 스토아 학파는 미덕이 인생의 목표라 보고 미덕에 상치하는 모든 외적인 사상(事象)에 무관심하라고 가르쳤다. 제논이 그 창시자.

프로메테우스를 풀어주러 갈 때* 흙으로 만든 항아리에 몸을 싣고, 그 큰 바다 먼 물길을 항해했다"는 옛 시인들의 이상한 이야기에는 결국 숨은 뜻이 없는 것 같지 않다. 필경 그리스도교의 상태에 어느 정도 가까워지고 있는 것이다. 헤라클레스의 항해는 육체라는 연약한 배를 타고 세상의 풍파를 헤치면서 항해하는 그리스도교인의 결의를 웅장하게 묘사하지 않았는가? 그러나 좀 더 평이한 말로 이야기하기로 하자. 번성의 미덕은 절제요, 역경의 미덕은 인내다. 인내가 도덕적으로 훨씬 영웅적인 미덕이다. 번성은 구약에서 말하는 축복이요, 역경은 신약에서 말하는 축복이다. 이 역경이 더 큰 은혜를 약속해주고, 신의 가호를 더 선명하게 계시해준다. 구약에서도 다윗의 노래에 귀를 기울이면 기쁨의 노래만큼 비애의 노래를 들을 수가 있을 것이다. 또한 성령의 붓끝은 솔로몬의 영화보다도 욥의 고난을 그리는 데 더욱 큰 힘을 들이고 있다. 번성한다고 두려움과 번거로움이 없는 것이 아니요, 역경 속이라고 위안과 희망이 없는 것이 아니다. 재봉일이나 수예에서 슬프고 장중한 바탕에 경쾌한 무늬를 넣는 것이, 밝은 바탕에 어둡고 침울한 무늬를 넣는 것보다 훨씬 즐겁다. 그러니 이와 같은 눈의 즐거움에 미루어 마음의 즐거움을 판단해보라. 향이나 양념은 피우거나 빻을 때 가장 향기로운 법이다. 미덕도 이러한 값진 향기와 같다. 번성은 악덕을

---

* 프로메테우스는 최초의 인간을 흙으로 빚어 만들고, 인간에게 불의 사용 등 여러 가지 기술을 가르쳐준 신으로 인간성을 상징하는 수가 많다. 그는 제우스의 미움을 사 코카서스의 큰 바위에 묶이나, 결국은 헤라클레스에 의하여 구출되었다.

가장 잘 드러내지만, 역경은 미덕을 가장 잘 드러낸다.

## 속임수와 눈가림

눈가림은 책략이나 지혜로써는 빈약한 것이다. 참을 말할 때를 알며, 참을 행하려면 강건한 두뇌와 강건한 마음이 요청된다. 눈가림을 일삼는 짓은 사기꾼들의 어리석은 술수다.

타키투스는 "리비아는 남편의 지모와 아들의 위장술을 한몸에 지녔다"라고 말하면서 지모 또는 책략을 남편 아우구스투스에게, 위장술을 아들 티베리우스에게 돌리고 있다. 또 무키아누스가 비텔리우스에게 반란을 일으키라고 베스파시아누스를 충동질할 때도 그는 "우리의 봉기는 아우구스투스의 꿰뚫는 듯한 판단력이나, 티베리우스의 극도의 조심성이나 치밀성을 반대하자는 것이 아니다"라고 했다. 이러한 지모 혹은 책략과 눈가림, 혹은 숨김은 사실상 제각기 다른 습성이며 기능이므로 서로 구별하지 않으면 안 된다. 그 까닭은 이러하다. 만약 우리가 공개할 것은 무엇이고, 비밀로 할 것은 무엇이며, 반쯤만 드러낼 것은 무엇이고, 또 누구에게 언제 그렇게 할 것인지를 분별할 통찰력과 판단력을 지니고 있다면\* 눈가림 수를 쓰는 습성은 오히려 결점이며 장애 요소가 된다. 그러나 이러한 판단력을 갖추지 못했을 때 사람들은 진실로 숨기거나 눈가림에 의탁한다. 처지와 형편에 따라 적절한 판단력의 지혜를 동원할 수 없다면, 앞을 못 보는 장님이 조심스럽게 길을 가듯, 아예 제일 안전하고 신중한 방법을 택하는 것이 좋기 때문이다. 예부터 뛰어나게 유능한 사람들은 처세에 있어 숨김이 없었고 솔직하고 대담했으며, 믿을 만하고 진실하다는 평판을 들었던 것이 사실이다. 그러나 그들은 길이 잘든 말과 같다. 왜냐하면 이들은 멈추어야 할 곳과 돌아야 할 곳을 환히 알고 있기 때문이다. 눈가림 수를 쓰지 않을 수 없는 사태에 이르렀다고 판단되는 경우 실제로 위장술을 활용하였더라도 이미 널리 유포되어 있는 그들의 신의와 공명정대함에 대한 세론 때문에 눈에 띄지 않는다.

 사람이 자신을 숨기고 가리는 데는 세 가지 단계가 있다. 첫째는 숨기고 보류하고 비밀로 하는 것이다. 즉, 실제의 자기 모습을 남이 볼 수도, 짐작할 수도 없게 하는 경우다. 둘째는 소극적인 눈가림이다. 자기의 본모습이 달리 보이도록 거짓 흔적과 증거를 짐짓 흘려두는 경우다. 셋째는 적극적인 속임수다. 즉, 자기의 본모습이 달리 보이도록 의도적으로 꾸미고 또 자처한다.

 먼저 이들 가운데 첫 번째인 숨기는 일을 생각해보자. 비밀로 해

---

\* 이것이야말로 타키투스가 말했듯이 치국과 처세의 묘(妙)인 것이다.

두는 것은 사실상 고백을 들어주는 자에게는 미덕이 된다. 비밀을 지키는 자가 고백을 많이 듣는 것은 분명하다. 입이 싼 사람에게 어느 누가 자기의 마음을 털어놓겠는가? 비밀을 잘 지킨다고 여겨지는 사람이 고백을 많이 듣게 되는 것은 마치 밀폐된 공기가 개방된 공기를 빨아들이는 것과 비슷하다. 고백을 하여 비밀을 털어놓는 것은 세속적인 목적 때문이 아니라 사람의 마음을 편안하게 하려고이므로, 비밀을 잘 지키는 사람은 이와 같은 것을 많이 알게 된다. 요컨대 사람들은 마음을 알리려는 것이 아니라, 마음을 풀고자 하는 것이다. 간단히 말하여 비밀을 지킬 수 있는 사람은 비밀을 들을 자격이 있다. 한편 (솔직히 말하자면) 적나라한 것은 정신적으로나 육체적으로나 보기 좋은 것은 아니다. 조금 가려진 것이 있을 때 그 사람의 태도와 행동이 적잖게 돋보일 수 있다. 수다스러운 사람, 입이 싼 사람은 대체로 허황된 데다가 곧잘 속아 넘어가기도 한다. 자기가 아는 것을 이야기하는 사람은 모르고 있는 것도 이야기할 것이기 때문이다. 그러므로 '비밀을 지키는 습관은 현명하면서도 도덕적'이라는 점을 명심해두기로 하자. 아울러 얼굴의 표정이 혀의 말과 어긋나지 말아야 함을 상기해두자. 안색의 굴절로 본심이 드러난대서야 커다란 약점이요, 창피가 아닐 수 없다. 사람들은 안색을 말보다 몇 배나 더 주목하며 믿는다.

두 번째의 눈가림에 대하여 이야기해보자. 눈가림은 불가피하게 비밀에 수반되는 수가 많다. 비밀을 지키는 것이 어느 정도 눈가리는 것일 수밖에 없기 때문이다. 털어놓는 것과 눈가리는 것 사이의 중립적인 태도를 취하여 이 양자 간의 균형을 깨뜨리지 않으면서도 비밀을 지킬 수 있도록 허용하기에는, 사람이란 너무 교활하다. 사람들은 정신이 없을 만큼 질문을 퍼붓고 유도하여 숨겨진 것을 캐내려 할 것이므로 침묵만 지킨다는 것도 이상하게 된다. 또 입을 연다면 어느 한쪽으로 기울지 않을 수 없는 것이다. 설사 입을 열지 않는다 하더라도, 입을 열었을 때와 마찬가지로 그 침묵을 가지고 추측해버린다. 애매한 말이나 신탁과 같은 언사를 던져도 오래갈 수는 없다. 그러므로 얼마간의 시치미를 떼지 않고서는 아무도 비밀을 지킬 수 없다. 결국 눈가리는 일은 비밀의 앞치마나 옷자락과 같은 것이다.

세 번째 단계는 속임수와 거짓 주장이다. 이것은 일이 너무 중대하여 불가피한 경우를 제외하고는 눈가림보다 훨씬 나쁘고 현명하지도 못하다. 따라서 이 마지막 단계인 속임수란 일반적인 습성을 타고난 거짓의 마음이나 두려운 마음에서, 혹은 그 밖의 어떤 중대한 결함을 가진 마음에서 일어나는 악이다. 그것을 숨겨야 할 필요 때문에 다른 일에도 속임수를 일삼아서 손이 녹슬지 않게 한다.

눈가림과 속임수에는 커다란 이점 세 가지 있다. 첫째는 상대방을 잠재워놓고 나서 기습을 하는 것이다. 속마음이 공개되는 것은 반대의 입장에서 보면 모든 사람들을 일깨워주는 경보가 울리는 것이다. 두 번째 이점은 자기 자신을 위한 좋은 피난처가 마련된다는 점이다. 명쾌한 선언을 하고 일을 시작하면 나아가든지 쓰러지든지 할 수밖에 없다. 셋째는 상대방의 속마음을 알아내는 데 좋다. 본심을 털어놓으면 사람들은 대체로 반대 의견을 내세우지 않고 이야기는 이야기대로 듣고, 말은 말대로 하면서, 생각은 따로 가질 것이다. 그러므로 "거짓말을 해서 참말을 알아내라"는 스페인 속담은 대단히 영특한 격언이다. 마치 기만의 술수를 쓰지 않고서는 남의 마음을 알 수 없다는 듯이 말하고 있다.

  이러한 이점도 있지만 속임수에는 불리한 점도 세 가지 있다. 첫째는 눈가림과 속임수가 일반적으로 두려움의 기미를 드러낸다는 것이다. 깃털이 찢긴 화살이 과녁을 향해 곧바로 날아갈 수 없듯이 속임수는 하려는 일을 방해한다. 둘째로, 속이는 습성은 협력자가 될 수도 있었을 많은 사람들을 당혹하게 하고 난감하게 만들어 목표하는 곳까지 거의 혼자서 걸어가도록 한다. 셋째로 가장 불리한 점은, 활동하는 데 가장 소중한 도구인 신용과 믿음을 잃게 된다는 사실이다. 가장 훌륭한 바탕의 사람은 숨기는 것이 없다는 평판과 비밀을 지키는 습관을 가졌으며, 그리고 꼭 필요한 경우에는 눈가림을 하고, 어쩔 도리가 없을 때라면 속이는 능력도 가진 사람일 것이다.

## 부모와 자식

　부모의 기쁨은 남의 눈에 잘 드러나지 않는다. 그들의 슬픔과 근심 역시 그러하다. 부모의 기쁨은 말로 다할 수 없으며, 그들은 슬픔은 입 밖에 내려 하지 않는다. 자식을 생각하면 고생의 맛도 달다. 하지만 불행에 처할 때는 자식들을 생각하느라고 더욱 큰 괴로움을 맛본다. 자식으로 인해 삶의 걱정거리가 더욱 많아지지만, 죽음의 우려를 덜 수 있다. 자식으로 대가 계속 이어지는 것은 짐승도 마찬가지지만, 기억에 남고, 공적을 쌓고, 고귀한 일을 행하는 것은 인간에게 고유한 것이다. 그리하여 가장 고귀한 업적과 기틀은 자식을 가지지 않은 사람들에게서 비롯된다. 육체의 형상을 남기지 못하므로 정신의 형상을 표현하려고 노력하기 때문이다. 그러므로 후손에 대한 걱정은 자손이 없는 사람이 가장 강하다. 최초로 집안에 영광을 이룬 사람이 자식에 대해 가장 관심이 큰 것은, 자식이 혈통을 이어줄 뿐만 아니라 자기의 공적도 이어줄 것으로 기대하기 때문이다. 자식과 사업을 똑같이 생각하는 것이다.

여러 자녀에 대한 부모로서의 애정의 정도는 늘 같지 않으며, 때로는, 특히 어머니에게서 보듯 터무니없기도 하다. 솔로몬은 "지혜로운 아들은 아비를 기쁘게 하거니와, 미련한 아들은 어미의 근심이니라"*라고 했다. 자식이 많은 집에서는 맏아들이나 둘째 정도는 은근한 대접을 받고 막내는 지나치게 귀여움을 받는 수가 허다하다. 그런데도 아예 잊혔던, 가운데 낀 자식 중에서 특출한 놈이 나오는 수가 많다. 자녀에게 용돈을 인색하게 주는 것은 해로운 실책이다. 그로 인하여 자녀들이 비열해지고 수단을 부리게 되고 좋지 않은 친구와 사귀게 된다. 그리고 풍족해지면 쉽게 방탕해진다. 그러므로 부모가 자식에 대한 권위는 유지하면서도 돈줄까지 틀어쥐지 않을 때에야 최선의 결과를 기대할 수 있다. 사람들은 (부모나 학교 선생이나 하인이나 모두들) 어린 자식들 간에 경쟁심을 일으키고 부채질하는 어리석은 버릇이 있다. 대개의 경우 이것은 그들이 어른이 된 후에 불화의 씨가 되어 가정에 풍파를 일으킨다. 이탈리아 사람들은 자식과 조카와 가까운 친척을 그다지 차별하지 않는다. 그들이 같은 혈통인 이상 자기 몸에서 나오지 않았다 하더라도 개의치 않는 것이다. 사실상 이러한 근거는 가끔 핏줄로도 증명이 되는 것으로, 자식이 부모보다 아저씨나 다른 일가 친척을 더욱 빼닮는 사례를 우리는 종종 본다. 부모는 자녀들이 취해야 할 직업과 진

---

\* 《잠언》10장 1절.

로를 일찍 결정해주는 것이 바람직하다. 나이가 어릴수록 유연성도 크기 때문이다. 자식이 하고 싶은 대로 하도록 내버려두는 것이 좋다고 생각하여 자녀들의 취향을 지나치게 존중하는 것은 좋지 않다. 자녀의 취향이나 소질이 특출한 것이라면, 물론 그들의 뜻을 꺾지 않는 것이 좋다. 그러나 일반적으로 "최선의 것을 선택하라. 열심히 하면 저절로 손쉽고 마음에 드는 것이 되리라"*는 교훈을 믿어도 좋다. 아우가 잘살게 되는 것은 흔히 보는 일이지만, 만약에 장남이 상속을 못 하게 되어 그 재산이 아우에게 돌아가는 경우에는 오히려 그로 인하여 파탄을 겪는 수가 많다.

---

\* 플루타르코스에 의하면 피타고라스의 말이라고 한다.

# 결혼과 독신 생활

처자식을 가진 자는 운명의 손에 인질로 넘어간 자다. 좋은 일이든 나쁜 일이든 큰일을 하려는 사람에게 처자식은 큰 방해가 되기 때문이다. 확실히 사회를 위한 훌륭하고 위대한 공적은 결혼을 하지 않았거나, 자녀를 두지 않은 사람에게서 나왔다. 이들은 정신적인 사랑이나 물질적인 재산을 바쳐 사회와 결혼하고 사회를 위하여 헌신할 수 있었던 것이다. 자녀를 가진 사람이 장래에 대한 걱정이 태산 같은 데에는 충분히 그럴 만한 까닭이 있다. 그들이 무척이나 소중하게 생각하는 것들을 결국 자녀들에게 물려주어야 함을 인식하고 있기 때문이다. 어떤 사람들은 독신으로 지내면서도 자기 일신만을 생각하여 사후에 대해서는 관심이 없을뿐더러, 장래의 문제를 자기와는 무관한 것으로 생각한다. 아니, 처자식을 오직 지불청구서로 생각하는 자도 있다. 심지어는 그만큼 더 부자로 추앙받기를 염두에 두고 자녀 없음을 아예 자랑으로 떠벌이는, 어리석고 돈 많고 탐욕스러운 사람들도 있다. 아마도 이런 사람들은 "아무개는 굉장한 부자다"라는 누군가의 말과 "그렇긴 하지만 그 사람에게는 자녀의 짐이 너무 크다"라는 다른 사람의 반론을 귀담아 듣고 이러한 이야기가 마치 자기의 재산을 깎아내리기라도 하는 것으로 생각했을 것이다. 그러나 흔히 볼 수 있는 독신 생활에 대한 대의명분은 자유다. 특히 독립적이면서도 낭만적인 사람들은 모든 형태의 속박에 대해 지극히 민감하여 허리띠나 각반(脚絆)까지도 포승이나 족쇄인 것처럼 생각한다. 결혼하지 않은 사람은 친구로서도 으뜸이요, 주인으로서도 으뜸이요, 하인으로서도 으뜸이다. 그러나 반드시 부하로서도 으뜸이라고는 할 수 없다. 독신자는 몸이 가벼워서 도망치기 쉽기 때문이다. 실제로 탈주병들은 거의가 독신이다. 독신 생활은 성직자에게 적합하다. 먼저 채워야 할 연못이 가로막고 있으면 자선의 물이 땅을 축일 겨를이 없기 때문이다. 판사나 관리의 경우라면 아무래도 좋을 것이다. 사람됨이 본래 남의 말에 잘 넘어가고 썩어 있다면 아내보다도 다섯 배쯤은 더욱 해로운 하인을 거느리는 셈이 되기 때문이다. 군인에 관해서는, 장군이 병사들에게 흔히 하는 훈시에서 그들의 처자를 곧잘 상기시킨다는 사실을 나는 알고 있다. 터키인들 사이에 퍼진 결혼을 멸시하는 풍조가 그렇잖아도 야비한 병사들을 더욱 비열하게 만든다고 생각한다. 아내와 자녀는 확실히 인간성을 훈련시켜주는 역할을 한다. 독신자들은 재물의 소비가 적기 때문에 자선도 몇 배쯤 크게 벌일 수 있으나, 어느 한편에서는 마음을 유연하게 가질 기회가 별로 없기 때문에 대단히 잔인하고 냉혹할 수 있다(종교 재판의 엄한 판관으로서는 적격일 것이다). 성실히 풍습에 따라 살아가는, 또 그러기 때문에 한결같이 변함없는 사람은 대개의 경우 애정 깊은 남편이다. 오디세우스는 '장생불사(長生不死)의 생명을 마다하고 늙은 아내를 택했던' 것이다.* 정숙한 부인은 자기의 정절에 대한 자부심이 크므로 대체로 교만하고 콧대가 세다. 아내로 하여금 남편을 현명하다고 여기게 하는 것이 아내에게 정절과 순종을 아울러 갖추게 하는 최선의 길이다. 남편을 전투하는 사람으로 생각하고서야 아내의 행동이 이와 같을 수 있겠는가?

아내는 젊은이에게는 연인이고, 중년에게는 반려자이며, 늙은이에게는 간호사다. 그러므로 언제라도 결혼해야 할 까닭은 마련되어 있는 셈이다. "결혼을 언제 할 것인가?"라는 질문에 "젊은이는 때가 이르고 늙은이는 아예 불가하다"**라고 대답한 사람은 확실히 현자 중의 현자였다. 고약한 남편이 매우 선량한 아내를 가진 것을 종종 볼 수 있다. 그것은 남편이 어쩌다가 친절을 베풀면 그 친절이 돋보이기 때문이든지, 아니면 아내 편에서 자기의 인내심에 대한 자부심이 대단하기 때문일 것이다. 친구의 반대에도 불구하고 고집을 부려 스스로 고약한 남편을 선택한 경우에는 필연코 후자와 같이 될 것이다. 자기의 어리석음을 보상하는 여지가 마련되기 때문이다.

---

\*   트로이 전쟁에서 귀향하던 오디세우스는 마녀 칼립소의 장생불사의 유혹을 물리치고 늙은 아내 페넬로페에게로 돌아온다.
\*\*  그리스의 철인 탈레스의 말이라고 한다.

# 시기심

사람의 마음을 흐리게 하고 휘어잡는 감정으로, 사랑과 시기만큼 주목을 끄는 것은 없다. 이 둘은 모두 격렬한 바람을 간직하고 있다. 이들은 쉽사리 상상과 암시 속에 뛰어들어 모습을 갖춘다. 만일 이런 감정이 사람들이 믿는 바와 같이 옮는 것이라면, 특히 그 옮는 대상이 앞에 있을 때 곧잘 눈을 통하여 들어간다.* 이와 같은 입장에서 성경도 시기하는 마음을 '악의 눈'이라 부르고, 점성가들은 나쁜 별자리의 영향을 '악시좌(惡視座)'라고 일컫는다. 즉, 예부터 시기의 행위를 눈으로부터 무엇인가 쏟아져 나오든가, 빛이 발

---

\* 베이컨은 몸의 병이 다른 사람의 몸으로 전염되듯이 마음의 생각, 믿음, 감정도 다른 사람의 마음으로 옮겨진다고 생각하고 있다. 이때 눈이 그 통로 역할을 한다고 여겼다.

산하는 것으로 생각하여온 듯하다. 아니, 어떤 미묘기발(微妙奇拔)한 사람들은 시기의 눈의 일격은 영광과 득의에 차 있는 상대방을 노려보는 순간에 가장 해로운 강타가 된다고까지 말한다. 왜냐하면 이 순간이야말로 시기심이 시퍼렇게 날을 세운 데다가 시기를 받는 사람의 정기가 온통 외부로 노출되어 있어 내리치는 칼을 피할 수 없기 때문이다.

그러나 이러한 기묘한 이야기는 그만두고 (비록 적당한 곳에서 생각해볼 만한 가치는 충분하지만), 어떤 사람이 남을 시기하기 쉬운가, 어떤 사람이 시기를 가장 많이 받게 되는가, 공적인 시기와 사적인 시기의 다른 점은 무엇인가를 생각해보기로 하자.

사람은 자신이 가진 미덕이 없을 때 언제나 남의 미덕을 시기한다. 사람의 마음은 자신의 선이 아니면 타인의 악을 양식으로 한다. 자신의 선을 갈망하는 사람은 타인의 악을 먹이로 하는 것이다. 그러므로 누구든지 타인의 미덕에 미칠 것이라는 희망이 없을 때에는 타인의 행운을 깎아내림으로써 대등해지려고 애쓴다.

캐묻기 좋아하고 바쁜 사람은 대체로 시기심이 강하다. 다른 사람에 관한 일을 많이 알아내는 수고가 모두 자기 일에 관련되기 때문이라고는 할 수 없는 까닭이다. 그러므로 그런 사람은 타인의 운명을 지켜봄으로써 일종의 연극을 구경하는 쾌감을 맛보는 것이 틀림없다. 자기의 일에만 정신을 쏟는 사람은 시기할 만한 자료가 별로 눈에 띄지 않는다. 시기심은 방랑벽이 있는 감정이므로 집에 붙어 있을 줄 모르고 거리를 쏘다니기 때문이다. "캐묻기 좋아하는 사람들은 모두 악의를 가진 사람들이다."*

지체 높은 사람들에게는 새로운 인물이 등장할 때 시기하는 마음이 일어난다고 알려져 있다. 그들 사이의 거리에 변화가 오므로 타인이 쫓아오면 자기는 뒷걸음치는 것이라고 착각하는 것이다.

장애인, 내시, 늙은 사람, 사생아는 시기심이 많다. 자신의 처지를 개선할 수 없는 사람은, 자기의 타고난 결함을 오히려 명예로운 것으로 생각하는 지극히 용기 있고 영웅적인 성격을 가진 사람을 논외로 친다면, 틀림없이 타인의 처지에 손상을 입히기 위하여 할 수 있는 모든 짓을 다할 것이기 때문이다. 그러나 장애의 몸이지만 비범한 사람들은 내시였던 나르세스**나 절름발이였던 아게실라오스***와 탐베르라네스****와 같은 위업을 세움으로써 기적적인 명예를 얻으려 할 것이다.

큰 재난과 불행에서 다시 일어선 사람들의 경우도 마찬가지다. 세운(世運)에 뒤지고 영락한 사람이기 때문에 타인의 불행을 자신이 받는 고통에 대한 보상으로 생각할 것이다.

허영과 경박한 마음으로 매사에 남보다 뛰어나고자 하는 사람은 항상 시기심을 품는다. 손을 대는 일이 많다 보니, 어떤 경우에는 자기를 능가하는 사람이 반드시 많을 것이므로 절대로 시기하는 것이 모자라게 되는 법이 없다. 황제 아드리아누스가 바로 그러

---

\*     로마의 극작가 플라우투스의 말.
\*\*    로마 황제 유스티니아누스 때의 명장(472~586년).
\*\*\*   기원전 5세기 스파르타의 왕.
\*\*\*\* 인도의 무갈 왕조를 세운 칭기즈 칸의 후예.

한 성격이었다. 그는 허다한 일에 손을 대어 남보다 뛰어나고자 했으며, 시인, 화가, 장인(匠人)을 가리지 않고 극도로 시기했다.

　마지막으로 가까운 친척이나, 같은 직업 동료나, 함께 자라난 사람들은 자기의 동배(同輩)가 출세하였을 때 시기심을 가지기 쉽다. 이들은 자신의 처지를 나무라고 손가락질하며 머릿속에 자꾸만 떠올리고 제삼자의 주목을 빈번히 불러일으키는데, 남의 입에 자주 오르내리고 평판이 자자해질수록 시기심은 배가하는 것이다. 카인이 아우 아벨에 대하여 그토록 지독하고 악의에 찬 시기를 한 것은 함께 제물을 바쳤는데도 하나님이 아벨의 것만 받아들였을 뿐만 아니라, 더욱이 이 사실을 아무도 지켜보지 않았기 때문이었다. 시기하기 쉬운 사람의 이야기는 이 정도에서 끝맺기로 하자.

　시기의 대상이 되는 사람은 어떠한 사람들일까? 우선 덕망이 높은 사람은 그들의 지위가 높아졌을 때라도 그다지 큰 시기를 받지 않는다. 그 행운이 당연한 것으로 받아들여지기 때문이다. 지나친 보상과 베풂이 아닌 이상 아무도 부채의 상환을 시기하지 않는다. 시기는 언제나 자기 자신과의 비교에서 비롯되는 것이므로 비교가 성립되지 않으면 시기심도 일어나지 않는다. 그러므로 제왕은 제왕에게서만 시기를 받는다. 그럼에도 불구하고 하잘것없는 사람들이 처음 입신(立身)하여 등장할 때는 대단한 시기를 받지만, 얼마 지나면 이를 어렵지 않게 극복해낸다는 사실을 주목해야 한다. 이와 반대로 유능하고 공적 있는 사람은 행운이 오래 지속될 때 대단한 시기를 불러일으킨다. 시간이 지난 후에도 미덕은 변함없다 하더라도 그 광채는 같지 않기 때문이요, 그동안 등장한 사람들이 성장하여 그늘을 드리우기 때문이다.

　타고난 귀인은 높은 자리에 올라도 큰 시기를 받지 않는다. 가문과 혈통에 비추어 당연한 것으로 받아들여지는 데다가, 그들의 행운이 크게 부푼 것으로 보이지도 않기 때문이다. 시기심은 평평한 땅보다 둑이나 가파르게 솟아오른 지형을 더욱 뜨겁게 내리쬐는 햇볕과 같은 것이다. 조금씩 조금씩 발전하여 높게 오른 사람이 갑자기 '껑충 뛰어' 높이 오른 사람보다 시기심을 적게 일으키는 것은 바로 이와 같은 까닭에서다.

　커다란 노고와 근심과 위험을 겪은 끝에 명예를 이룬 사람은 큰 시기를 받지 않는다. 사람들이 그는 힘들여 명예를 이루었다고 생각하여 때론 측은한 마음을 품기 때문이다. 측은한 마음은 항상 시기의 마음을 치료해준다. 생각 깊고 영특한 위정자들이 영광의 자리에 있으면서도 "아아, 괴롭도다!" 하고 노래하듯 읊조리면서 무슨 생활이 이 모양이냐고 한탄하는 것을 우리는 종종 볼 수 있다. 그들이 진심으로 그렇게 생각하는 것이 아니라, 다만 시기의 칼날을 무디게 하는 것이다. 그러나 측은의 마음이란 남들이 일을 떠맡길 때 일깨워질 수 있는 것이어서, 일을 스스로 끌어다 맡을 때는 문제가 달라진다. 일거리를 불필요하게 야심적으로 독점할 때처럼 시기심을 크게 불러일으키는 경우는 없다. 마찬가지로 높은 지위에 있는 사람이 아랫사람으로 하여금 각자의 권리를 최대한으로 누리고 각자의 지위를 최대한으로 지킬 수 있게 해주는 것만큼 시기심의 불을 효과적으로 끌 수 있는 것도 없다. 이러한 방법이야말로 자신과 시기의 눈초리 사이에 두툼한 가리개를 세워두는 것이

되기 때문이다.

특히 자신이 얻은 엄청난 행운을 무례하고 오만한 태도로 자랑하는 사람들은 시기받기가 대단히 쉽다. 그들은 자기가 얼마나 위대한 사람인가를 외형적인 허세로써든지, 적수나 경쟁자에게 군림함으로써 과시하지 않고서는 결코 만족할 줄 모른다. 이에 반하여 현명한 사람들은 자신과 그다지 관계없는 일이라면 경우에 따라 의도적으로 면박도 받고 허리도 굽힘으로써 도리어 시기의 불에 제물을 바칠 것이다. 그러나 높이 된 사람이 솔직하고 숨김없는 처신을 하는 편이 (그것이 오만과 허영이 아닌 한) 술책을 부리거나 교활한 처신을 하는 것보다 시기를 덜 받을 것이 틀림없다. 술책을 부리는 짓은 결국 자신이 행운을 얻을 자질을 갖추지 못했고, 자격이 없다는 것을 의식하는 것이 되므로 남에게 자기를 시기하도록 가르치는 셈이기 때문이다.

끝으로 이 이야기의 결론을 맺기로 하자. 이 글의 첫머리에서 말했듯이 시기라는 행위에는 무엇인가 마법적인 요소가 섞여 있으므로 그 처방도 마법적인 처방이 제일이다. 즉, 그 '액운'(세상 사람들이 액운이라고 한다)을 떼어내어 남의 머리 위에 옮겨놓는 것이다. 높이 된 자들 중 현명한 부류의 사람들은 항상 어떤 사람을 무대 위에 올려놓고 자기에게로 오는 시기의 화살을 그에게로 돌린다. 때로는 대신에게, 때로는 하인에게, 때로는 동료나 친지에게…… 이런 식으로 전가한다. 권력과 일거리를 손에 쥐여준다면 여하한 대가를 치르고서라도 덤벼들, 무모하고 격렬한 사람들이 세상엔 반드시 있다.

이제 공적인 시기심에 관하여 이야기하기로 하자. 사적인 시기심과는 달리 공적인 시기심에는 어느 정도 좋은 점도 있다. 높은 사람이 지나치게 강대하게 될 때, 이들의 광채를 퇴색케 하는 패각 추방*의 역할을 하기 때문이다. 그러므로 공적인 시기심은 강대한 자들이 어느 한계를 벗어나지 못하게 하는 굴레가 된다.

이와 같은 공적인 시기심은 본래 라틴어의 '악의'에서 시작하여 현대어로 '불만'이라고 이름할 수 있는 개념으로 이어진다. 이 점은 '반란'을 다룰 때에 이야기하기로 하자. 이것은 전염병과 흡사한 국가의 병이다. 왜냐하면 전염병이 퍼지면 건강한 사람까지도 병들게 되듯이, 시기심이 국가 내부에 침투하면 국가의 나무랄 데 없는 행위마저 비방을 받고 고약한 냄새가 나는 것으로 변환되기 때문이다. 이에 이르면 찬양받을 만한 행위를 가미해보아도 소용없게 된다. "그렇게 해봐야 허약하다, 시기 받는 것이 두려워서 그런다"는 말만 들을 뿐, 상처는 그 때문에 오히려 더욱 깊어진다. 전염병이 이와 같은 것이어서 전염을 두려워하면 병은 더욱 빨리 찾아온다.

이 공적인 시기심은 제국이나 공화국 자체보다는 주로 지위가 높은 관리와 대신을 후려치는 듯하다. 그러나 대신이 시기의 과녁이 될 까닭이 적은데도 그에게로 향하는 시기의 도가 지나치다든가, 한 국가의 대신들 모두가 한꺼번에 시기의 표적이 되고 있다면, 시기의 대상은 겉으로 드러나 있지 않더라도 사실상 국가 자체인

---

\* 패각 추방(貝殼追放)은 위험 인물을 국외로 추방하는 고대 그리스의 인민 투표다. 찬반 의견을 조개껍데기에 기록하여 투표했다.

것이 분명하다. 공적인 시기심, 또는 불만과 이에 앞서 다룬 사적인 시기심과 공적인 것과의 차이에 관해서는 이것으로 그치기로 하자.

  시기라는 감정이 일반적으로 모든 감정 가운데서 가장 끈덕지고 지속적인 감정임을 덧붙여두고자 한다. 다른 감정은 기회가 단지 이따금씩 찾아올 뿐이다. "시기에는 휴일이 없다"는 말이 있다. 시기심은 누군가를 향하여 꼭 머리를 돌리고 있기 때문이다. 또 사랑과 시기는 사람을 야위게 한다고도 했다. 다른 감정은 그만큼 지속적인 것이 아니기 때문에 사람을 병들게 하지는 않는다. 시기는 또한 가장 사악하고 가장 타락한 감정이다. 그러므로 악마는 "밤중에 밀밭에 가라지(독 보리)를 뿌리고 다니는 시새움 많은 자"*로 불린다. 시기심은 악마 고유의 속성인 것이다. 시기는 어둠 속에서 항상 교활한 일을 꾸미며 곡식과 같은 좋은 것에 해를 끼친다.

---

\* 《마태복음》 13장 25절 참조.

# 사랑

사랑은 실제 생활에서보다 무대 위에서 더욱 큰 빛을 받는다. 연극 속에서 사랑은 항상 희극이요, 비극이 되는 예가 드물지만, 실제 생활에서 사랑은 때로 세이렌\*처럼, 때로 퓨어리스\*\*처럼 커다란 화를 불러온다. 위대하고 값진 인생을 산 사람들 중에서 (옛사람이든, 요즘 사람이든, 우리의 기억에 남아 있는 사람이라면) 사랑에 미쳐버릴 정도로 정신을 빼앗긴 이는 단 한 사람도 없는 것이다. 이와 같은 나

---

\* 반은 새의 모습, 반은 여자의 모습을 한 바다의 요정들로, 뱃사람들이 그들의 아름다운 노래에 사로잡혀 굶어 죽기도 한다. 사랑으로 인한 자기 도취의 위험을 상징한다. 클레오파트라에 대한 안토니우스의 사랑이 이와 같은 예가 된다.

\*\* 복수의 세 여신. 《오셀로》의 비극에서 보듯 사랑으로 인한 격정의 위험을 상징한다.

약한 감정을 물리치지 않고서는 위대한 정신이나 위대한 사업이 이루어지지 않음을 보여주는 것이다. 다만 로마 제국의 중반에 군림한 마르쿠스 안토니우스와, 집정관이요 입법가였던 아피우스 클라우디우스*는 제외해야 한다. 안토니우스는 본래 방탕하고 무절제했다 하더라도 클라우디우스는 근엄하고 현명한 사람이었다. 그러므로 사랑은 열어놓은 가슴속으로만 들어서는 것이 아니라 (드문 일이긴 하지만) 감시가 허술하면 굳은 방책을 쌓은 가슴의 문도 열고 들어선다.

"우리는 서로 상대방을 받아들일 만한 크기의 집이다"라고 한 에피쿠로스의 말은 적절하지 못했다. 인간이 하늘과 그 밖의 모든 고귀한 대상을 관조하려고 태어났음에도 불구하고, 자그마한 우상 앞에 무릎을 꿇고 스스로 노예가 되어서야 되겠는가? 비록 (짐승들처럼) 입의 노예가 아니라 눈의 노예가 되는 것이라 하더라도, 실상 눈은 이보다 고귀한 목적에 쓰도록 인간에게 주어진 것이다. 이 감정이 지나치면 사물의 본모습과 가치를 그르치는 데도 사랑의 말은 끝도 없이 과장하여 표현하여도 눈에 거슬리지 않으니 이상한 일이다. 이것은 단지 말에만 그치지 않는다. 모든 작은 아첨꾼들을 거느린 최대의 아첨꾼은 곧 자기 자신이라는 좋은 말**이 있지만 사랑에 빠진 사람은 분명히 그 이상이다. 아무리 자기 자신을 대단

---

\* 로마 10인 정치 때의 집정관 중 한 사람. 그는 한때 처녀 버지니아의 순결을 범하려 한 적이 있다.
\*\* 플루타르코스의 말.

하게 생각하는 자부심이 강한 사람도, 사랑에 빠진 사람이 그의 애인을 생각하는 만큼 어처구니없이 몰입하지는 않는다. 따라서 "사랑과 지혜를 한꺼번에 가지는 것은 불가능하다"*는 말은 훌륭한 통찰이었다. 이 약점은 제삼자의 눈에만 보이는 것이 아니라 사랑을 받는 쪽에서도 볼 수 있다. 특히 사랑이 가기만 하고 돌아오지 않는 경우라면 사랑의 대상이 되는 측의 눈에 잘 띈다. 가는 사랑의 보상이 되돌아오는 사랑이 아니라면, 은근한 경멸을 불러온다. 그러므로 사랑의 대상만 잃는 것이 아니고 그 밖의 다른 많은 것을 잃을 수 있는 이 감정에 대해 크게 경계하지 않을 수 없다. 이러한 손실에 대해서 옛이야기가 아주 훌륭하게 말해주고 있다. 즉, 헬레네를 선택한 파리스는 헤라와 아테나의 선물을 거절했던 것이다.** 사랑의 감정을 지나치게 높이 여기는 사람은 부와 지혜를 다같이 버린다. 이 감정은 지나치게 번성하든가, 지나치게 곤경에 빠져 있을 때처럼 마음이 나약해지면 흘러넘치는 법이다. 곤경에 빠진 경우라면 사람들의 이목은 덜 끌지만, 어쨌든 이 두 경우 모두 사랑의 감정에 불을 질러 더욱 뜨겁게 만든다. 사랑이라는 어리석음이 뿌린 씨앗임이 이렇게 하여 드러나는 것이다.

  그러므로 최선의 길은 비록 사랑을 인정하지 않을 수 없다 하더

---

\*    1세기경 안티오키아에 산 푸블리우스 시루스의 말.
\*\*  화의 여신이 떨어뜨린 금사과를 두고 여러 여신이 경쟁했을 때, 심판자가 된 트로이의 파리스는 헤라의 권력과 아테나의 지혜를 물리치고 아름다운 여자를 선물하겠다는 아프로디테를 뽑아주어 그 대가로 메넬라오스의 아내인 헬레네의 사랑을 얻게 되어 트로이 전쟁의 발단이 되었다.

라도 그 감정을 적당한 범위의 울타리 안에 머물게 하는 한편, 생활을 다른 중대한 일과 행위와 섞이지 않도록 완전히 떼어놓는 것이다. 사랑이 삶의 과업을 방해하고 사람의 운명을 흩트려놓는다면, 우리는 결단코 목표하는 바에 충실할 수 없기 때문이다. 그 까닭은 알 수 없지만 무인(武人)들은 사랑에 약하다. 그들이 술에 잘 빠지듯 사랑에 잘 빠지는 것은 아마 위험한 일은 대개의 경우 쾌락의 보상을 요구하기 때문인지도 모른다. 인간의 본성에는 타인을 사랑하려는 숨은 경향이 있다. 만일 이러한 욕망이 어느 한 사람이나 몇몇 사람에게 발산되지 않는다면, 으레 많은 사람들에 대한 관심으로 쏠려 때로 수도사에게서 보는 바와 같이 인정과 자비를 베풀게 한다. 부부의 사랑은 인간을 만든다. 친구 간의 사랑은 인간을 완성시킨다. 그러나 방탕한 사랑은 인간을 부패하게 하고 타락하게 한다.

## 높은 지위

높은 지위를 가진 사람은 삼중(三重)의 종이다. 군주 혹은 국가의 종이요, 명성의 종이요, 업무의 종이다. 그러므로 그들은 자기의 몸에도, 자기의 행동에도, 자기의 시간에도 자유가 없다. 권력을 추구하면서 자유를 빼앗기고, 남에 대한 권력을 추구하면서 자신에 대한 권능을 상실케 하는 이 욕망은 매우 이상한 것이다. 높은 지위에 오르기 위해서는 많은 힘을 쏟아야 한다. 그러나 이러한 고통을 통해서 사람들은 더욱 큰 고통에 다다른다. 때로는 비열하기도 하다. 비굴한 짓을 하여 근엄한 자리에 오르려는 것이다. 결국 올라간 자리는 미끄러운 곳이다. 그렇다고 뒤로 물러선다면 굴러 떨어지거나, 적어도 빛에 그림자를 드리우게 된다. 이것은 우울한 일이다.

"지난날의 영화가 다 사라져버린 이제 더는 살고자 할 까닭이 없는 것이다."*

아니, 사람들은 물러나고 싶을 때는 그럴 수 없으며, 물러나는 것이 합당할 때는 그럴 마음이 없는 것이다. 은퇴해야 마땅한 노령이거나 병중일 때도 공직에서 물러난 생활을 견디지 못한다. 마치 지나가는 사람들이 늙은 모습을 비웃는데도 시중(市中)의 늙은이가 거리에 면한 문간에 언제까지나 앉아 있는 것과 같다. 확실히 지위 높은 사람들은 남의 의견을 빌려 그들이 생각하듯 스스로 행복한 사람이라고 생각해둘 필요가 있다. 자기 자신의 느낌만 가지고 판단한다면 결코 행복을 찾아낼 수 없기 때문이다. 그러나 남들이 자기를 생각하듯 스스로도 그렇게 생각하고 다른 사람들이 모두 자기의 위치를 부러워하고 있다고 생각하면, 비록 속마음이야 그 반대라 하더라도 소문과 같이 어느 정도 행복을 느낄 수도 있다. 높은 지위를 가진 사람들은 자신의 잘못을 찾아내는 데는 꼴찌일지 모르나, 자신의 슬픔을 인식하는 데는 첫째다. 커다란 행운을 누리는 사람들은 확실히 제 자신의 일에는 눈이 어둡다. 쌓인 일 때문에 골머리를 앓느라고 육체의 건강도, 마음의 건강도 보살필 여유가 없는 것이다.

"남들은 잘 알고 있는 자기를 자신은 전혀 모르는 경우, 찾아오는 죽음의 그림자는 몹시 어둡다."**

높은 자리에 있으면 좋은 일이나 나쁜 일이나 모두 할 수 있는

---

\* 키케로의 말.
\*\* 세네카의 말.

특권이 있다. 그러나 나쁜 일을 할 수 있다는 사실은 높은 사람에게는 천부의 저주다. 왜냐하면 나쁜 일이라면, 제일 좋은 조건이 그러한 마음을 먹지 않는 것이요, 그다음이 그럴 수 있는 여건에 놓이지 않는 것이기 때문이다. 그러나 좋은 일을 할 수 있는 권능은 마땅히 추구해야 할, 참되고 올바른 목적이다. 머릿속에서만 좋은 일을 하리라 생각하는 것은 (비록 신은 이러한 생각까지도 가상히 여기시지만) 그것이 실행되지 않는 한 좋은 일을 한 꿈을 꾼 것보다 나을 것이 없다. 권력과 지위를 얻어 우월한 고지에 서지 않는 한 이것은 이루어지지 않는다. 공적과 선행이 인간 활동의 목표요, 또 이 사실을 깨닫는 것이 마음의 안식을 찾는 길이다. 인간이 신이 베푼 무대에 참여할 수 있다면, 마찬가지로 신의 안식에도 참여할 수 있는 것이다.

"하나님이 그 지으신 모든 것을 보시니 보시기에 심히 좋았더라."\*

그리고 다음은 안식일이 되는 것이다. 일을 행함에 있어 가장 훌륭했던 본보기를 거울로 삼아 자기 앞에 두라. 이들을 흉내 내는 데에 커다란 교훈이 있을 것이다. 그리고 얼마 지난 후에 자신의 본보기를 자기 앞에 두라. 그리고 그 직위에 머무는 동안 그르친 일이 없는가 엄격하게 자신을 돌아보라. 또한 자기에 앞서 그 자리에서 처신을 잘못했던 사람들의 본보기도 무시하지 말아야 한다. 그들의 지난 행적을 비난하여 자신을 돋보이게 할 것이 아니라, 무엇을 피해야 하는가를 가르쳐주는 거울로 삼아야 할 것이다. 그러므

---

\*  《창세기》 1장 31절

로 자신을 과시하거나, 지나간 시대나 지나간 인물을 헐뜯지 말고 개혁을 해야 한다. 그리고 좋은 선례를 따르는 것과 한가지로 좋은 선례를 만들어내도록 스스로 다짐하라. 사태를 그 뿌리까지 거슬러 올라가서 어디에서 어떻게 하여 그르치게 되었는가를 살펴보라. 과거와 현재를 모두 거울로 삼아 무엇이 최선인가를 옛 시대에 묻고, 무엇이 가장 적합한가를 후 시대에 물어보라. 정해진 법에 따라 수미일관하게 일을 하여 세인(世人)이 자신의 일을 앞질러 예측할 수 있도록 하라. 그렇다고 규정에 얽매어 지나치게 엄격하지 않도록 할 것이며 규정에서 벗어난 일을 할 때는 그 연유를 잘 설명하라. 자기의 지위에 속한 권리를 보존하되 지나쳐서 관할권의 문제가 일어나지 않도록 하라. 떠들썩하게 권리 주장이나 도전을 일삼지 말고, 오히려 묵묵히 일하는 가운데 '사실상'의 권리가 되도록 하라. 마찬가지로 아랫사람의 권리도 이와 같이 보존하라. 모든 일에 바쁘게 끼여들지 말고, 중요한 일에 길잡이가 되는 것이 명예로움을 인식하라. 직무를 수행해나가는 것과 관련된 모든 도움과 충고를 받아들이고 또 청하라. 정보를 가져다주는 사람을 참견한다고 내쫓지 말고 호의로 받아들이라.

권위에 따르는 주요한 폐단에는 네 가지가 있다. 늑장과 부패와 거친 태도와 줏대 없음이 그것이다. 늑장에 대해서는 접근을 쉽게 하고, 약속한 시간을 지킬 것이며, 일단 손댄 일은 끝맺음을 하고, 불가피하지 않다면 이일 저일을 뒤섞어 한꺼번에 하려 들지 말라. 부패에 관해서는 자신의 손과 하인의 손을 묶어두어 뇌물을 받지 못하도록 할 뿐만 아니라, 아예 뇌물을 바칠 수 없도록 청탁자의 손도 묶어두라. 청렴을 실천하면 전자가 이루어지고 청렴을 공언하고 수뢰를 드러내놓고 싫어하면 후자가 이루어지는 것이다. 과오를 피할뿐더러 의혹도 사지 않도록 하라. 태도가 곧잘 변하든가, 확실한 까닭도 없이 분명히 변했다면 누구든지 부패의 혐의를 받게 된다. 그러므로 의견이나 진로를 바꿀 때는 분명히 사실을 밝히고, 이를 발표할 때는 무슨 까닭으로 그리 되었는가를 말하라. 절대로 몰래 하려 들지 말라. 하인이나 총애를 받는 사람이 대접을 받을 분명한 까닭도 없이 심복 노릇을 한다면, 은밀하게 뇌물을 받아들이는 뒷문이라고 세인들이 생각하게 마련이다. 거친 태도는 불필요하게 불만을 사는 원인이 된다. 준엄은 두려움을 낳지만, 거친 언사는 미움을 낳는다. 윗사람의 꾸지람이라 할지라도 엄숙해야 하며 모욕을 주는 것이어서는 안 된다. 줏대가 없는 자세는 뇌물을 받는 것보다도 나쁘다. 뇌물을 받는 경우는 드물기라도 하지만, 남의 부탁이나 부질없는 인정에 좌지우지된다면 결코 헤어나오지 못하기 때문이다. 솔로몬의 말처럼, "사람의 낯을 보아주는 것이 좋지 못하고 한 조각 떡을 인하여 범법하는 것도 그러하니라".\*

　옛 사람의 말에 "지위가 사람됨을 보여준다"라는 이야기가 있다. 틀림없는 말이다. 어떤 사람은 자기 지위보다 훌륭하고, 어떤 사람은 자기 지위에 미치지 못한다. 타키투스는 갈바에 대하여 "설사 그가 황제가 아니었다 할지라도 모든 사람들이 그야말로 제국을 다스리기에 적합한 인물이라고 공언했을 것"이라 했다. 그러나 베

---

\*　《잠언》 28장 21절.

스파시아누스에 대해서는 "권력을 손에 넣은 후 향상을 보인 유일한 황제"라고 평했다. 하기야 타키투스는 전자에 대해서는 통치 능력을, 후자에 대해서는 품행과 성품을 말하고 있는 것이다.

  높은 자리로 인하여 사람됨에 향상이 있다면 이는 고귀한 성품을 지녔다는 확실한 증거다. 높은 자리는 덕을 쌓는 자리며 또 마땅히 그래야 한다. 자연 현상에서 사물이 그 본연의 위치를 향하여 갈 때는 격렬하게 움직이지만 일단 그 위치에 이르면 조용히 머물 듯이, 덕망이 있는 사람도 지위를 얻으려는 경쟁 중에는 격렬하지만 일단 그 자리에 오르면 평온하게 머문다. 높은 지위는 나선형 계단을 통하여 올라가야 한다. 만일 당파가 있다면 계단을 오르는 동안에는 어느 편에 가담해도 좋지만, 지위에 오른 후에는 중립을 지킬 수 있어야 한다. 전임자의 지나간 행적에 대해서는 공정하고 유연한 태도를 가지는 것이 좋다. 만일 그러지 않는다면 자리에서 물러난 후에 그 빚을 갚게 될 것이다. 만일 동료가 있다면 그들을 무시하지 말아야 한다. 또 그들이 부름받기를 기다리는 이유가 있을 때 제외해버리지 말고, 오히려 부름받기를 기대하고 있지 않을 때 부르도록 하라. 일상적인 대화나 사적인 자리에서 지위를 너무 의식하여 까다롭게 굴지 말라. 오히려 "저런 양반이 집무할 때 보면 딴사람이란 말이야!"라는 뒷소리를 듣는 것이 좋다.

# 대담성

이것은 중학교 교과서에서 볼 수 있는 케케묵은 이야기지만 현명한 사람이라면 음미해볼 가치가 있는 것이다. 데모스테네스*는 "웅변가에게 중요한 것이 무엇인가?"라는 질문을 받고 "동작"이라고 대답했다. "그다음은 무엇인가?" "동작"이었다. "다음은 또 무엇인가?" 역시 "동작"이었다. 동작의 효과를 누구보다도 잘 알고 있었으므로 이렇게 말했지만, 그 자신이 자기가 권장한 '동작'에 대해 타고난 소질이 있었던 것은 아니다. 웅변에서 외형적인 한 부분

---

\* 아테네의 대웅변가(기원전 384~기원전 322년). 정치가로서의 통찰력도 깊어, 필립 2세 치하의 마케도니아가 아테네에 큰 위협임을 뛰어난 웅변으로 경고했다. 말년에는 마케도니아의 지배에서 벗어나려고 반란을 획책했으나 좌절, 체포되어 독배를 들고 죽었다. 데모스테네스는 처음에 서투른 웅변가로 시작했다고 한다.

에 지나지 않는 동작이, 창의력이나 화술과 같은 다른 고귀한 요소를 제쳐놓고 마치 그것이 모든 것인 양 그토록 높이 평가되었다는 것은 이상한 일이다. 이것은 차라리 배우의 자질이 아닌가? 그러나 이유는 명백하다. 인간의 마음속에는 현명한 구석보다 어리석은 구석이 더욱 많기 때문에, 사람 마음의 어리석은 구석에 호소하는 힘이 가장 강력한 것이다.

세상 일에서 대담성의 경우가 이것과 놀라울 만큼 흡사하다. 첫째는 무엇인가? 대담성이다. 두 번째는? 또 세 번째는? 역시 대담성이다. 그러나 대담성은 무지와 비열함의 소산이요, 다른 어떤 것보다도 저열한 것이다. 그럼에도 불구하고 대담성은 훌륭한 자질의 판단력이나 용기가 얄팍하고 나약한 자들의 마음을 흐리게 하고 손발을 묶는다. 그뿐만 아니라 현명한 사람들까지도 힘을 잃으면 압도한다. 따라서 중우정치의 국가에서 대담성이 놀라운 일을 행한 사례를 우리는 볼 수 있다. 그러나 원로나 군주의 경우에는 그러한 일이 적다.

대담한 사람의 행동은 나중보다 처음이 훨씬 놀랍다. 대담성은 약속을 지킬 줄 모르기 때문이다. 확실히 육체의 몸에 돌팔이 의사가 있듯이, 정치라는 몸에도 돌팔이 의사가 있다. 이들은 큰 수술을 하려 들고, 또 처음 두세 번의 실현에서 운 좋게 성공을 거둘지 모르지만, 학식과 원칙이 없기 때문에 오래 지탱할 수가 없다. 아니, 대담한 사람은 여러 차례 마호메트의 기적을 행한다. 마호메트는 산을 자기에게로 불러들여 그 꼭대기에서 계율을 지키는 사람을 위한 기도를 올리겠다고 선언했다. 사람들이 몰려들었다. 마호메트는 거듭

하여 산을 불렀다. 산이 꼼짝하지 않자 그는 조금도 당황하지 않고, "산이 마호메트에게로 오지 않는다면 마호메트가 산으로 가리라" 하고 말했다. 이와 같은 사람들은 엄청난 일을 약속했다가 대단히 꼴사납게 실패하더라도 (완벽한 대담성만 가지고 있다면) 그 실패를 가볍게 넘겨버리고 돌아선다. 그리고 아무런 소란도 피우지 않는다.

판단력이 뛰어난 사람에게 대담한 사람은 즐거운 구경거리에 지나지 않는다. 아니, 대수롭지 않은 서민의 눈에도 대담성은 어딘가 우스꽝스러운 것으로 비친다. 어처구니없는 짓이 웃음거리가 된다면, 지나친 대담성은 거의 언제나 얼마쯤 어처구니없는 짓을 수반하게 마련이기 때문이다. 특히 대담한 자가 당황하는 표정을 바라보는 건 재미있다. 그때 그의 얼굴은 몹시 일그러지고 나무토막과 같은 형상으로 변한다. 그럴 수밖에 없는 것이, 당황한 나머지 정신이 얼마간 오락가락하기 때문이다. 그러나 더욱 대담한 사람은 이런 경우에도 수가 지극히 궁하여 말을 움직일 수 없는 장기판처럼 꼼짝하지 않고 버틴다. 그러나 이것은 실제로 눈에 띄는 것이라기보다 풍자를 염두에 둔 과장일 수도 있다.

대담한 짓은 항상 맹목적임을 명심해야 한다. 위험과 불편의 우려가 안중에 없기 때문이다. 그러므로 대담성은 일을 궁리하는 데는 해롭지만 일을 실천하는 데는 이롭다. 그렇다면 대담한 사람은 우두머리가 되어 지휘할 것이 아니라, 하급자가 되어 남의 지시에 따라 행동하는 것이 마땅할 것이다. 일을 궁리할 때는 위험을 보는 것이 이롭고, 일을 실천할 때는 대단히 큰 위험이 아니라면 보지 않는 것이 이로운 법이기 때문이다.

## 착한 행동과 착한 바탕

　나는 착하다는 말을 남들의 행복을 바란다는 뜻, 곧 그리스인들이 '인간애(philanthropia)'라고 부른 말의 뜻으로 받아들인다. 소위 '인정'이란 말은 이러한 뜻을 담기에 약간 미흡한 데가 있다. 또 착한 행동은 습성이요, 착한 바탕은 성향이라고 부르고 싶다. 착한 것은 사람 마음의 모든 덕성과 위엄 가운데서 제일 높은 것이다. 신에 속하는 성품이기 때문이다. 이것이 없다면 인간은 번거롭고, 해로우며, 불우한 존재로서 일종의 해충에 지나지 않을 것이다. 착한 것은 신학상의 덕성인 자비에 상응하는 것으로서, 잘못되는 수는 있을지언정 지나치는 법이 없다. 지나친 권력에의 욕망이 천사를 타락시켰고, 지나친 지식에의 욕망이 인간을 타락시켰지만, 자비에는 지나침이 없다. 천사도 인간도 자비롭기 때문에 위험에 빠질 수는 없다.

착한 일을 하려는 마음은 인간의 본성 깊숙이 새겨져 있다. 만일 이러한 마음이 사람을 향하여 쏟아지지 않는다면, 대신 다른 생물에게라도 쏠릴 것이다. 한 가지 예로 터키 사람들은 잔인한 백성이면서도 동물에 대해서는 따뜻하여, 개나 새에게 정성껏 먹이를 준다. 부스베키우스\*의 여행기에 의하면, 어느 그리스도교 신자인 소년 하나가 부리가 긴 새의 주둥이에 장난삼아 막대기로 재갈을 물렸다가, 사람들에게 돌멩이 세례를 받아 죽을 뻔했다고 한다.

물론 이 착한 일, 혹은 자비라는 덕성에도 과오가 있을 수 있다. 이탈리아 사람들에게는 "사람이 착해빠지면 아무짝에도 쓸모없다"는 불미스러운 속담이 있다. 또, 이탈리아의 석학 니콜라스 마키아벨리는 담대하게도, "그리스도교 신앙은 착한 사람들을 학대하여 의롭지 못한 자에게 먹이로 넘겨주었다"고 거리낌없이 썼다. 그가 이렇게 말한 까닭은 그리스도교 신앙만큼 착한 행동을 강조하는 계율이나 종파, 의견을 찾아볼 수 없었기 때문이다. 그러므로 오해와 위험을 모두 모면하기 위하여 이처럼 훌륭한 습성이 일으킬 수 있는 과오를 알아둘 필요가 있다.

다른 사람들을 위하여 착한 일을 하도록 하라. 그러나 그들의 안색이나 호불호(好不好)에 얽매이지 말라. 너무 부드럽고 줏대 없는 태도는 정직한 마음을 포로로 가두는 것이다. 또 이솝의 수탉\*\*에 보석을 던져주지 말라. 보석보다는 보리알 하나에 훨씬 즐거워하

---

\*  플랑드르의 외교관, 여행가(1522~1592년).
\*\* 이솝 우화에서 "돼지에게 진주를 주지 말라"는 뜻과 같다.

고 기뻐할 것이다. "하나님이 의로운 자에게나 의롭지 못한 자에게나 비를 내리시고 햇빛을 비추시는 것"은 좋은 본보기요 진정한 교훈이나, 돈 있는 자에게 비를 내리시거나 모든 사람에게 똑같이 명예와 덕망의 빛을 주시지는 않는다. 공통적인 혜택은 모든 사람에게 나누어져야 하지만, 특수한 혜택은 선택된 자에게만 돌아간다.

초상화를 그리려면 그 본모습을 다치지 않도록 조심하라. 우리 자신에 대한 사랑이 본모습이요, 이웃에 대한 사랑은 초상이라고 신학은 말하고 있다.

"네 있는 것을 다 팔아 가난한 자들에게 주라. 그리고 와서 나를 좇으라."*

그러나 그를 따라가지 못한다면, 즉 만일 작은 재물로도 큰 재물에 못지않게 착한 일을 하리라는 소명을 가지고 있지 않다면, 가진 것을 모두 팔아서는 안 된다. 그리하면 내(川)에 물을 대느라고 샘이 말라붙을 것이기 때문이다.

착한 행동의 습성이 올바른 이지의 힘으로만 깨우쳐지는 것은 아니다. 본래의 마음이 나쁜 쪽으로 기울어지는 사람이 있듯이, 어떤 사람들은 본디 마음속에 착한 기질을 가지고 있기도 하다. 물론 다른 사람들이 잘되기를 마음속으로 바라지 않는 사람들이 있다. 가벼운 악의는 골부림, 심술궂음, 반항하는 성깔, 외고집 따위로 표현된다. 그러나 정도가 심한 악의는 시샘이나 공연스런 못된 짓으

---

\* 영생을 얻기 위하여 어찌해야 하냐고 물은 돈 많은 사람들에 대한 그리스도의 답변(《마가복음》10장 21절).

로 나타난다. 이와 같은 사람들은 남들이 재난을 당하면 불난 집에 부채질까지 하면서, 이를테면 기고만장하다. 날고기 위를 늘 윙윙거리며 떠날 줄 모르는 파리와도 같은 이들은 나사로\*의 종기를 핥아준 개만큼의 착한 뜻도 없는 것이다. 이들은 사람들을 목매달 나뭇가지로 끌고 가는 것을 업으로 하면서도, 타이몬\*\*처럼 자기 정원에 그러한 나무 한 그루조차 없는 인간 혐오주의자들이다. 이러한 성향은 바로 인간성의 오점이다. 그러나 구부러진 재목이 견고하게 서 있어야 할 집을 짓기에는 부적당하지만 굽이치는 파도에 흔들려야 할 배를 만드는 데는 적격이듯, 이 같은 사람들은 큰 정치인으로서는 가장 알맞은 재목이 될 것이다.

착한 마음은 여러 가지로 표현된다. 만일 어떤 사람이 낯선 자에게 친절하고 정중하게 대한다면, 이것은 그가 이 세상의 시민이요, 그의 마음이 다른 땅덩이와 단절된 섬이 아니라 함께 붙어 있는 육지임을 말해준다. 만일 그가 남들의 괴로움에 동정을 한다면, 이것은 그의 마음이 상처를 입으면 향기를 풍기는 고상한 나무와 같은 것임을 말해준다. 만일 남의 잘못을 쉽사리 용서하고 쉽사리 화를

---

\* 그리스도가 이야기한 우화에서 문전걸식하는 거지의 이름(《누가복음》 16장 21절).
\*\* 아테네의 인간혐오주의자. 펠로폰네소스 전쟁 당시에 살았는데, 아테네 사람들에게 이런 말을 했다고 한다. "내게는 무화과나무 한 그루가 있는데, 지금까지 많은 사람들이 찾아와 그 가지에 목매어 죽었소. 이제 곧 그 나무를 베어버리고 그 자리에 집을 지으려 하니, 목매어 죽고 싶은 사람은 너무 늦기 전에 빨리 찾아오시오."

푼다면, 이것은 그의 마음이 해를 입지 않을 높은 곳에 자리하고 있어 악의의 과녁이 될 수 없음을 말해준다. 만일 사소한 은혜에도 고마워하면, 이것은 그의 사람됨이 남의 돈에 관심이 있는 것이 아니라 사람의 마음을 소중히 여긴다는 것을 말해준다. 그러나 무엇보다도, 만일 어떤 사람이 성 바울의 완전함*을 갖추어 자기 형제를 구원하기 위하여 그리스도의 저주까지도 달게 받으려 한다면, 이것은 그의 성품이 매우 신성한 것이며, 그리스도와 어느 정도 혼연일체되어 있음을 말해준다.

---

\* 《로마서》 9장 3절에서 바울은 "나의 형제, 곧 골육의 친척을 위하여 내 자신이 저주를 받아 그리스도에서 끊어질지라도 원하는 바로다"고 했다. 《출애굽기》 32장 32절에서 모세도 이렇게 말하고 있다. "그러하오나 이제 그들의 죄를 사하시옵소서. 그러지 않사오면 원컨대 주의 기록하신 책에서 내 이름을 지워버려주옵소서."

# 귀족

 먼저 나라의 일부로서의 귀족에 관하여 이야기하고, 다음에 특정한 개인 신분으로서의 귀족에 관하여 이야기하기로 하자. 귀족이 전혀 없는 군주국가는 터키에서 보듯 언제나 완전한 전제국가다. 귀족은 군주의 권한을 완화하여 왕통(王統)으로 쏠리는 백성의 눈을 어느 정도 옆으로 돌린다. 그러나 민주정치에선 이러한 것이 필요 없다. 민주정치하의 백성들은 귀족이 있는 나라의 백성에 비해 훨씬 조용하고 반란의 우려도 적다. 사람들의 눈이 일에 집중되어 있지, 인물에 쏠리지 않기 때문이다. 또 비록 인물에 쏠린다 하더라도 그것은 그 집안의 문장(紋章)이나 혈통 때문이 아니라, 일에 적합한 사람인가를 알기 위한 것이다. 우리는 스위스인들이 종교와 행정 구분이 복잡함에도 불구하고 잘 살아가는 것을 본다. 그들을 결속시켜주는 것은 신분에 대한 존경심이 아니라 세상 일에 대한 관심이기 때문이다. 네덜란드는 정치에 있어 탁월하다. 그곳엔 평등이 있으므로 더욱 공평한 합의에 이를 수 있고, 조세의 부담도 그다지 불쾌하지 않다. 지위 높고 세도 있는 귀족은 군주의 위엄은 높여주지만, 군주의 권력은 축소시킨다. 그리고 백성에게 생기와 활력을 불어넣어주기는 하나, 그들의 재산에 부담을 준다. 귀족은, 군주의 권력을 압도하거나 정당하지 못할 만큼 비대하지 않고, 적당한 높이에 머물러 하층 백성의 무례함이 군주의 위엄에 직접 부딪치는 것을 막는 방파제 역할을 하는 것이 좋다. 귀족이 너무 많으면 나라에 가난과 불편을 초래한다. 경비의 과잉 지출을 가져오기 때문이다. 뿐만 아니라 시간이 흐름에 따라 많은 귀족들이 가난해질 것이므로 지위와 재산 사이에 일종의 불균형이 생기게 된다.

이제 특정한 개인으로서의 귀족에 관하여 이야기하기로 하자. 오래된 성곽이나 건물이 허물어지지 않고 있는 것과 훌륭한 재목이 될 나무가 튼튼하고 완전하게 서 있는 것을 보면 경건한 마음이 일어난다. 오래된 귀족의 집안이 세월의 거친 파도와 비바람을 무릎쓰고 꿋꿋이 서 있음을 보면, 이보다 더욱 경건한 마음이 우러나오지 않는가? 새로 등장한 귀족은 오로지 권력의 소산이나, 오래된 귀족은 시간의 산물이기 때문이다. 처음으로 입신하여 귀족이 된 사람은 그들의 후손에 비해 유능한 것이 예사나, 그다지 양심적인 사람은 아닐 것이다. 좋은 술책과 나쁜 술책을 모두 뒤섞어 활용하지 않고서는 좀처럼 입신할 수 없기 때문이다. 그러나 그들의 덕망은 의당 후대에 남지만, 그들의 과오는 그들과 더불어 소멸할 것이다. 타고난 귀족은 대체로 부지런하지 못한 것이 예사다. 그런데 부지런하지 않은 사람은 부지런한 자를 시기한다. 뿐만 아니라 귀족인 사람은 높아질 수 있는 한계가 분명하다. 따라서 남들이 위로 올라오는 사이 자신은 제자리걸음을 한다면 시기의 마음이 동함을 피하기 어렵다. 다른 한편으로 귀족은 그들을 향한 백성들의 시기심을 해소시킨다. 귀족에게는 명예를 존중하는 정신이 있다고 믿어지기 때문이다. 확실히 유능한 귀족을 거느린 왕은 이들을 쓰는 것이 편리하고, 나라 일을 꾸려나가는 데 마찰이 적다는 사실을 알 것이다. 백성들은 어느 면에서 귀족을 태어날 때부터의 지배자로 생각하고, 그들에게 자연적으로 머리를 숙이기 때문이다.

# 반란과 소란

만민의 목자(牧者)는 나라 안 폭풍우의 징조를 알 필요가 있다. 그것은 대체로 사람의 신분이 평등해지고 있을 때 가장 기세등등하다. 마치 자연계의 폭풍우가 춘분과 추분 무렵 가장 기세등등한 것과 흡사하다.* 또 폭풍우가 몰려오기 전에 몇 줄기 허허로운 바람이 불고, 남모르게 바다가 부풀어 오르듯 나라의 경우에도 그러한 조짐이 있다.

경고는 흔히 앞질러 온다,

---

\* 추분과 춘분 때에 밤낮의 길이가 같아지는 것을 사람의 신분이 평등해지는 것에 비유한 것으로, 이와 같은 엉뚱한 비유는 베이컨의 글에서 종종 눈에 띈다.

> 어두운 변란이 임박했음을
> 그리고 음모와 전쟁이
> 은밀히 위협함을 알리면서.*

　국가에 대한 비방과 방만한 언사가 빈번하고 공공연하게 설왕설래한다든가, 또는 이와 비슷하게 나라에 불리한 허황한 풍설이 이리 치닫고 저리 치닫는데 사람들이 그것을 냉큼냉큼 받아들인다면, 이것은 변란의 조짐이다. 베르길리우스는 유언비어의 족보를 '거인의 자매'라고 지적했다.

> 신을 향한 분노가 치밀어
> 대지는 파마를 낳았다.
> 케우스와 엔켈라두스의 누이인 파마
> 그녀는 거인 형제의 막내였다.**

　이 시에서는 유언비어가 마치 이미 지나간 반란의 유물인 것처럼 되어 있다. 그러나 유언은 이에 못지않게 앞으로 닥쳐올 반란의 전주곡이기도 하다. 모반적인 소란과 모반적인 낭설의 차이는 형

---

\*　로마 최고의 시인 베르길리우스(기원전 70~기원전 19년)의 시에서 인용.
\*\*　그리스 신화에서 우라노스(天神)와 가이아(地神) 사이에서 태어난 열두 거인(타이탄) 중 케우스와 엔켈라두스는 남자였고, 파마(Fama)는 여자였다. 파마는 명성(名聲)의 여신으로 알려져 있지만, 때로는 소문의 여신으로 알려져 있기도 하다. 베르길리우스의 시에서 인용.

제와 자매, 남자와 여자의 차이에 지나지 않는다고 한 시인의 말은 옳다. 만일 국가의 최선의 행위, 가장 칭송할 만한 행위, 최대의 만족을 줄 것이 틀림없는 행위가 나쁜 뜻으로 해석되고 비방되는 경우라면 특히 그러하다. "정부가 인기를 잃으면 좋은 행위나 나쁜 행위나 다같이 비난을 산다"*는 타키투스의 말처럼, 이것은 국가에 대한 시의(猜疑)가 극도에 달했음을 보여주는 것이다. 그렇다고 이와 같은 낭설이 소란의 조짐이라 하여 지나칠 정도로 엄격하게 억압하는 것은 소란의 방지책이 아니다. 무시해버리는 것이 이를 막는 최선의 방법인 수가 많은 반면, 이를 저지하려고 수선을 피우는 것은 오히려 의혹을 오래 끄는 결과를 낳는다. 타키투스는 "그들은 기꺼이 복종했으나 상관의 명령에 따르기보다는 비평하기를 좋아했다"고 쓰고 있다. 그러나 이러한 식의 복종에는 의문의 여지가 있다. 명령과 지시에 대하여 논쟁하고 구실을 붙이고 트집 잡는 것은 멍에를 벗어던지는 짓이요, 불복종을 기도하는 짓이다. 만일 이렇게 논쟁하는 짓거리를 할 때 지시 내용에 찬동하는 자는 두려운 듯 쭈빗쭈빗 말하고, 반대하는 자는 안하무인격으로 말하는 경우에 특히 그러하다.

또한 마키아벨리가 명철하게 지적한 것처럼, 만민의 어버이가 되어야 할 군주가 어느 당파에 뛰어들어 한쪽으로 기울어지는 것은, 배에 짐을 고르지 못하게 어느 한쪽에만 실어 배를 전복시키는

---

\* 이것은 부정확한 인용으로 타키투스는 본래 "황제가 한번 미움을 받게 되면 세인들은 잘못한 일은 물론, 잘하는 일까지도 비난한다"고 했다.

것과 같다. 예를 들어 프랑스의 앙리 3세는 신교도들을 섬멸하기 위하여 한 연맹과 손을 잡았으나, 얼마 후 바로 이 당파가 왕에게 반기를 들었다.* 군주의 권위가 어떤 목적을 이루기 위한 수단으로 전락하고, 군주보다도 더욱 강력한 힘으로 사람들을 결속시키는 다른 무엇이 있다면, 왕은 그 권한을 박탈당하기 시작하는 것이다.

그리고 불화와 분란과 불법이 공공연하고 대담하게 발호하는 것 역시 정부의 위신이 땅에 떨어질 조짐이다. 정부에서 높은 곳에 자리한 사람들의 움직임은 (옛사람들이 말하는) '제1 천체(第一天體)' 아래서 운행하는 제2 천체의 움직임**처럼, 마땅히 최고의 움직임에 의해서는 빨리 운행하고, 자기 자신의 움직임에 의해서는 느리게 가야 한다. 그러므로 높은 사람들이 자신의 움직임에 더 격렬하게, 타키투스가 잘 표현해주었듯 "지고자(至高者)에 대한 복종을 넘어설 정도로 자유로워질 때"는 곧 궤도를 벗어나고 있는 조짐이다. 존경은 신이 군주에게 둘러주신 허리띠다. 비록 하나님은 "내

---

\* 기즈 공(Duke of Guise)이 조직한 '신성 연맹'을 가리킨다. 이 연맹은 명목상 구교를 옹호하기 위한 것이었으나, 실제로는 프랑스의 왕위가 신교도에게 넘어가지 않도록 하려고 조직한 것이었다.

\*\* 주는 나라 안의 강자에 대하여 '제1 천체'와 같아야 한다는 뜻이다. 고대 천문학에 의하면 모든 천체는 원형의 층을 이루면서 배치되어 있는데, 한가운데 놓인 것이 지구요, 제일 바깥 층에 놓인 것이 '제1 천체'다. 이 모든 천체는 24시간 만에 한 번씩 지구를 도는데, 제일 먼저 움직이는 것이 가장 바깥층에 놓인 천체이므로 '제1 천체'라 했으며, 그것이 움직이면 이 힘을 받아서 그 안쪽에 있는 천체가 움직이게 된다. 안쪽의 천체도 자체의 힘을 가지나 매우 느린 움직임을 보일 뿐이다. 마찬가지로 권력자도 자신의 일에는 느리고 군주에 대한 복종에는 빨라야 한다.

열왕(列王)의 허리띠를 풀겠노라……"*고 경고하고 계시지만.

그러므로 정부의 네 가지 기둥(종교, 사법, 심의, 재정) 가운데 어느 하나라도 몹시 흔들리거나 허약해지면, 우리는 청명한 날씨를 주십사고 기도를 드릴 필요가 있다. 그러나 이와 같은 전조(前兆)에 대한 이야기는 지금부터 하려는 이야기에서 더욱 많은 것이 밝혀질 수도 있으므로 이만 그치고, 먼저 반란의 재료에 대하여, 다음에는 그 동기에 관해서, 마지막으로는 그 대책에 관해서 이야기하기로 하자.

무엇이 반란의 재료가 되는가? 이것은 잘 생각해보아야 할 일이다. 반란을 예방하는 가장 확실한 방법은 (만약 시대가 이를 허락한다면) 반란의 소지를 제거하는 것이기 때문이다. 일단 연료가 준비된 다음이면 이에 불을 지를 불티가 어느 쪽에서 날아올지 알 수 없다. 반란의 소지는 두 가지가 있다. 심한 빈곤과 심한 불만이 그것이다. 도산자가 많으면 그만큼 반란을 지지하는 사람도 많아지는 것이 확실하다. 루카누스는 내란 전 로마의 형편을 훌륭히 지적하고 있다.**

    이처럼 탐욕적인 고리대금과
    서둘러 갚아야 할 이자,
    이처럼 불안한 신용, 그리하여

---

\*  《욥기》 12장 18절.
\*\*  루카누스는 로마의 시인(39~65년). 내란은 카이사르와 폼페이우스 사이의 싸움을 가리킨다.

전쟁은 많은 사람에게 이롭게 되고.

바로 이 '많은 사람에게 이로운 전쟁'이, 나라가 반란과 소란으로 치닫고 있음을 보여주는 확실하고 틀림없는 조짐이다. 그리고 상층 계급의 궁핍과 도산이, 하층 계급의 빈곤과 결핍과 결합하면 위험은 긴박하고 중대해진다. 왜냐하면 배고파서 일어나는 반란이 최악의 것이기 때문이다.

한편, 사람 몸의 체액이 웅어리지면 비정상적인 열을 내거나 곪아 터지는 것과 마찬가지로 정치라는 몸에서 불만이 그러하다. 따라서 군주는 이 불만이 정당한 것인가 부당한 것인가를 가지고 그 위험을 측량하려 해서는 안 된다. 이는 때로 자신의 이익마저 내동댕이치는 민중을 지나치게 합리적인 존재로 상상하는 것이다. 또한 민중이 반기를 드는 불만의 원인이 큰 것인가 작은 것인가로 위험을 측량하여도 안 된다. 실제로 불편을 느끼는 것보다 장래에 대한 공포가 더욱 클 때 불만은 가장 위험하다. "고난에는 한계가 있지만 공포심에는 끝이 없는 것"\*이다. 그 밖에도 압제가 대단할 때 인내심을 자극하는 여러 가지 것들이 사람들의 용기를 꺾기는 하지만 경각심은 앗아갈 수 없다. 불만이 전에도 자주 있었고 오래 계속되었지만, 아무런 위험이 일어나지 않았다는 까닭으로 군주나 국가가 안심을 해서는 안 된다. 비록 새어나오는 김과 연기가 그대로 폭풍우를 몰아오지는 않지만, 비바람이 자꾸 스쳐 지나가면 결

---

\* 트라야누스 황제 치하에 지방 장관(총독)을 지낸 플리니우스의 말.

국은 폭풍우가 내리칠 것이 분명하다. "밧줄도 나중에는 조금만 당겨도 끊어진다"고 스페인 속담은 잘 지적하고 있다.

반란의 원인과 동기에는 종교의 혁신, 세금, 법률과 관습의 변경, 특권의 박탈, 일반적인 억압, 자격 없는 사람의 중용, 외국인, 노동자 기근, 해산된 병사, 치열한 파벌 싸움 따위와 그 외에도 민중의 분노를 사서 그들을 공동 목적을 위하여 일치단결하게 하는 것이라면 모두 포함된다.

그 대책, 몇 가지 일반적인 예방책에 대하여 이야기하기로 하자. 적절한 치료에 관해서는 개별적이고 구체적인 증세에 따라 각각 처방이 나와야 하므로, 일반적인 법칙보다는 통치자의 지혜가 해결할 문제다.

첫 번째 대책 또는 예방책은 앞서 이야기한 바와 같이 반란의 소지가 되는 나라 안의 빈곤과 결핍을 가능한 모든 수단을 동원하여 제거하는 것이다. 이러한 목적을 달성하는 데 도움을 주는 것으로는, 원활하고 균형이 잘 잡힌 교역 산업의 장려, 나태의 추방, 근검법(勤儉法)에 의한 낭비와 사치의 억제, 농토의 개량과 개간, 거래 품목의 가격 조정, 조세 부담의 완화 따위다. 일반적으로 한 왕국의 인구가 (특히 전쟁에 의한 인구의 희생이 없는 경우에) 이 인구를 부양하는 나라의 생산량을 앞지르지 않도록 해야 한다. 또 인구를 사람의 머릿수로만 헤아려서도 안 된다. 왜냐하면 생산은 적게 하면서 소비는 많이 하는 소수가, 생활 수준은 낮지만 생산을 많이 하는 다수보다 훨씬 쉽사리 나라를 피폐하게 만들기 때문이다. 그러므로 귀족과 고위층이 양적으로 많아져서 일반 백성과 심한 불균형을 이루면 나라는 급격하게 궁핍해진다. 성직자 계급이 팽창하는 것도 마찬가지다. 그들이 생산하는 것은 아무것도 없기 때문이다. 관직으로 흡수할 수 있는 숫자 이상으로 많은 학자들이 양성되는 것도 마찬가지다.

어느 한 나라의 재력 증대가 타국의 희생에 바탕을 둘 수밖에 없음을 감안하면(어느 한 곳에 얻음이 있으면 어느 다른 곳에 잃음이 있기 때문이다), 한 나라가 다른 나라에 팔 수 있는 것은 오직 세 가지에 국한된다. 즉, 자연적인 산물과 제조품과 운송이 그것이다. 만약 이 세 가지 수레바퀴가 제대로 돌아간다면 부(富)는 봄철의 조수처럼 수월하게 흘러들어올 것이다. 대체로 제품은 '원료를 능가하는 것'이다. 가공과 수송이 원료보다 값진 것이요, 나라를 더욱 풍요하게 한다. 잘 알려진 바와 같이 네덜란드인들이 땅 위에 차려놓은 광산은 세상에서 으뜸이다.* 무엇보다도 좋은 정책을 활용하여 나라의 돈과 재물이 소수의 손에 집중되지 않도록 해야 한다. 그러지 않으면 국가는 넉넉한 생산량에도 불구하고 굶주릴 것이기 때문이다. 또 돈은 퇴비와 같은 것이어서 널리 뿌리지 않으면 소용이 없다. 이를 위해서는 주로 탐욕스러운 고리대금과 독점과 큰 목장 따위를 억제하거나, 적어도 엄격하게 다스려야 한다.

불만의 제거, 적어도 불만으로 야기되는 위험의 제거에 대하여 이야기해보자. 알고 있는 바와 같이 모든 나라에는 귀족과 평민이

---

\* 네덜란드는 땅이 극히 척박한데도 제품을 가공하여 팖으로써 부유하게 지냄을 비유한 말.

라는 두 가지 계층의 신민(臣民)이 있다. 이들 중 어느 한쪽만이 불만스럽다면 위험은 그다지 크지 않다. 평민은 상층 계급에 의하여 선동되지 않으면 그 움직임이 느리고, 상층 계급은 군중이 자진하여 스스로 움직여주지 않는 한 힘이 작기 때문이다. 그러나 하층 계급에서 물결이 거칠어질 때를 기다려 상층 계급이 불끈 일어나 자기 선언을 하는 경우, 사태는 위험하다. 옛이야기에 따르면 모든 신들이 제우스를 묶으려 하자, 이 소식을 들은 제우스는 아테나의 충고에 따라 백 개의 손을 가진 브리아레오스를 불러들여 자신을 보호하게 했다 한다. 물론 군주가 민중의 호의를 확보하는 것이 얼마나 안전한 일인가를 보여주는 비유다.

불평과 불만을 해소하기 위하여 적당한 자유를 허락하는 것은 (그 자유가 지나치게 무례하고 방만한 것이 아니라면) 안전한 방법이다. 흘러나오는 고름을 안으로 돌려서 상처가 몸속에서 피흘리게 하는 사람은 악성 궤양이나 해로운 화농의 위험을 자초하는 것이다.

불만의 경우에는 프로메테우스가 에피메테우스의 역할을 맡아야 한다.\* 이보다 나은 대책이란 없기 때문이다. 에피메테우스가 상자 속에서 튀어나온 여러 가지 불행과 재앙을 보고 깜짝 놀라 뚜껑을 닫았을 때, 상자의 바닥에는 오로지 희망만이 남아 있었다. 확실히 요령 있고 솜씨 있게 희망을 키우고 간직하게 하여 사람들을 한

---

\* 프로메테우스가 선견지명의 능력을 가진 데 반해 에피메테우스는 그 말뜻이 후견(後見)으로, 일에 부닥치고 나서야 뒤늦게 깨닫는 것을 뜻한다. 그는 제우스가 내려보낸 악의에 찬 선물, 판도라 상자를 열어 많은 질병, 재앙을 이 세상에 불러들였다.

가지 희망에서 다른 희망으로 잡아두는 것은 불만이란 독물(毒物)에 대한 가장 좋은 해독제다. 사람들에게 만족을 베풀지 못할 때라도 그들의 마음을 희망으로 휘어잡으며, 어떠한 재난을 당하여도 희망의 탈출구가 있는 것처럼 사태를 처리할 줄 안다면 이는 분명히 현명한 정부, 현명한 통치의 증거다. 개인과 당파가 다같이 자기를 과시하고자 하거나, 적어도 믿어지지 않는 일도 자신 있는 체 뽐내는 경향이 있기 때문에 그렇게 하는 것은 그다지 어렵지 않다.

불만에 찬 사람들이 의탁하고 모여들 수 있는 마땅한 선봉(先鋒)이 없도록 하려는 예방책은 잘 알려져 있는 방법이다. 그러나 이것이야말로 각별히 주의할 점이다. 내가 이해하는 바로는 위대하고 명망이 높으며, 불만을 가진 무리에게 신망이 두터워 이들이 늘 주시할뿐더러, 자신도 자기 나름대로 불만을 품은 사람이 적절한 선봉이 된다고 생각한다. 이런 부류의 사람이라면 국가 쪽으로 이끌어들여 빈틈없고 참다운 화해를 시키든지, 그러지 않으면 그 인물과 같은 분파에 속하는 누군가를 그와 대립시키고 맞서게 하여 그의 명망을 갈라놓든지 해야 할 것이다. 일반적으로 국가에 적대적인 모든 파벌과 단체를 분열시키고 파괴하며 저희끼리 적대하든가, 적어도 서로 못 믿게 하는 수단은 그다지 나쁜 대책은 아니다. 왜냐하면 만약 나라의 일을 담당한 사람들이 불화와 당쟁에 여념이 없고, 국가에 반대하는 사람들이 모두 한덩어리가 되어 단결하고 있다면 사태는 절망적이기 때문이다.

군주의 입에서 흘러나온 재기발랄한 말이 반란에 불을 당기는 수가 있다. "실라는 글을 몰랐기 때문에 독재하는 법도 몰랐다"*고

한 카이사르는 이 때문에 무한한 피해를 입었다. 그가 언젠가는 독재자의 자리를 떠날 것이라는 사람들 가슴속의 희망을 완전히 꺾어버렸기 때문이다. 갈바는 "나는 병사를 돈으로 사지 않는다. 그저 징집할 뿐이다"라고 말함으로써 스스로를 망쳤다. 포상을 원하는 병사들의 희망을 짓밟았기 때문이다. 프로부스** 역시 "내가 오래 산다면 로마 제국은 병사를 필요로 하지 않을 것"이라고 말하여 병사들에게 커다란 절망을 안겨주었다. 이와 같은 일은 그 밖에도 많다. 확실히 군주는 중대한 문제나 미묘한 시국에 처했을 때 말을 조심해야 한다. 특히 이와 같은 짤막한 말은 화살처럼 날아가서 은밀한 의도를 노출시킨 것으로 간주된다. 긴 말은 평범한 것이어서 이만큼 큰 주목을 끌지 않는 것이 예사다.

마지막으로 군주는 만일에 대비하여 반란을 초기에 진압할 수 있도록 용맹하고 훌륭한 무인 한두 사람을 측근에 두어야 한다. 이런 준비가 없으면 소란이 일어났다는 처음 소식이 당도하자마자 궁정 내에 필요 이상의 큰 혼란이 일어나기 쉽기 때문이다. 그리하여 국가는 "소수의 사람들이 포악한 대역(大逆)을 감행할 때, 많은 사람들이 이것을 반기고, 모든 사람들이 선뜻 묵인하는 것이 사람들의 마음 상태였다"고 한 타키투스의 말처럼 위기에 빠져드는 것

---

\*   실라는 기원전 82년에 종신 독재자로 천거되었으나, 기원전 79년에 물러났다.
\*\*  로마 황제(276~282년 재위). 만천하에 평화를 심어 상비군과 용병이 모두 필요 없도록 하겠다는 말이 병사들을 자극하여 살해되었다.

이다. 그러나 이러한 무인은 분파적이고 민중의 인기를 구하는 사람이 아니라, 충직하고 평이 좋으며 나라 안의 다른 고위층과 관계가 원만한 인물이어야 한다. 그렇지 않으면 대책이 오히려 질병보다도 더욱 나쁜 것이 된다.

# 무신론

나는 차라리 《성도전(聖徒傳)》에 나오는 전설이나 《탈무드》와 《코란》을 믿을지언정* 이 우주의 기틀 속에 심령이 없다고는 생각할 수가 없다. 신은 당신의 평범한 행적만으로도 충분하므로 무신론자들에게 확신을 주기 위해 특별한 기적을 행하는 일이 절대로 없다. 얄팍한 지식으로 사람의 마음이 무신론으로 기울어지는 것은 사실이지만, 깊은 철학은 도리어 사람의 마음을 종교 안으로 끌어들인다. 사람의 마음이 겉으로 드러난 현상에만 쏠려 있으면, 이에 머물러 그 이상을 추구하지 않을 수 있다. 그러나 이 거죽 현상

---

\* 《성도전》은 13세기 이탈리아 제노바의 대주교 야코부스 데 보라지네가 쓴 성도들의 전설을 모아놓은 것이다. 《탈무드》는 유대인들의 율법을 집대성한 책을 말하며, 《코란》은 이슬람의 경전이다.

을 서로 묶어주고 연결해주는 맥락을 깊이 생각할 때, 우리는 필연적으로 '섭리'와 '신성(神性)'에 이르지 않을 수 없다. 아니, 레우키포스와 데모크리토스와 에피쿠로스\*의 학파와 같이 무신론적이라고 몹시 지탄을 받는 학파까지도, 사실은 종교를 가장 잘 증명해주고 있는 셈이다. 네 개의 가변적인 원소와 제5의 불변의 원소가 적당하게 영속적으로 배열되어 있을 때, 신은 구태여 필요하지 않다는 주장\*\*이 무한히 작은 부분 또는 입자가 배열되지도 않고 모여, 신의 섭리도 없이 이 세계의 질서와 미(美)를 만들었다는 주장보다 몇백 배 믿을 만한 것이다.

성경에 "어리석은 자는 그 마음에 이르기를 하나님이 없다 하도다"\*\*\* 했다. 그러나 "어리석은 자는 마음속으로 그렇게 확신하고 있다"고 되어 있지는 않다. 곧, 어리석은 자는 마음 내키는 대로 멋모르고 그렇게 말하여보았을 뿐, 신이 없다고 철저하게 믿는다거나 그렇게 설복당한 것이 아니다. 신이 없다고 말하여 자신에게 이로움이 있는 자들을 빼면, 신의 존재를 부정하는 사람은 사실상 아무도 없다. 무신론은 사람의 마음속이 아니라, 단지 입술 끝에 자리

---

\*     기원전 5세기 그리스의 철학자. 흙, 공기, 물, 불이 만상의 근본이라는 종래의 4원소설을 부정하고 모든 만상의 근원이 원자라는 소위 '원자론'을 주장했다.

\*\*    아리스토텔레스의 물질관을 언급한 것으로, 그는 흙, 공기, 물, 불의 4원소 외에 천체의 바탕이 되는 제5 원소 또는 원본질을 이야기했다. 플라톤의 2원론을 수정하여 원상(原狀)과 질료의 합일을 이야기한 그의 물질관은 데모크리토스의 기계론적인 원자론을 반박한 것이다.

\*\*\*  《시편》 14편 1절.

잡고 있는 듯하다. 그 아주 좋은 예로, 무신론자들은 자기의 의견을 토로함에 있어 언제나 자신은 무신론을 선뜻 믿지 않으나 남들이 그렇게 생각하므로 힘을 얻은 것처럼 떠든다. 아니, 그뿐이 아니다. 무신론자들도 다른 종파에서 보듯 제자를 얻으려고까지 한다. 가장 특이한 것은 무신론으로 수난을 받을지언정 그 입장을 포기하려 하지 않는 사람도 있다.

한데 만약에 그들이 신 같은 것은 없다고 진정으로 생각하고 있다면, 무엇 때문에 그와 같은 수난을 받는단 말인가? 에피쿠로스가 신성은 있지만 신성은 다만 자족하고 있을 뿐 세상일의 지배에는 관심이 없다고 단언하지만, 사람들은 그가 자신의 명망을 위하여 마음에 없는 말을 했다고 비난했다. 본심은 신의 존재를 믿지 않으면서 세인들의 관념을 따른 것이라 했다. 그러나 사실은 그가 온당치 않은 비방을 받은 것이다. "세인이 믿는 신을 부정하는 것이 모독이 아니라, 세인의 견해를 신에게 적용하는 것이 모독이다"라고 한 그의 말은 고귀하고 경건한 것이었기 때문이다. 플라톤이라도 이보다 훌륭하게 말하진 못했을 것이다. 에피쿠로스는 신의 지배 능력을 부정할 자신은 있었지만 신성까지 부정할 힘은 없었다. 서인도 사람들은 개별적인 제신(諸神)에 대한 이름을 가지고 있으나 유일한 신을 가리키는 명칭은 없다. (이것은 그리스 이교도들이 제우스, 아폴론, 아레스와 같은 이름을 가지고 있었으나, 데우스(神)란 말이 없었던 것과 마찬가지다.) 이것은 야만인들까지도 그 폭과 범위는 없는 대로 신이란 개념을 가지고 있음을 뜻한다. 따라서 심지어 야만인들까지도 오묘한 철학자들 편에 서서 무신론자에게 반대하고 있는 것이다.

확고한 이론을 가진 무신론자는 드물다. 디아고라스, 비온, 루키아노스\*와 같은 사람들이 있지만 이들도 사실보다 과장되어 알려진 듯하다. 왜냐하면 기성의 종교나 미신을 배척하는 사람들은 모두 반대측으로부터 무신론자라는 낙인이 찍히기 때문이다. 그러나 최대의 무신론자는 사실상 위선자다. 그들은 거룩한 마음이 없이 언제나 거룩한 것을 다룬다. 이들의 손에서 거룩한 것은 결국 잿더미가 되고 만다.

무신론의 원인에는 몇 가지가 있다. 종교의 분열이 많은 것이 이유가 된다. (단 하나의 커다란 분열이 일어났을 때는 양측에 열성을 더하지만, 분열이 많아지면 무신론을 끌어들이기 때문이다.) 다음으로는 성직자들의 비행(非行)이 이유가 된다. "이제는 성직자도 세상 사람들과 마찬가지라고 할 수 없게 되었다. 세상 사람들이 성직자보다 낫기 때문이다"라고 말한 베르나르\*\*의 지적이 그러한 경우다. 셋째는 거룩한 일에 대해 비웃음 짓는 불경스러운 풍속이다. 그것은 조금씩 종교에 대한 존경심을 손상시킨다. 그리고 마지막으로는 학문이 번창하는 시대, 특히 평화와 번영의 시대가 무신론을 낳는다. 고난과 역경이 사람들의 마음을 종교로 기울게 하는 수가 많기 때문이다.

신을 부정하는 자들은 인간의 고귀함을 파괴하는 자다. 확실히

---

\* 모두 고대 그리스인으로 디아고라스는 기원전 5세기의 철학자, 비온은 기원전 3세기의 목가 시인, 루키아노스는 2세기의 작가다.
\*\* 프랑스의 성직자(1091~1153년).

인간은 그 육체에서는 짐승에 가깝다. 그러므로 만일 인간이 그 심령에 있어 신에 가까워지지 않는다면 인간은 비천하고 수치스러운 짐승에 지나지 않게 된다. 그것은 또한 아량과 인간성의 향상을 파괴한다. 예를 들어 한 마리의 개가 사람이 저를 키워주고 있음을 알 때, 그 의젓함이 어떠하고 그 용기가 어떠한가를 눈여겨보라. 개에게 사람은 신, 혹은 '보다 뛰어난 존재'를 대신해주는 것이다. 이러한 용기는 명백히 이 짐승이 자기보다 뛰어난 어떤 존재에 대한 믿음이 없다면 결코 도달할 수 없는 것이다. 마찬가지로 인간은 신의 보호와 은총 속에 안주하고 확신을 가져야, 인간성 자체만으로는 도달할 수 없는 힘과 신념을 얻는다. 그러므로 무신론은 어느 점으로 보나 가증스러운 것이며, 무신론의 인간성은 인간의 약함을 넘어 높이 이를 수 없다. 수단을 박탈한다는 점에서 더욱 그러하다. 이것은 개개인에서나 국가에서나 마찬가지다. 로마 제국만큼 너그러운 나라가 없었음을 명심하면서, 이 로마에 대하여 키케로가 한 말에 귀를 기울여보자.

"우리가 우리 자신을 아무리 자랑스럽게 생각한다 하더라도 우리는 수(數)에서는 스페인 사람들에게 미치지 못하며, 힘으로는 골(Gauls)인에게, 꾀로는 카르타고인에게, 손재주로는 그리스인에게 미치지 못한다. 심지어 이 나라, 이 백성의 특징인 타고난 생업의 능력으로 보면 이탈리아인이나 라틴인에게 미치지 못한다 해도 좋다. 그러나 종교와 그 경건한 마음과 모든 만상(萬像)이 불멸의 신들의 섭리로 인도되고 다스려진다는 것을 깨닫는 지혜 하나로 우리는 모든 나라 모든 백성들보다 앞서 있다."

# 미신

신에 대하여 아예 의견이 없는 편이 가당치 않은 의견을 가지는 편보다 나을 것이다. 전자는 믿지 않는 것이지만, 후자는 모독이기 때문이다. 그러므로 미신은 신성을 욕되게 하는 것임에 틀림없다. "이 세상에 플루타르코스라는 사람은 아예 있지도 않았다는 말이, 플루타르코스라는 사람이 있는데 그는 자식을 낳으면 낳는 대로 잡아먹을 자라는 세평(世評)보다 훨씬 낫다"고 한 플루타르코스의 말은, 옛 설화의 새턴* 이야기를 상기시키면서 이러한 의도를 잘 표현한 것이다.

---

\* 그리스 신화에서 우라노스와 가이아 사이에 태어난 거인족의 막내로서, 아들에게 왕위를 빼앗기지 않으려고 아이를 낳는 대로 잡아먹었다 한다. 새턴은 로마 이름, 그리스 이름으로는 크로노스.

신에 대한 모독이 크면 클수록 인간에 대한 위험이 커진다. 무신론은 분별심과 철학, 천성의 경건함, 법률과 명예심을 남겨두므로, 이들이 모두 합쳐져 종교를 대신하여 외면적인 도덕적 덕성의 지침이 될 수 있다. 그러나 미신은 이 모든 것을 허물고 사람들의 마음속에 절대군주를 심는다. 무신론은 결코 국가를 어지럽히는 법이 없다. 제 몸을 도사리면서 사사로운 이해 관계를 넘어서 눈을 밖으로 돌리지 않기 때문이다. 아우구스투스 카이사르 시대에서 보듯 무신론으로 기운 시대는 평온한 시대였음을 우리는 알고 있다. 그러나 미신은 많은 나라에서 혼란을 일으키고, '제1 천체'*로 등장하여 통치의 모든 영역을 교란시켰다. 미신의 주인공은 민중이다. 그리고 어떤 미신에서든 현명한 사람이 어리석은 자를 추종한다. 또 본래의 순리가 거꾸로 되어, 행동이 먼저 있은 뒤에 이론을 만들어 맞춘다. 스콜라 학파의 교리가 크게 위세를 떨쳤던 트렌트 종교회의에서 다음과 같이 무게 있는 비판을 한 성직자가 있었음은 주목해야 할 일이다.** 그는 "스콜라 철학자들은 오로지 천문 형상을 설명하기 위하여 이심원(離心圓)과 주전원(周轉圓)과 같은 궤도를

---

\* 74쪽의 주 참조.

\*\* 트렌트 종교회의는 1545년 이탈리아 북부 트렌트에서 교황 바울 3세가 소집하여 거의 20년 동안이나 계속된 것으로, 신교 개혁 운동의 팽창 세력에 대응하여 가톨릭의 입장을 확인했다. 구교도의 화약 음모 사건 따위로 놀라움을 금치 못한 베이컨은 '미신'이라 제목을 붙인 이 수필에서 사실상 가톨릭 교회의 교리와 행습을 공격하고 있다. 스콜라 철학(9~14세기)은 간단히 말하여 그리스도교 교리를 아리스토텔레스의 논리학을 빌려 설명하는 것이었는데, 베이컨은 이에 대해서도 비판적이다.

꾸며댔던 천문가\*와 흡사했다. 그러한 것이 실재하지 않음을 자신들도 내심 잘 알고 있었다"고 지적했다. 이처럼 스콜라 철학자들은 교회의 행습을 설명하기 위하여 갖가지 교묘하고 복잡한 공리(公理)와 정리(定理)를 만들었던 것이다.

미신의 원인에는 여러 가지가 있다. 사람의 이목을 즐겁게 하는 제례와 의식, 위선적이고 겉치레뿐인 지나친 경건, 교회에 부담만 더해주는 전통에 대한 과도한 존중, 고위 성직자들이 자신의 야심과 이득을 위해 꾸미는 계략, 올바른 행동 규범이라도 지나치게 시달(示達)하여 무원칙하고 괴이한 규정이 생겨남, 인간의 문제로 신의 문제를 추측함, 그리하여 망상을 불러일으키는 일, 마지막으로 야만의 시대, 특히 액운과 재난이 겹친 야만의 시대 따위가 미신의 원인이 된다. 너울을 쓰지 않은 미신은 흉하다. 그러나 원숭이가 지나치게 사람을 닮았을 때 더욱 흉한 것과 마찬가지로 미신이 종교를 닮고 보면 그 모습은 더욱 흉측하게 된다. 싱싱한 고깃점이 썩어서 구더기가 되는 것처럼 훌륭한 의식과 질서도 썩으면 수많은 허례 허식이 된다. 미신을 피하려다 미신에 빠지는 수도 있다. 지금까지 횡행하던 미신에서 가장 멀리 떠나는 것이 최선이라고 생각할 때 그러하다. 그러므로 (설사약을 잘못 먹었을 때처럼) 나쁜 것과 함께 좋은 것까지 쓸려나가지 않도록 조심해야 한다. 민중이 종교 개혁자가 될 때 흔히 일어나는 일이다.

---

\* 지구와 달이 태양을 도는 현상을 설명하는 코페르니쿠스에 대해 언급한 것으로, 베이컨은 이 설명을 받아들이지 않았다.

# 여행

여행은 젊은 사람에게는 교육의 일부요, 나이 든 사람에게는 경험의 일부다. 지금 여행하려고 하는 나라의 말을 아직 모르고 있다면, 그는 학교에 가는 것이지 여행 떠나는 것이 아니다. 나는 여행길에 오를 젊은이에게 그 나라에 가본 적도 있고 그곳의 언어도 잘 알고 있는 가정교사나 믿을 만한 하인과 동행하여 보살핌을 받을 것을 권장한다. 그러면 그들이 찾아가는 나라의 볼 만한 것은 무엇이며, 누구를 만나보고, 어떤 경험과 수양을 쌓을 수 있는지를 젊은이에게 말해줄 수 있기 때문이다. 그러지 않으면 젊은이들은 눈가리개를 하고 떠나는 것과 마찬가지여서 폭넓게 볼 수 없을 것이기 때문이다.

볼 것이라고는 하늘과 바다밖에 없는 바다 여행을 할 때는 일기를 쓰면서도, 볼 것이 엄청나게 많은 육지 여행을 할 때는 대개의 경우 이를 게을리하는 것은 이상한 일이다. 마음먹고 찾아온 구경거리보다 우연히 눈에 띄는 것이 훨씬 기록해둘 만하다고 생각하는 것일까? 일기는 꼭 이용하는 것이 좋다.

구경하고 관찰할 만한 것으로는 제왕의 궁정, 특히 외국 사신을 접견할 때의 궁정, 소송이 진행되고 있을 때의 법정, 혹은 종교 법원, 교회와 수도원, 그리고 그 안에 보존되어 있는 기념물, 도시의 성벽과 성채, 항만, 유적 및 폐허지, 도서관, 논문 발표나 강의가 있을 때의 대학, 배와 해군, 큰 도회지 부근의 호화로운 대저택과 정원, 병기창, 무기고, 국영(國營) 창고, 시장, 거래소, 창고, 마술·검술·병졸의 훈련 등이 행해지는 곳, 상류층이 구경 오는 연극, 보석과 의상을 진열하는 곳, 골동품과 그 진열장…… 등등 한마디로 말해서 찾아가는 곳에서 기억해둘 만한 것이라면 무엇이든 상관없다. 이 모든 것을 가정교사나 하인이 열심히 탐문해두어야 할 것이다. 개선 행진, 가면무도회, 축제, 결혼식, 장례식, 사형 집행 따위도 구경하리라고 벼를 것은 없으나 무시할 것은 아니다.

만약 짧은 기간을 여행하면서 나이 어린 사람으로 하여금 큰 수확을 얻게 하려면 이와 같이 해야 할 것이다. 우선 이미 이야기한 것처럼 그 젊은이는 출발에 앞서 그 나라 말을 얼마간 익혀두어야 한다. 그런 다음, 역시 이미 말한 것처럼 그 나라를 잘 아는 가정교사나 하인이 따라가게 하여야 한다. 또 여행하려는 나라에 대한 지도와 책을 가지고 가야 한다. 물론 일기를 쓰게 해야 한다. 한 도시에 오랫동안 머물게 해서는 안 된다. 장소에 따라 신축성이 있겠지만 한곳에 너무 오래 머물면 좋지 않다. 한 도시에 머물더라도 이곳 저곳 숙소를 옮겨보는 것이 좋다. 이것은 새로운 지기를 많이 만드는 방법이다. 자기 본국에서 온 사람을 피하고 여행하는 나라의 좋은 친구가 있는 곳에서 식사하게 함이 좋다. 한 장소에서 다른 곳으로 옮길 때는 그곳에 사는 지체 높은 사람 앞으로 된 소개장을 얻어두는 것이 좋다. 보고 싶고 알고 싶은 것에 있어 그의 호의를 활용할 수 있기 때문이다. 이렇게 하면 짧은 여행으로 큰 이득을 얻을 수가 있다.

여행 중의 교제로서 가장 유익한 것은 대사(大使)의 보좌관이나 개인 비서를 사귀는 것이다. 그렇게 함으로써 한 나라를 여행하면서 많은 나라의 경험을 흡수할 수 있다. 또한 널리 이름을 떨치고 있는 다방면의 저명한 인사를 만나고 방문하게 함이 좋다. 실제의 사람됨이 명성과 어느 정도 상부하는가 알게 해줄 것이다.

싸움은 조심스럽고 분별심 있게 회피해야 한다. 싸움은 흔히 여자 문제, 축배를 들 때, 좌석 문제, 말의 꼬투리 때문에 일어난다. 그러므로 성 잘 내고 싸움 좋아하는 사람과 접촉할 땐 조심해야 한다. 그런 사람들은 저희끼리의 싸움에도 곧잘 남을 끌어들인다.

귀국한 후에도 여행했던 나라를 뒤로 밀쳐두지 말고 그동안 사귄 사람 가운데 훌륭했던 사람과 편지 왕래를 하는 것이 좋다. 그리고 그의 여행이 차림새나 몸짓으로 드러나는 것보다 이야기로 전달되는 편이 좋다. 이야기할 때에도 여행담을 쏟아놓기에 급급할 것이 아니라, 묻는 말에 신중히 답할 줄 아는 것이 중요하다. 끝으로 그동안 자기 나라의 풍습을 잊고 외국물에 젖지 않았음을 보이는 것이 좋다. 그러나 외국에서 배운 약간의 정화(精華)를 자기 나라의 풍습 속에 심는 데 그친다는 태도쯤은 표명해도 상관없겠다.

## 제국

　욕심나는 일이 거의 없는데 걱정스러운 일이 많은 마음 상태, 그것은 비참하다. 왕 된 자의 마음이 흔히 그러하다. 왕은 제일 높은 자리에 있으므로 욕심낼 일이 없지만 바로 그 점이 마음을 더욱 시들게 한다. 또한, 위험과 의구심을 가질 대상이 많으므로 마음은 구름이 낀 듯 어둡다. 이것은 성경에서 "왕의 마음은 헤아릴 수 없느니라"*고 한 까닭의 하나기도 하다. 끝도 없는 시샘을 한 몸에 받으면서 자신에게는 다른 모든 욕망을 건사하고 정돈할, 두드러진 욕망이 없는 사람의 마음이란 측량하기 어려울 수밖에 없다. 군주가 스스로 욕망을 만들어내어 온 정신을 사소한 일에 쏟는 경우가 많음은 바로 이 때문이다. 군주는 때로는 건축에, 때로는 어떤 종단

---

\*　《잠언》 25장 3절.

(宗團)을 세우는 일에, 때로는 일개인을 출세시키는 일에, 때로는 예술이나 손재주에서 뛰어나고자 몰두한다. 그리하여 네로는 하프를 뜯었고, 도미티아누스는 활의 명수가 되고자 했으며, 코모두스는 검술을, 카라칼라는 전차(戰車)를 몰았다.* "사람의 마음은 큰 것 속에 가만히 머물 때보다 작은 것 속에 정진할 때 훨씬 유쾌하고 싱싱하다"는 원리를 모르는 사람은 이것을 믿을 수 없을 것이다. 우리는 처음 몇 년간은 행운의 정복자였던 제왕들이 무한히 뻗어나갈 수는 없으므로, 언젠가는 그들의 운세에도 멈춤이 있어 말년에는 울적해지고 미신에 빠지는 예를 본다. 알렉산더 대왕, 디오클레티아누스, 우리가 아직 기억하는 카를 5세 등이 그러했다.** 앞으로만 뻗어나가다가 멈추는 자는 자신을 잃고 전과 다른 사람이 되는 것이다.

제국을 잘 운영하려면 엄(嚴)하고 유(柔)한 것을 잘 배합해야 한다. 이것은 드문 일이고 지속시키기도 어려운 일이다. 서로 상반되는 것을 섞는 것이 배합이다. 그러나 엄하고 유한 것을 잘 배합하는 것과 무턱대고 뒤섞는 것은 크게 다르다. 베스파시아누스의 물음에 대한 아폴로니우스***의 답변은 훌륭한 교훈으로 가득 차 있다.

---

* 모두 로마 황제의 이름.
** 알렉산더는 말년에 세계가 무수히 많다는 말을 듣고 "나는 아직 그중 한 세계의 왕도 되지 못했으니!" 하고 한탄하며 슬피 울었다고 한다. 디오클레티아누스는 3세기 말 로마 황제이고, 카를 5세는 16세기 스페인의 왕이다. 모두 말년에 양위하고 은퇴하여 종교 생활을 했다.
*** 1세기 그리스의 철학자로 점에 능했고 신통력을 가졌다고 한다.

"네로가 타도된 까닭이 무엇인가?" 하고 베스파시아누스가 묻자 그는 "네로는 하프를 잘 뜯었지만, 통치에 있어 그는 때로 줄을 지나치게 팽팽하게 감았다가 때로 지나치게 풀어놓았다"고 답변했다. 지나치게 강압을 하다가 지나치게 풀어주는 짓을 무턱대고 시의(時宜)에 맞지 않게 뒤섞는 것보다 권위를 해치는 것이 없음은 확실하다.

사실상, 최근의 군주들은 정사를 다룸에 있어 위험과 재난이 다가온 다음에 교묘하게 모면하고 둘러대는 지혜만 있을 뿐, 아예 이들이 가까이 오지 못하도록 확고하고 합리적인 진로를 택할 줄은 모른다. 그러나 이것은 시운(時運)과 승패를 다툼에 지나지 않는다. 우리는 소란의 근거가 마련되고 있음을 등한히 해서는 안 된다. 불은 누구라도 지를 수 있고, 언제 어디서라도 올 수 있는 것이다. 군주에게 정무(政務)의 어려움은 많고도 크지만, 가장 큰 어려움은 자신의 마음속에 있는 수가 많다. "제왕의 욕망은 강렬하면서도 또 변덕스러운 것이 예사"라고 한 타키투스의 말처럼 군주는 서로 모순되는 일을 하려 드는 수가 많다. 목적에 급급하여 수단을 거들떠보지 않는 것이 지나친 권력의 통폐다.

왕은 이웃나라, 처자식, 고위 성직자, 일반 성직자, 귀족, 하위 귀족, 신사 계급, 상인, 평민, 병사들을 다루어야 한다. 만약 조심스럽고 신중하지 않다면 바로 이들 중 누구에게서라도 위험이 발생한다.

먼저 이웃나라에 관해서는, 갖가지 경우가 있으므로 일반적인 법칙을 제시하기란 어려우나, 이것 하나는 언제든지 통용되는 원칙이라 할 수 있다. 즉, 이웃나라가 (영토의 확장이라든가, 무역의 독점,

그 밖의 여러 가지 접근 따위로) 너무 강대해져서 종전보다 더 자기 나라를 괴롭힐 역량을 갖지 않도록 군주는 적절한 감시를 게을리 하지 말아야 한다. 이러한 위험을 예견하여 막는 것이 일반적으로 상임 고문역의 임무다. 영국의 헨리 8세, 프랑스의 왕 프랑수아 1세, 황제 카를 5세의 세 왕이 군림하던 시절에는 서로 적절한 경계를 했다. 셋 가운데 어느 누가 한 뼘의 땅이라도 얻으면 다른 두 왕이 동맹을 맺거나 필요하다면 전쟁을 해서라도 곧 균형을 회복하려 했다. 그리하여 일시적인 평화를 얻으려고 후환을 남기는 일을 결단코 하려 들지 않았다. 나폴리의 왕 페르디난도와 피렌체의 강자 로렌초 메디치, 밀라노의 강자 루도비코 스포르차 사이의 동맹(귀치아르디니는 이것을 이탈리아의 안정 보장이라 했다)도 이와 같은 역할을 했다.\* 전쟁은 그에 앞서 가해나 도발이 없다면 정당화할 수 없다고 한 몇몇 스콜라 학파 사람들의 의견은 받아들일 수 없다. 도발 행위가 없다 하더라도 임박한 위험에 대한 정당한 두려움이 전쟁의 합법적인 원인임은 의문의 여지가 없기 때문이다.

아내에 관하여는 잔인한 실례가 있다. 리비아\*\*는 남편을 독살한 것으로 악명 높다. 솔리만의 아내 록살라나\*\*\*는 이름 높은 황태자

---

\* 이 동맹은 1480년에 이루어졌다. 귀치아르디니는 이탈리아의 역사가(1483~1540년).

\*\* 아우구스투스의 아내로 전 남편의 소생인 티베리우스를 제위에 앉히기 위해 아우구스투스를 독살했다고 전해진다.

\*\*\* 록살라나는 터키의 술탄(군주) 솔리만 대왕(1520~1566년 재위)의 아내였고, 무스타파는 그녀의 배다른 아들이었다. 그녀는 자기 아들이 술탄을 계

무스타파를 살해하고 왕의 가문과 계승의 순리를 뒤흔들었다. 영국 에드워드 2세의 왕비는 남편의 폐위와 살해에 주동적인 역할을 했다. 이와 같은 위험은 아내가 자신의 직계 자녀를 계승시키고자 음모를 꾸미거나, 자신이 간음을 범했을 때 주로 우려되는 일이다.

   자식에 관해서도 마찬가지여서, 그들이 일으키는 위험에서 오는 비극이 많다. 그리고 일반적으로 아버지가 자식을 의심하기 시작하면 그 결과는 언제나 불행한 것이었다. 앞서 이야기한 무스타파의 살해는 솔리만의 가계에 아주 치명적인 것이어서, 솔리만 이후 오늘에 이르기까지 터키의 왕위 계승은 정통이 아닌 혈통이며 허위라는 의혹을 사고 있다. 솔리만 2세가 바꿔치기한 인물이라고 여겨지기 때문이다. 이와 마찬가지로 지극히 온순했던 어린 왕자 크리스푸스를 아버지인 콘스탄티누스 대제가 살해한 일은 그의 황실에 대단히 치명적이었다. 그의 아들 콘스탄티누스와 콘스탄스가 모두 비명횡사했으며, 사실상 병으로 죽은 다른 아들 콘스탄티우스까지 그 운명이 별로 나을 바 없었기 때문이다. 그가 병사한 것도 율리아누스가 그에게 반기를 든 다음이었다. 마케도니아의 왕 필립 2세의 아들인 데메트리우스의 살해는 그 화를 다시 아버지가 입은 셈이었다.* 결국 가책을 못 견디어 운명했기 때문이다. 이와 같은 예는 매우 많지만, 아버지가 자식을 못 믿다가 이로움을 얻는

---

   승케 하기 위하여 무스타파를 암살했다.
\* 필립 2세는 알렉산더의 무고를 믿고 데메트리우스를 처형했다.

경우는 매우 드물다. 셀리무스 1세에게 반기를 든 바자제트*와 영국 왕 헨리 2세의 세 아들처럼 아들이 공공연히 아버지에게 반기를 든 경우만이 예외라 할 것이다.

고위 성직자들 역시 교만하고 강대해질 때 위험이 따른다. 캔터베리의 대주교였던 안셀무스와 토머스 베케트의 시대가 그러했다. 이들은 승장(僧杖)을 들고 국왕의 칼과 겨루려 했다. 그러나 상대는 윌리엄 루퍼스, 헨리 1세, 헨리 2세와 같은 완강하고 오만한 왕이었다. 위험은 성직자 계급 자체에만 있는 게 아니다. 성직자가 해외의 권위에 의존한다거나,** 또는 국왕이나 특정인이 아닌 일반 민중이 성직자를 선출했을 때 위험이 뒤따른다.

귀족에 관해서는, 그들과 어느 정도 거리를 두는 것은 잘못이 아니나, 그들을 억압하는 것은 국왕의 지위를 절대적으로 할지는 모르지만 안전한 처사가 못 되며, 하고 싶은 일을 수행하기 어렵게 한다. 내가 쓴《헨리 7세의 역사》에서 지적했듯이, 헨리 7세가 귀족을 억압했기 때문에 그의 치하에는 여러 가지 곤란과 우환이 끊일 새가 없었다. 귀족들이 비록 왕에게 계속 충성했으나 왕의 정사(政事)에 협력하지 않았기 때문이다. 결국 그는 모든 일을 홀로 해나가는 도리밖에 없었다.

하위 귀족은 온 나라에 흩어져 있기 때문에 큰 위험은 없다. 그

---

\* 셀리무스 1세는 솔리만 대왕을 가리킨다. 그의 아들 바자제트가 반란을 일으켰다.
\*\* 베이컨은 교황의 권위가 국가 통치권에 미치는 마찰에 대해 언급하고 있다.

들은 때때로 호언장담을 하지만 크게 해 되는 바는 없다. 더군다나 하위 귀족은 상위 귀족이 지나치게 강대해지지 않도록 견제 역할까지 한다. 마지막으로 그들은 일반 민중과 직접 접촉하는 위치에 있으므로 민중의 소요를 누그러뜨리는 데 가장 유력하다.

상인은 나라의 혈맥이다. 상인이 번창하지 않으면, 왕국이 좋은 팔다리를 가졌다 해도 혈관이 비어 영양부족이 될 것이다. 그들에게 세금을 부과하는 것은 왕의 수입에 도움이 되지 않는다. 부분적으로는 얻음이 있겠지만 전체적으로는 잃는 것이 많기 때문이다. 과세 내역은 늘겠지만 전체적인 교역량은 그 때문에 줄어든다.

평민은 그들 가운데 강대하고 위력적인 지도자가 있거나, 종교 문제나 풍습, 생계에 간섭을 받지 않는 한 그다지 위험스럽지 않다.

군인은 그들이 집단이 되어 함께 생활하고 곧잘 헌납금을 받을 때가 위험하다. 터키의 근위대와 로마의 친위대가 그 예다. 그러나 병사를 훈련하고 무장하되 각기 다른 장소에서 다른 지휘관의 명을 따르고 헌납받지 않도록 하면, 방어의 수단이 될 뿐 위험하지 않다.

군주는 천체와 같아서 길조의 원인도 되고 흉조의 원인도 된다. 또 군주는 많은 존경을 받지만 마음 편한 날이 없다.

"기억하라, 너는 인간임을. 또한 기억하라, 너는 신, 혹은 신의 대행자임을."

군주에 관한 모든 교훈은 결국 이와 같은 격언으로 함축된다. 전자는 권력에 씌운 멍에요, 후자는 의지에 씌운 멍에다.

# 충고

사람과 사람 사이의 최대의 신뢰는 충고를 주는 신뢰다. 다른 개인 관계라면 토지나 재물, 자녀, 개인적인 명성 등 특정한 문제를 내맡기지만, 충고자가 되어주는 사람에게는 모든 것을 내맡기기 때문이다. 충고의 경우에는 더욱 철저하게 완전한 신의와 정직을 바탕으로 한다. 아무리 지혜로운 군주라 할지라도 충고에 의존하는 것이 자기의 위대성을 감소시킨다든가, 능력을 손상시킨다고 생각할 필요가 없다. 이것은 하나님 자신이 택하신 것으로, 하나님은 당신의 축복받은 아들의 위대한 이름 중 하나를 '충고자'라 했다.[*] 솔로몬은 "경영은 의논함으로 성취하나니……"라고 했다.[**] 세상일을

---

[*] 《이사야》 9장 6절.
[**] 《잠언》 20장 18절.

흔들어대는 것에는 두 가지가 있는 법이다. 만약 상의와 논쟁의 물결이 흔들지 않는다면 운명의 물에 휩쓸려 비틀거리는 취객처럼 넘어지기도 하고 일어서기도 하면서 어쩔 줄을 모를 것이다. 솔로몬이 충고의 필요성을 깨달았듯이 그의 아들은 충고의 위력을 깨달았다. 신의 은총을 받던 왕국이 그릇된 충고 때문에 처음으로 분열했던 것이다.* 이것은 그릇된 충고를 식별하기에 썩 알맞은 두 가지 징표를 밝혀줌으로써 교훈이 되고 있다. 그 징표란 사람으로 보면 젊은 충고자요, 내용으로 보면 과격한 충고다.

옛 시대의 이야기는 왕이 충고와 한 몸이 되어 뗄 수 없는 결합을 이루며, 지혜롭고 능숙하게 충고를 활용하여야 함을 비유로써 말해주고 있다. 그 하나는 제우스가 충고를 뜻하는 메티스와 결혼했다는 이야기인데, 이것은 군주가 충고와 결혼함을 나타낸다. 다른 하나는 이에 이어지는 이야기로서, 내용인즉 이러하다. 제우스가 메티스와 결혼한 후 메티스는 잉태했다. 그러나 제우스는 아내가 분만할 때까지 기다리지 못하고 그녀를 잡아먹었다. 그리하여 제우스 자신이 애를 배게 되었고, 이어 그의 머리로부터 무장한 아테나를 분만했다. 이 해괴망측한 우화는 국왕이 어떻게 나라 안의 충고를 활용할 것인가 하는 비결을 담고 있다. 왕은 먼저 문제를 자문(諮問)에 붙여 충고를 구해야 한다. 이것이 첫 번째 수태, 혹은 잉

---

\* 솔로몬의 아들 르호보암은 젊은 사람의 충고대로 지나치게 가혹한 통치를 하였고, 그 결과 백성들 태반이 반란하여 독립국을 세우게 되었다. 신의 은총을 받은 나라는 물론 유대 왕국을 가리킨다.

태다. 그러나 문제가 자문이라는 뱃속에서 다듬어지고 모양을 갖추게 되어 태어나기에 족할 만큼 성숙하면, 국왕은 자문 기구가 자기에게 달린 듯이 문제에 대한 결의나 명령을 행사하지 못하게 한다. 이때 국왕은 이 문제를 다시 자신의 손에 넣고 칙령이나 최종적인 시달(示達)이 왕 자신에게서 나온 것이며(칙령은 신중하고 강력하게 빛을 보게 되므로 아테나가 무장을 하고 태어나는 것과 비슷하다), 이러한 결정이 왕의 권위만 업은 것이 아니라 (자신의 명성을 더욱 높이려고) 왕의 머리와 왕의 의향에서 비롯된 것처럼 하여 세상에 내놓는 것이다.

이제 충고에 따르는 불편과 그 대책에 관하여 이야기하기로 하자. 자문을 구하고 활용할 때 따르는 것으로 알려진 불편에는 세 가지가 있다. 첫째는 문제가 드러남으로써 비밀의 도(度)가 낮아지는 것이다. 둘째는 군주 혼자서는 능력이 모자란다고 여겨질지 모르기 때문에 권위의 약화가 염려된다. 셋째는 자문이 불성실하게 이루어져서 자문을 청하는 측보다 자문에 응하는 측만이 이롭게 되는 위험이다. 이와 같은 불편에 대처하기 위하여 '비밀각의(秘密閣議)'를 도입하는 수가 있다. 이탈리아에서는 그에 대한 학설이 있었고, 프랑스의 어느 왕은 이를 실시한 적이 있으나 결과는 그 병폐보다 나빴다.

비밀에 관해서라면 군주는 모든 문제에 대해 모든 사람에게 자문을 구할 것이 아니라, 필요한 것을 가리고 필요한 자를 선정할 수 있다. 또한 자문에 응하는 사람이 어떻게 하겠노라고 공언할 필요도 없다. 군주는 다만 문제가 자신의 입에서 드러나는 일이 없도록 조심하면 된다. 비밀각의라면 '구멍투성이'라는 말을 좌우명으로 삼아도 좋다. 발설하는 것을 영광으로 생각하는 말 많은 사람 하나가, 숨기는 것을 의무로 아는 사람 여럿보다 더욱 큰 해를 끼칠 것이다. 사실상 어떤 문제는 극도의 비밀이 요청되어 국왕 외에 한두 사람을 넘어설 수 없는 경우도 있다. 비밀 자문의 결과가 꼭 나쁜 것도 아니다. 이런 경우 비밀이 지켜지는 것 외에도 자문이 흩어지지 않고 줄곧 한 방향으로 정진하는 수가 많기 때문이다. 그러나 이때 왕은 문제를 스스로의 힘으로 해결할 역량이 있는 사려 깊은 왕이어야 하며, 심복(心腹)하는 자문자도 현명할 뿐만 아니라 특히 왕의 목적에 충실하며 신뢰할 수 있는 사람이어야 한다. 영국 왕 헨리 7세가 그러했다. 그는 대단히 중요한 일에 임해서는 자신의 이해를 모턴과 폭스* 외에는 아무에게도 털어놓지 않았다.

권위의 약화에 대해서는 앞에서 말한 우화가 그 대책을 보여주고 있다. 아니, 왕의 위엄은 자문의 자리에 앉음으로써 더욱 드높아지는 것이지 줄어들지 않는다. 일찍이 자문을 청했다가 충신을 상실한 군주는 없었다. 다만 한 자문자가 지나치게 강대하거나 여러 자문자들이 서로 지나치게 결속되어 있다면 문제가 달라진다. 그렇지만 한편으로 그러한 경우는 쉽사리 눈에 띄어 바로잡을 수 있다.

마지막 불편은 사람들이 자신의 이익을 안중에 두고 자문에 응할 것이라는 우려였다. 그러나 "주님은 이 땅 위에 믿음이란 찾아

---

\* 모턴(1420~1500년)은 엘리의 주교, 폭스(1448~1528년)는 엑스터의 주교로 헨리 7세의 신임을 받았다.

볼 수 없을 것"*이라는 구절은 시대의 현상을 지적한 것이지, 모든 개개인을 두고 한 말은 아니다. 본바탕이 미덥고 성실하고 솔직하고 올바른 사람들이 있다. 군주는 무엇보다도 이와 같이 술책에 능하거나 음험하지 않은 사람들을 가까이 해야 한다. 그런데 자문자들은 대체로 결속하지 않고 오히려 서로 경계하는 것이 예사다. 그러므로 어떤 자가 자기의 파벌이나 사적인 목적을 위하여 자문을 한다면, 이는 대개 국왕의 귀에 들어가게 된다. 그러나 최고의 대책은 자문자가 왕을 알고 있듯이 왕도 자문자를 알아두는 일이다. "치자(治者)에게 으뜸가는 덕성은 신하를 아는 일"**인 것이다. 한편 자문자가 군주의 성품을 지나치게 파고들면 좋지 않다. 자문자의 진정한 자질은 주군(主君)의 성격이 아니라 그의 업무에 능숙해지는 것이며, 또 그래야만 군주의 비위를 맞추기에 급급하지 않고 참된 충고를 할 수 있을 것이다. 군주가 자문자의 의견을 따로따로 듣기도 하고 한꺼번에 듣기도 한다면 각별한 도움을 받는다. 사석에서의 의견은 보다 자유롭고 남들 앞에서의 의견은 보다 점잖기 때문이다. 사람은 따로 만나면 자신의 기분을 대담하게 나타내지만 모여 있을 때는 남의 기분에 좌우되기 쉽다. 그러므로 이 양자를 다 받아들여 지위가 낮은 사람은 개별적으로 만나 자유를 누리도록 해주고, 지체 높은 신하는 공석에서 만나 신중을 기하도록 함이 좋다.

---

\* 《누가복음》 18장 8절. 〈참〉의 끝 부분을 참조할 것.
\*\* 1세기의 로마 작가 마르쿠스 마르티알리스의 말.

군주가 정무(政務)에 관한 것은 자문에 돌리면서 인사(人事)에 관한 자문은 외면한다면 이는 잘못이다. 왜냐하면 모든 정무가 그 자체로서는 죽은 모습과 같으며, 이를 실천하는 데에는 인물을 잘 선택하는 것이 생명이기 때문이다. 또 인물에 관하여 어떤 사람, 어떤 성품이 마땅한가를 관념적으로, 혹은 수학적 설명에서 보듯 '일반적으로' 상의하는 것으로는 충분하지 않다. 구체적으로 누구를 선택하느냐에 따라 중대한 과오도 저질러지고 훌륭한 판단도 나타나기 때문이다. '죽은 자가 최선의 충고자'라 했다. 산 자문자가 꺼리는 것을 책은 거침없이 말해줄 것이다. 그러므로 책을 가까이 하는 것이 좋다. 특히 나라의 무대에서 주인공을 했던 옛사람들의 책이라면 이를 바 없겠다.

오늘날 많은 나라에서 자문회의가 문제를 진지하게 토의한다기보다는 간단히 언급하는 간담회로 전락했다. 따라서 문제는 졸속으로 처리되어 자문회의 결정 사항이 되어버린다. 중요한 문제라면 의제를 하루 전에 제안하여 그 다음날까지 토론에 회부하지 않음으로써 '잠자리에서 잘 생각해두도록' 하는 것이 좋다. 잉글랜드와 스코틀랜드의 합병을 위한 위원회\*에서는 그렇게 했다. 이 모임은 엄숙하고 질서정연한 회의였다. 나는 청원에 대해서는 일정한 날짜를 지정해둘 것을 권한다. 그렇게 하면 청원자가 틀림없이 그날 출석할 수 있을 것이며, 나라 일을 다루는 회의가 지장받지 않고 '당면 문제'를 처리할 수 있기 때문이다. 자문회의에 올릴 의안

---

\*   베이컨도 1604년에 그 위원으로 임명되어 두 왕국의 합병을 심의했다.

을 준비하는 위원의 선정에는 양 파 가운데서 강경파를 끌어들여 균형을 이루는 것보다, 처음부터 중립적인 사람을 선정하는 것이 좋다.

나는 또한 상설위원회를 설치할 것을 권장하는 바다. 교역, 국고(國庫), 전쟁, 소송 등 그 분야에 따라 위원회를 두는 것이다. 스페인처럼 여러 가지 하급 자문기구와 하나의 국가 자문기구를 두는 경우도, 이들이 더 큰 권위를 가졌다는 점을 제외하면 사실상 상설위원회에 지나지 않는다. 개별적인 직종에 종사하는 사람들(법률가, 선원, 화폐 주조자 등)이 자문회의에 진언(進言)할 경우에는 일차적으로 이 상설위원회에서 청취하게 하고, 필요하다면 그다음에 자문회의에 나서게 함이 좋다. 그러나 이들이 떼를 지어 몰려들거나 상스러운 태도로 들어오게 해서는 안 된다. 진언은커녕 그들의 고함 소리가 자문회의를 압도할 것이기 때문이다. 긴 탁자라든가, 네모진 탁자라든가, 벽을 따라 놓인 좌석은 단순한 형식처럼 보일지 모르나 실질적인 문제다. 긴 탁자의 경우에는 상석에 앉은 몇몇 사람이 사실상 모든 일을 지시한다. 그러나 다른 형식의 경우엔 말석에 앉아 있는 자문자들의 의견이 크게 활용된다. 국왕이 자문회의를 주재할 때는 자신의 의향을 지나치게 드러내지 않도록 조심해야 한다. 그러지 않으면 자문자들이 왕이 가는 대로 따라갈 것이요, 기탄없는 충고를 하기는커녕 아첨의 노래만 부를 것이기 때문이다.

# 늑장

행운은 시장과 흡사하다. 시장은 조금만 기다리면 가격이 떨어지는 곳이다. 그리고 또 행운은 시빌라의 책*과 같다. 처음에는 물건 전부를 내놓지만 조금씩 조금씩 그 일부를 없앤 후에도 값은 마찬가지다. 기회라는 것은 (널리 알려진 시구**에도 있듯) "머리칼이 붙은 앞머리를 내밀다가 이내 대머리진 뒤통수를 돌려대어 아무도 잡을 수 없는 것"이다. 그렇지는 않다 하더라도, 적어도 처음에는

---

\* 로마의 왕 타퀸에게 시빌라라는 늙은 무녀가 찾아와서 책 9권을 내놓고 사라고 했다. 왕이 거절하자 그중 3권을 불태운 후 나머지 6권을 같은 값에 사라고 청했다. 왕이 거절하자 다시 3권을 불태운 후 나머지 3권을 같은 값에 사라고 청했다. 왕은 놀라서 결국 응했고, 그 책은 나라가 어려움에 처했을 때 해결해주는 여러 가지 법으로 가득했다고 한다.

\** 5세기 말~6세기 초의 신학자인 그리네우스가 편찬한 《아다지아》에서.

병의 목을 내밀어 잡을 수 있게 하다가 곧 병의 허리통이 되어 잡을 수 없게 되는 것이다. 확실히 일의 시작과 착수의 시기를 잘 맞추는 것보다 큰 지혜는 없다. 위험이 가벼운 것으로 보일 때 이미 그것은 가볍지 않다. 또 위험은 사람을 강압하기보다는 속이는 수가 많은 법이다. 아니, 위험이 조금도 가까이 오고 있지 않더라도 앞으로 나아가 맞이하는 것이 위험의 접근을 너무 오랫동안 감시만 하는 것보다 좋다. 너무 오랫동안 감시만 하면 잠들 우려가 있기 때문이다. 이와는 반대로 너무나 긴 그림자에 속아(마치 낮게 뜬 달이 적의 뒤편에서 비추고 있을 때 속는 사람이 있듯이) 때가 오기 전에 활 시위를 당기든가, 지나치게 서둘러 나아가 위험을 맞음으로써 오히려 위험을 불러들이는 것은 또 다른 극단이다. 이미 이야기한 것처럼 기회가 성숙했는가 성숙하지 않았는가를 잘 측량해야 한다. 일반적으로 모든 큰일의 시작은 백 개의 눈을 가진 아르고스\*에게 맡기고, 그 마무리는 백 개의 손을 가진 브리아레오스\*\*에게 맡겨서 먼저 살피게 한 다음 서두르게 함이 좋다. 정치하는 사람은 제 몸을 숨기는 하데스의 투구\*\*\*를 남모르게 궁리해두었다가 민첩하게 행동해야 한다. 일이 일단 실천의 단계에 이르면 민첩한 행동에 비교할 만

---

\* 그리스 신화에 나오는 백 개의 눈을 가진 거인. 헤라는 아르고스를 시켜 제우스의 애인 이오를 감시케 했다.
\*\* 그리스 신화에 나오는 백 개의 손을 가진 거인. 올림피아의 여러 신과 함께 거인족에 대항하여 싸웠다.
\*\*\* 호메로스의 《일리아스》에 나오는 이야기로, 지옥의 왕 하데스의 투구를 쓰면 투구를 쓴 사람이 보이지 않는다고 한다.

한 비밀스러운 것도 없는 법이다. 공중을 날아가는 탄환처럼 그것은 눈이 따라갈 수 없을 만큼 빠르게 날아가기 때문이다.

# 교활

음험하고 비뚤어진 지혜를 교활이라 한다. 교활한 사람과 현명한 사람은 정직 여부만이 아니라, 능력에서도 커다란 차이가 있다. 세상에는 카드를 교묘하게 섞어서 눈속임을 할 줄 알면서도 정작 카드놀이를 하여 이득을 보지 못하는 사람이 있다. 마찬가지로 유세(遊說)와 파벌에는 능하지만 다른 면으로는 나약한 사람이 있다. 또한 사람을 이해하는 것과 사태를 이해하는 것은 다르다. 사람들의 심리는 완벽하게 꿰뚫으면서도 실질적인 업무 능력은 대수롭지 않은 사람이 있다. 이는 책보다 사람에게 더욱 골똘한 사람들에게서 보이는 현상이다. 그러한 사람에게는 좋은 충고보다 모략을 기대할 만하다. 그들은 상대하는 사람들만은 속속들이 알고 있으나, 새로운 사람들과 접하여 간계(奸計)를 펼 수는 없다. 따라서 어리석은 사람과 현명한 사람을 구별하는 옛사람의 방식, "모두 벌거

숭이 모습으로 낯모르는 사람에게 보내보면 알 수 있다"\*는 방식은 이 경우에 빈틈없이 들어맞는다.

교활한 사람들의 잔꾀는 잡화상의 잡화만큼 가지각색이므로 그 상점을 들추어봄도 나쁘지 않을 것이다. 교활의 한 가지는 이야기 상대의 얼굴을 눈으로 빈틈없이 살펴두는 것이다. 지혜로운 사람 중에도 마음속의 비밀을 안색에 환히 드러내는 자가 많기 때문이다. 이와 같은 꾀가 예수회\*\* 사람들에게는 교훈처럼 되어 있다. 때로는 시치미를 떼고 눈길을 아래로 내린 척하면서 상대를 살피기도 해야 할 것이다. 역시 예수회 사람들이 곧잘 활용하는 방법이다.

또 한 가지는 쉽게 빨리 해치워야 할 일이 있을 때 엉뚱한 화제를 가지고 목표로 한 상대방을 농락하는 방법이다. 상대방의 경계를 느슨하게 만들어 반대하지 않도록 하기 위함이다. 나는 영국의 엘리자베스 여왕에게 법안의 서명을 받고자 할 때, 반드시 먼저 다른 국정에 관한 이야기로 시작하여 여왕으로 하여금 법안 자체에는 마음을 조금만 쓰도록 한 자문관이요, 대신이었던 사람을 안다.

상대방이 바빠서 제안된 문제를 차분하게 숙고할 겨를이 없을 때 안건을 내어놓는 것도 이와 비슷한 기습이다.

만약 누군가가 솜씨 있고 효과적으로 제안할 우려가 있는 안건을 방해하고자 하면, 그 일이 잘되어가기를 바라는 척하면서 사실은 좌절될 방식으로 문제를 스스로 제안하면 된다.

---

\* 그리스 철학자 아리스티포스의 말.
\*\* 16세기에 설립된 구교의 종단으로 베이컨은 좋지 않게 생각했다.

말을 하려고 입을 열다가 말을 해서는 안 되겠다는 듯이 입을 다물면 이야기하던 상대방에게 더욱 알고 싶어 하는 호기심을 불러일으킨다.

무엇이든 자진해서 제언하는 것보다 상대방이 질문을 하다가 우연히 알아낸 듯이 될 때 더욱 효과적이므로, 평소와는 다른 표정과 안색을 보임으로써 상대방에게 질문의 미끼를 던질 수 있다. 무슨 일이 생겼느냐고 물을 수 있는 계기를 상대방에게 주려는 목적이다. 느헤미야가 "나는 지금까지 왕 앞에서 근심스런 얼굴을 한 적이 없었다"고 한 것도 마찬가지다.*

난처하고 유쾌하지 못한 문제라면, 언행이 그다지 믿을 만하지 못한 자로 하여금 서두를 꺼내게 하고, 무게 있는 사람의 목소리는 보류했다가 우연인 것처럼 입을 열 기회를 기다리는 것이 좋다. 경박한 자의 말에 대하여 머지않아 질문을 받게 될 터이니 말이다. 나르키수스가 클라우디우스에게 메살리나와 실리우스의 간통을 이야기할 때 이렇게 했다.**

자신이 전면에 나서고 싶지 않은 일에 대해서는 세상의 이름을

---

* 유대의 예언자 느헤미야는 동포와 함께 바빌로니아에 잡혀와 살다가 고향 유대 땅으로 가고 싶어 아닥사스다 왕 앞에서 짐짓 수심에 찬 표정을 지었다. 왕은 왜 슬퍼하느냐고 물었고, 이 질문이 느헤미야가 청원할 기회를 주었다(《느헤미야》 2장 1절).
** 로마 황제 클라우디우스의 아내인 메살리나는 귀족 실리우스와 간통했다. 황제의 총신이었던 나르키수스는 이를 고해바치고 싶었으나 몸소 하기가 두려워 황제가 가까이하는 여자를 시켜 이 사실을 알렸으며, 황제는 곧 나르키수스를 불러들여 사실 여부를 물었다.

빌려 "세상 사람들이 이런 말을 한다"든가, "이러이러한 이야기가 나돌고 있다"고 말하는 것이 또한 교활한 수법이다.

나는 편지를 쓸 때 가장 핵심이 되는 말을 마치 대수롭지 않다는 듯 추신에 적는 사람을 알고 있다.

내가 아는 또 어떤 사람은 이야기를 할 때 내심 의도하고 있는 바를 짐짓 지나친 후 다른 이야기를 계속하다가 하마터면 잊을 뻔 했다는 시늉을 하며 다시 돌아와 마음먹은 바를 이야기했다.

어떤 사람들은 자신이 농락하려는 상대가 불시에 나타나 깜짝 놀란 것처럼 하기 위하여 시각을 맞추어 손에 편지를 들고 있거나 혹은 평소에 하지 않던 짓을 하다가 들킨 것처럼 꾸민다. 자신이 바로 말하고 싶은 것을 상대방으로 하여금 먼저 질문해오도록 하려는 속셈이다.

자신의 이름으로 어떤 말을 터뜨려놓고 그것을 다른 사람이 주워듣고 써먹게 한 다음, 이를 거꾸로 이용하는 것도 교활한 수법이다. 엘리자베스 여왕 시대에 대신의 자리를 놓고 서로 다투던 두 사람을 나는 알고 있다. 두 사람은 서로 가까운 사이여서 이 문제를 놓고 의논을 하기로 했다. 이때 그중 한 사람이 '몰락하는 왕조'의 대신이 되는 것은 고달픈 일이며 자기는 그 자리를 바라지 않는다고 말했다. 그러자 상대방은 이 말을 의심없이 받아들였고 여러 친구들과 이야기하면서 자기는 '몰락하는 왕조'의 대신이 되고자 할 아무런 까닭이 없노라 했다. 앞의 사람은 이 말을 잡아서 이 이야기가 여왕의 귀에 들어가도록 손을 썼다. '몰락하는 왕조'라는 말을 들은 여왕은 물론 몹시 불쾌해했고, 그 후로 이 운 없는 사람의 청원이라면 아예 들으려 하지도 않았다.

우리 영국 사람에게는 "냄비 속에서 고양이를 뒤집는다"고 표현되는 교활이 있다. 자기가 남에게 한 말을 마치 남이 자기에게 말한 것처럼 둘러씌우는 것을 가리킨다. 이와 같은 일이 두 사람 사이에서 일어났다면 누구의 입에서 처음 비롯된 것인가를 밝히기란 사실상 쉽지 않다.

부정어를 통하여 자신을 정당화함으로써 남을 슬그머니 힐난하는 것도 사람들이 가끔 사용하는 수법이다. 예를 들어 "나라면 그런 짓을 하지 않는다"고 말하는 것이다. 티겔리누스는 부르후스를 염두에 두고 "나에게는 그와 같이 서로 모순되는 두 가지 목적이 없다. 황제의 안전이 나의 목적일 따름"이라 했다.*

어떤 사람들은 언제나 많은 이야깃거리를 마련하고 있으므로 은근히 내비치고자 하는 내용을 항상 이야깃거리로 포장한다. 이것은 자신을 안전하게 방비할 뿐만 아니라 남들이 그 이야기를 유쾌하게 퍼뜨리도록 해준다.

자기가 원하는 답을 자신의 말과 표현으로 드러내는 것도 교활의 좋은 수법이다. 상대방으로 하여금 덜 망설이게 하여주기 때문이다.

어떤 사람들에게는 말하고 싶은 바를 말하기 위하여 아주 오랫

---

\* 티겔리누스는 방자한 대신으로 네로 황제의 총애를 받았다. 부르후스는 세네카와 아울러 네로의 교육을 맡았는데, 네로를 통제하려고 노력하다가 63년 처형되었다.

동안 기다리며, 본론에 이르기까지 아주 멀리 우회하고 많이 변죽을 울리는 것은 이상스러운 일이다. 이것은 대단한 참을성을 필요로 하지만 매우 쓸모 있을 것이다.

갑작스럽고 대담하며 예기치 않은 질문은 많은 경우 사람을 놀라게 하고 그의 속마음을 털어놓게 한다. 한 가지 예로, 가명을 사용하고 있는 어떤 사람이 성 바울 사원*을 걷고 있었다. 이때 누군가 갑자기 등 뒤에 나타나서 그의 본명을 부르자 그는 얼른 뒤를 돌아보았다.

이와 같이 자질구레한 잡화(雜貨), 즉 자질구레한 교활의 수법은 무한히 많다. 이들 수법을 목록으로 만들어두는 것도 좋을지 모른다. 교활한 자가 현명한 자로 행세하는 것만큼 나라에 해를 끼치는 것이 없기 때문이다.

그러나 세상에는 일에 발을 들여놓고 난처한 지경을 모면하는 꾀는 있으면서도 일의 핵심에 접근할 줄은 모르는 사람들이 있다. 마치 계단과 출입구는 편리하게 되어 있지만 쓸 만한 방은 하나도 없는 집과 같다. 따라서 그러한 자들은 논란의 결말을 맞아 교묘히 빠져나갈 줄은 알지만 문제를 검토하고 토의할 능력은 없다. 그럼에도 그들은 도리어 자신의 무능력을 이용하여 사소한 토론이나 하고 있을 사람이 아니라, 지도자적인 능력을 가진 사람으로 세인들이 인정해주길 바란다. 어떤 사람은 건실한 역량에 토대를 두지

---

\* 런던의 성 바울 성당은 베이컨 당시 놀이터, 시장터로 많은 사람들이 몰려드는 곳이었다.

않고 남을 속이고 (방금 이야기한 바와 같이) 남에게 술책을 쓰고자 한다. 그러나 솔로몬은 "슬기로운 자는 그 행동을 삼가지만 어리석은 자는 온갖 말을 믿나니라"*고 말했다.

---

* 《잠언》 14장 15절.

## 자기 자신을 위한 지혜

개미는 제 자신을 위해서는 영특한 생물이지만 과수원이나 정원을 위해서는 해로운 생물이다. 사람도 자신을 너무 위하면 사회에 해가 된다. 이성으로 자기 사랑과 사회를 구분하도록 하라. 그리고 자기에게 충실하되 남, 특히 국왕과 국가에 그릇됨이 없도록 하라. '제 자신'을 모든 행동의 중심으로 삼아서는 안 된다. 그것은 꼭 지구와 같다.* 제 자신을 중심으로 하여 꼼짝 않고 서 있는 것은 유독 지구뿐이다. 하늘의 모든 천체는 다른 천체를 중심으로 운행하고 이로움을 준다. 모든 것을 자기 본위로 생각하는 것도 주권을 가진 군주라면 어느 정도 용납할 수 있다. 군주는 자기 몸이 자기 자

---

\* 코페르니쿠스는 베이컨보다 거의 1세기 앞선 인물이지만, 베이컨은 여전히 지구가 천체의 중심이라고 믿었다.

신일 뿐만 아니라, 자기 자신의 행불행이 곧 공공의 안위이기 때문이다. 그러나 군주의 신하나 공화국의 시민이 자기 본위라면 대단히 해롭다. 어떠한 공적인 일도 그러한 사람의 손을 거치면 그 자신의 이기적 목적에 맞게 구부러져서, 군주나 국가의 목적에 어긋나는 수가 허다하기 때문이다. 그러므로 군주나 국가는 이러한 성향을 가지지 않은 자를 신하로 선택해야 한다. 다만 하는 일이 오로지 수동적인 것뿐이라면 상관이 없겠다.

모든 균형이 깨졌을 경우, 그 결과는 더욱 해롭다. 하인의 이익이 상전의 이익보다 우선하는 것은 심한 불균형이다. 그러나 하인의 자그마한 이익이 상전의 큰 이익을 압도하는 것은 더욱 극심한 불균형이다. 그럼에도 불구하고 못된 관리, 경리, 대사, 장군이나 그 밖의 거짓되고 부패한 신하에게서 그러한 사례를 볼 수 있다. 자신의 사소한 이해 관계와 시기심으로 주군의 중대한 일을 그르친다. 마치 볼링에서 비뚤어진 자세 때문에 공이 똑바로 가지 못하는 것과 같다. 그리고 대체로 그러한 신하들이 얻는 이익은 자기 분수에 맞는 것이지만, 그러한 이익을 얻으려고 팔아넘기는 손실은 군주의 분수에 상응하는 만큼 대단히 크게 마련이다. 그러나 오직 달걀 하나를 굽기 위하여 집에 불을 지르는 것은 극도로 자기 편애에 빠진 자의 특성이다. 그럼에도 이러한 자들이 군주의 신임을 받는 수가 많은 것은, 이들이 상전을 즐겁게 해주는 일과 자신의 이익을 도모하는 일에만 골몰하는 까닭이다. 물론 어느 경우라도 주군의 대사(大事)에 관심이 없음은 말할 것도 없다.

제 자신만을 위한 지혜는 여러 가지 면에서 타락한 행위다. 그것은 집이 무너지기 조금 전에 틀림없이 빠져나가는 쥐의 지혜다. 그것은 자신을 위하여 땅을 파서 살 곳을 마련해준 오소리를 쫓아내는 여우의 지혜다. 그러나 특별히 주목해야 할 사실은 키케로가 폼페이를 가리켜 말한 것처럼 "비길 데 없이 자기 편애에 빠진 사람"은 대체로 불행하다는 점이다. 평생을 두고 제 자신을 위하여 모든 것을 희생했지만 결국은 그들 자신이 운명의 변덕에 제물이 되고 만다. 운명의 날개를 제 몸을 아끼는 잔꾀로 묶어두었다고 잘못 생각했을 뿐이다.

# 혁신

 온갖 생물이 처음 태어났을 때의 모습이 그러하듯, 시대의 산물인 혁신도 그 처음 모습은 흉측하다. 그러나 일가의 명예를 처음 세운 사람은 그 뒤를 잇는 대부분의 후손보다 훨씬 유능한 것이 예사며, 최초의 선례는 (그것이 좋은 것이라면) 좀처럼 모방으로 이루어지지 않는다. 악은 인간의 본성을 빗나가게 하는 것이므로 이 움직임은 자연적인 것이며, 시간이 흐름에 따라 힘을 키운다. 그러나 선은 그 움직임이 작위적인 것이며, 그 시작에서 가장 큰 힘을 가진다.

 모든 약은 혁신이다. 그러므로 새로운 치료법을 쓰지 않는 자는 새로운 병을 얻을 수밖에 없다. 시간은 최대의 혁신자이기 때문이다. 그러므로 시간이 흐름으로써 사태는 더욱 악화되는데, 지혜와 충고로써 이를 호전시키지 않는다면 그 결말은 어떻게 될까? 관습으로 정해진 것은 비록 좋은 게 아닐지라도 적어도 시의에 적절한 것임은 사실이다. 또한 오랫동안 함께 걸어온 것들은 함께 결합되어 있으나, 새로운 것들은 옛것과 잘 섞이지 않는다. 그 효용성은 도움을 주나, 옛것과의 부조화로 문제를 일으킨다. 이들은 낯선 손님처럼 많은 찬사를 받으면서도 가까이 사귀어지지 않는다.

만약 시각이 정지해 있다면 이와 같은 것이 모두 사실일 것이다. 그러나 시간은 빙글빙글 도는 것이므로, 고집스럽게 관습을 붙드는 것은 혁신 못지않게 파란을 일으킨다. 옛 시대를 지나치게 숭상하는 사람은 새 시대의 조소를 받는다. 그러므로 시간 자체의 본보기를 따라 혁신을 하는 것이 좋다. 시간은 대단한 혁신을 하면서도 조용하게, 느끼기 힘들 만큼 점진적으로 변화를 가져온다. 그러지 않으면 새로운 것이라면 사람들이 거들떠보지도 않을 것이요, 또 변화가 누군가에게 이로움을 준다면 다른 한편으로 해를 입은 자가 있을 것이며, 이득을 본 자는 행운이라 생각하고 시대에 감사를 드리겠지만, 상처를 받은 자는 억울하다고 생각하고 변화를 일으킨 사람을 원망할 것이다. 또한 그것이 절실하고 그 효용성이 명백한 경우가 아니라면 실험을 시도하지 않는 것이 좋다. 그리고 변화의 필요로 개혁을 할 것이요, 변화의 욕구 때문에 개혁을 빙자하지 않도록 경계할 일이다. 마지막으로 새로운 것은 배척할 일은 아니지만 의문의 여지가 있는 것으로 생각해두는 것이 좋다. 그러므로 "너희는 길에 서서 보며 옛적 길, 곧 선한 길이 어디인지 알아보고 그리로 행하라"*고 한 성경 말씀을 따를 일이다.

---

\*　《예레미야》 6장 16절.

# 신속

　지나친 서두름은 모든 일에서 가장 위험한 것 중 하나다. 그것은 의사들이 급속 소화라고 부르는 것과 같이, 우리의 몸을 소화가 안 된 음식 찌꺼기와 드러나지 않는 질병의 씨로 가득 채울 것이 분명하다. 그러므로 일에 소요된 시간으로서가 아니라, 일의 진척 정도에 따라서 신속 여부를 측정하여야 한다. 경주에서 발을 크게 벌리거나 높이 들어 올린다고 속력이 나는 것이 아니듯, 일에서도 신속을 기하는 방도는 일에 전념하는 것이지, 한꺼번에 많은 몫을 해치우는 것이 아니다.

　신속한 사람이라는 평판을 얻으려고 단시간 내에 일을 서둘러 끝내든가, 일이 끝난 것처럼 거짓 꾸미기에 골몰하는 사람이 있다. 그러나 불필요한 것을 생략함으로써 시간을 단축하는 것과, 할 일마저 잘라내는 것은 크게 다르다. 몇 차례 모여서 그렇게 처리된 일은 이리 갔다 저리 갔다 하며, 불안정하게 우왕좌왕하는 것이다. 내가 아는 어느 지혜로운 사람은 사람들이 일을 끝내려고 서두르면 "일을 조금 일찍 끝내려면 조금 쉬기로 하자"는 말을 금언 삼아 내세우곤 했다.

한편 참된 신속은 풍성한 일이다. 돈이 물건의 척도인 것처럼 시간은 일의 척도이기 때문이다. 일의 처결이 신속하지 못하다면 그 일은 비싼 대가를 치른 셈이 된다. 스파르타 사람과 스페인 사람은 일에 굼뜨다고 알려져 있다. "나의 죽음은 스페인으로부터 오라"* 는 말이 있다. 죽음이 찾아오기까지 시간이 많이 걸릴 게 너무나 분명하기 때문이다.

일에서는 처음 이야기를 걸어오는 사람의 말을 잘 듣도록 하라. 그리고 이야기 도중에 말을 가로막지 말고 처음부터 말의 방향을 바로잡아주도록 하라. 자기 나름대로 말을 이어가다가 방해를 받으면 앞으로 갔다 뒤로 갔다 헤맬 것이며, 필요한 말을 생각해내느라고 듣는 사람을 더욱 지루하게 할 것이다. 자기의 방식대로 이야기하게 했더라면 피할 수 있는 낭비다. 그러나 때로는 보고하는 자의 장광설보다 듣는 자의 방해가 더욱 지루한 것이 된다.

거듭된 말은 대체로 시간의 손실이다. 문제의 핵심을 벗어나지 않도록 경계할 일이다. 마음속에 편견이 들어 있다면, 고약이 스며들게 하기 위하여 껍질이 필요하듯 말에도 서두가 꼭 필요한 것이다.

---

\* 이탈리아의 속담.

무엇보다도 순서를 정하여 나누고 긴요한 요소를 뽑아내는 것이, 지나치게 애매하게 나누지 않는 한 신속의 생명이 된다. 일은 구분하지 않으면 잘 해낼 수 없고, 그렇다고 너무 세분하면 깨끗이 해낼 수 없기 때문이다. 시기를 잘 택하는 것은 시간을 절약하는 것이요, 시의에 맞지 않는 행동은 허공에 대한 주먹질에 지나지 않는다. 일에는 세 가지 단계가 있다. 첫째는 준비요, 둘째는 토의 혹은 검토요, 셋째는 완성이다. 만일 일에 신속을 기하고자 한다면 이들 중 둘째 것만 다수의 작업으로 하고, 처음 것과 마지막 것은 소수의 업무로 진행하면 대체로 이룰 수 있다. 비록 기록된 것 전부가 거부될지라도 무엇인가에 대한 부정이 막연한 것보다 훨씬 좋은 길잡이 역할을 하기 때문이다. 마치 무엇인가가 타버린 재가 먼지보다 훨씬 좋은 거름인 것과 같다.

## 겉보기 지혜

프랑스 사람은 보기보다 현명하고, 스페인 사람은 실제보다 현명하게 보인다는 말이 있다. 나라와 나라 사이는 어떤지 모르나 사람과 사람 사이에는 통할 수 있는 말이다. "경건의 모양은 있으나, 경건의 능력은 부인하는 자"*라고 사도 바울이 경건에 관하여 말한 것처럼, 지혜와 능력으로 보아 아무것도 아니거나 하잘것없는 것을 매우 거창하게 말하는 자들이 있다. '하찮은 것을 크게 부풀리는 것'이다. 이러한 거죽 지혜를 가진 자들이 어떤 잔꾀와 어떤 마술 안경으로 '얄팍한 것'을 두께와 부피를 가진 실한 물건처럼 보이게 하는가를 살펴보는 것은 판단력을 가진 사람에게는 우스꽝스러우며 풍자에 알맞을 일이다.

---

\* 《디모데 후서》 3장 5절.

어떤 사람은 어두컴컴한 곳이 아니면 자기의 물건을 보여주지 않을 만큼 입이 무겁고 조심스럽다. 그리고 언제나 무엇인가 감추고 있는 것 같다. 또 마음속으로 자신이 잘 모르는 것을 말하고 있음을 알면서도, 남들에게는 알고는 있으나 잘 말할 수 없는 것처럼 나타내려 한다. 어떤 사람은 표정과 몸짓의 도움을 받아 지혜로운 사람처럼 행세한다. 이를테면 키케로는 피소*에 대하여, "피소는 나의 말에 대답할 때 한쪽 눈썹을 이마까지 치켜 올리고 또 한쪽 눈썹을 턱까지 끌어내린다"고 했다. 어떤 사람은 큰소리치고 단호한 태도를 취함으로써 뜻을 이루려 하고, 심지어는 실행할 수 없는 일까지 나아가 받아들인다. 어떤 사람은 자기의 능력을 벗어나는 일이면 무엇이든지 합당하지 않다거나 대수롭지 않다고 경멸하고 깎아내림으로써 자신의 무지를 지혜인 것처럼 보이고자 한다. 어떤 사람은 항상 트집을 잡고 흔히 교묘한 말로 사람들을 즐겁게 하여 문제의 핵심을 회피한다. 이에 대해 겔리우스는 "교묘한 말로 사람들을 즐겁게 하여 문제의 중대성을 파괴하는 어리석은 자"**라 했다. 역시 이와 같은 입장에서 플라톤은 그의 대화편 《프로타고라스》에서 프로디쿠스가 처음부터 끝까지 사소한 차이점만 늘어놓는 말을 하게 함으로써 그를 조롱하고 있다.***

---

\*    키케로에 반대하는 입장에 섰던 로마의 집정관.
\*\*   퀴릴라누스가 세네카를 비난한 말. 겔리우스(2세기경 로마의 학자)의 인용으로 된 것은 베이컨의 착각이다.
\*\*\*  프로타고라스와 프로디쿠스는 모두 기원전 5세기 말~4세기 초 무렵 아테네에서 유명했던 소피스트(궤변가, 혹은 대중 설교자)였다.

일반적으로 이러한 자들의 언동은 언제나 부정적인 입장에 서서 반대하고 난관을 앞질러 지적함으로써 명성을 얻고자 노린다. 왜냐하면 자기의 제안이 다행히도 거부된다면 그것으로 그만이지만, 만일 채택된다면 엉터리 지혜가 일을 해칠 테고 새로운 말썽이 일어날 것이기 때문이다. 결론적으로, 몰락하는 상인이나 조만간 거지가 될 것이 뻔한 부자가 자신이 재산가라는 명성을 유지하기 위해 온갖 술책을 다 부린다 하더라도, 이들 텅 빈 사람들이 자신이 능력 있는 사람이라는 명망을 유지하기 위하여 활용하는 술책에는 미치지 못할 것이다.

겉보기에 지혜로운 듯한 자는 어쩌다가 명성을 얻을지도 모른다. 그러나 절대로 이러한 자를 등용해서는 안 된다. 지나치게 지혜를 가장하는 자보다는 어느 정도 아둔한 자를 쓰는 편이 나을 것이다.

# 우정

"고독을 즐기는 자는 야수가 아니면 신"이라고 한 성현이 있다.[*] 짧은 말로 이보다 더 큰 진리와 비진리를 한꺼번에 담기도 어려웠을 것이다. 사람이 마음속 깊이 사회를 혐오하고 역겨워한다면 어느 정도 야수의 속성을 가진 것이 분명하지만, 이것을 가리켜 신격의 성질을 지녔다 한다면 터무니없는 말이리라. 물론 고독이 즐거워서가 아니라 사회와 절연하고 더욱 고결한 뜻을 구하려는 소망에서 고독을 찾는 예외적인 경우도 있다. 칸디아의 에피메니데스[**],

---

[*] 사람이 아주 타락하여 사회에 부적합하게 될 때 그는 짐승을 닮고, 자족하여 모자람이 없을 때 그는 신을 닮는다고 한 아리스토텔레스의 《정치학》에서 인용되었다.

[**] 기원전 6세기 칸디아(크레타섬)의 시인이며 현자. 어렸을 때 동굴 속에 들어가 잠이 들어 57년 동안 눈을 뜨지 않았다고 한다.

로마의 누마\*, 시칠리아의 엠페도클레스\*\*, 티아나의 아폴로니우스\*\*\*와 같은 몇몇 이교도들이 그러했다. 그러나 이는 사실 꾸며진 거짓 이야기요, 그리스도 교회의 옛 은둔자와 초기 교부 중 많은 사람은 거짓 없이 실제로 그러했다 한다. 그러나 고독이 무엇이며 그 한계가 어디까지인가 사람들은 잘 모른다. 사람의 무리가 곧 반려(伴侶)는 아니며, 뭇 얼굴은 진열된 그림에 지나지 않고 사랑이 없는 대화는 심벌즈가 울리는 소리에 지나지 않는다. "큰 도회지는 큰 고독"이라고 한 이탈리아 속담이 이를 잘 표현해준다. 큰 도회지에서는 벗들이 멀리 흩어져 있기 때문에 작은 이웃에서 볼 수 있는 교제의 기회가 대체로 없는 까닭이다. 그러나 한 걸음 더 나아가, 참된 벗이 없는 것이야말로 참으로 비참한 고독이라고 단언해도 좋다. 친구가 없는 세계는 황무지에 지나지 않는다. 고독을 이러한 뜻으로 생각할지라도 누구든지 마음과 감정의 바탕이 교우를 맺기에 알맞지 않다면, 그의 성품은 인간 아닌 짐승의 것에서 연유했다 하겠다.

벗을 사귀어 얻게 되는 좋은 열매는, 온갖 감정이 원인이 되어 일어나는 가득 차고 부풀어 오른 가슴을 편안히 하고 발산해준다는 점이다. 우리는 폐색(閉塞)과 질식의 병이 육체에 가장 위험한

---

\* 로마의 2대 왕. 때때로 동굴 속에 들어가 은둔하면서 요정 에게리아에게서 배움을 받았다고 한다.
\*\* 시칠리아섬에 산 고대 철인이며 시인. 자신이 신과 같은 존재임을 믿게 하려고 에도나 화산의 분화구에 뛰어들었다고 한다.
\*\*\* 1세기의 철인. 점술에 능했으며 여러 가지 기적을 일으켰다고 한다.

병임을 안다. 마음의 경우도 그다지 다르지 않다. 간장을 트이게 하는 데는 사르사 뿌리를 쓰고, 비장을 트이게 하는 데는 철제(鐵劑)를, 폐에는 유황화(硫黃華)를, 뇌에는 해리향(海狸香)을 쓸 수 있다. 그러나 마음을 열어주는 처방은 오직 참된 벗뿐이다. 우리는 슬픔, 기쁨, 두려움, 희망, 의혹, 상의 등 가슴 위에 얹혀서 마음을 누르는 모든 것을 벗에게 털어놓을 수 있다. 이것은 일종의 세속적 고해요 고백이다.

위대한 왕과 군주가 방금 이야기한 바와 같은 우정의 결실에 대해 얼마나 높은 가치를 두었는가 살펴보면 이상스러울 정도다. 우정을 사기 위하여 자신의 안전과 높은 지위까지 무릅쓰는 수가 허다할 만큼, 그들은 우정을 귀하게 여겼다. 자신의 신분과, 신하 또는 하인의 신분과의 거리로 인하여 우정의 열매를 거둘 수 없으므로 군주는 때때로 (바로 이 열매를 거두려고) 몇몇 사람을 끌어올려 자신과 거의 대등한 사람, 즉 동료로 만든다. 물론 이것 때문에 불편한 일이 생기기도 한다. 현대어는 이와 같은 사람들에게 총신(寵臣), 또는 지우(知友)라는 이름을 붙이고 있다. 마치 그것이 은총이나 교제의 문제인 것처럼 붙여진 이름이다. 그러나 로마인들이 붙인 명칭인 '근심을 함께하는 자(Participes curarum)'\*는 이들 사이를 묶어주는 매듭의 진정한 효용과 까닭을 잘 설명해준다. 약하고 감정적인 군주만이 아니라, 일찍이 천하를 다스린 가장 지혜롭고 능력 있는 군주도 이와 같았음을 우리는 분명히 알고 있다. 그들은 종

---

\*  로마 황제 티베리우스가 그의 대신 세야누스를 이렇게 일컬었다.

종 몇몇 신하들과 가까이 지내며 서로 간에 자신을 친구라 하고 상대방으로 하여금 자신을 친구라 부르도록 허용하며, 말도 사사로운 사람들이 서로 주고받는 말을 썼다.

    실라*가 로마를 통치할 때 그는 폼페이(후에 위대한 폼페이라는 이름이 붙여졌다)를 끌어올렸고, 폼페이는 드디어 자신이 실라를 능가하노라고 장담하게 되었다. 집정관 자리를 두고 폼페이가 실라의 유세(遊說)를 무시하고 자기 친구를 지원하자, 실라는 화가 나서 폼페이를 크게 비난했다. 그러자 폼페이는 재차 반격을 가하면서 "사람들은 지는 해가 아니라 솟는 해를 성원할 것"이므로 입을 다물라고 사실상의 호령을 했다. 데키무스 브루투스의 율리우스 카이사르에 대한 영향력도 대단한 것이어서, 카이사르는 유서에서 조카 아우구스투스 다음의 후계자로 그를 지목하고 있을 정도였다. 그런데 바로 브루투스야말로 카이사르를 죽음의 장소까지 끌어낼 힘을 가진 자였다. 카이사르가 몇몇 불길한 조짐, 특히 아내 칼푸르니아의 꿈 때문에 원로원을 해산하려 하자, 바로 이 브루투스가 카이사르의 팔을 부드럽게 잡고 일으켜 세우면서 부인께서 좋은 꿈을 꿀 때까지 원로원을 해산시키지 않기를 바라노라고 했던 것이다. 그가 받은 은총은 실로 대단히 컸던 모양으로, 안토니우스는 키케로가《필리피카》**에서 인용한 편지에서, 브루투스를 마

---

\*    81쪽의 주 참조.
\*\*  안토니우스가 옥타비아누스(후에 아우구스투스 카이사르)와 적대 관계에 있을 때 키케로가 안토니우스를 혹독하게 비난한 연설집. 이 양자 간의 화해

치 카이사르를 홀리기라도 한 것처럼 마술사라고 부르고 있다. 아우구스투스도 아그리파를 (비록 태생이 비천했지만) 지극히 높이 끌어올렸다. 아우구스투스가 총신 매케나스에게 자기의 딸 율리아의 혼인 문제를 상의하자, 매케나스는 감히 "딸을 아그리파에게 주든지, 아니면 아그리파의 목을 베어야 할 것이요, 그 밖의 길이 없음은 그가 아그리파를 그토록 강대하게 만든 탓"이라고 말하기에 이르렀다. 티베리우스 카이사르 밑에서 세야누스도 대단히 높이 올랐으며, 이들 둘은 한 쌍의 친구로 간주되었고 또 그렇게 불렸다. 티베리우스는 세야누스에게 보낸 편지에서 "우리의 우정을 생각하여 이와 같은 일을 그대에게 숨길 수 없었노라"고 썼으며, 이 두 사람 사이의 두터운 우정을 추앙하여 원로원 전체가 신에게 하듯 우정을 기리는 제단을 세웠다. 셉티미우스 세베루스*와 플라우티아누스** 사이의 우정은 어쩌면 이보다 더욱 큰 것이었다. 황제는 자기의 맏아들을 재촉하여 플라우티아누스의 딸과 혼인시켰고, 플라우티아누스가 아들에게 무례한 짓을 해도 친구의 편을 들었으며, 심지어 원로원에 보낸 편지에서 "나는 이 사람을 지극히 사랑한다. 그가 나보다도 더욱 오래 살기를 바란다"고 말했다. 이러한

---

가 이루어지고 레피두스와 아울러 제2회 이두정치(三頭政治)가 형성되었을 때 키케로는 보복을 받아 효수되었다.

\* 15쪽의 주 참조.

\*\* 세베루스 황제 때의 지방 장관. 황제와 절친하여 그의 딸과 황태자 사이에 혼인까지 이루어졌으나 이것을 계기로 궁중의 의혹을 사, 황제가 망설였음에도 결국 처단되었다.

군주들이 트라야누스나 마르쿠스 아우렐리우스*와 같은 인물이었다면 타고난 바탕이 지극히 고결했기 때문에 이와 같은 행동을 했다고 할 것이다. 그러나 이들 모두는 영특하고 강인하고 준엄한 마음을 가졌으며, 극단적인 이기주의자들이었으므로 그들이 자신의 높은 지위마저 (비록 인간이 도달할 수 있는 가장 높은 지위였지만) 그것을 완전한 것으로 해줄 친구가 없는 한, 반쪽의 것으로밖에 생각하지 않았음이 명백함을 입증한다. 또 더욱이 그들은 처, 자식, 조카를 가진 군주였다. 그러나 이들 일가붙이도 우정의 위안을 대신하지 못했다.

코미네우스가 그의 최초의 군주였던 강인한 샤를 공**에 대하여 한 말을 잊을 수 없다. 즉, 그는 자기의 비밀을 아무에게도 털어놓으려 하지 않았다. 특히 대단히 괴로운 비밀이면 더욱 그러했다. 이에 대하여 코미네우스는 "공(公)은 그러한 숨기는 습관 때문에 말년에 가서 분발심이 손상을 입고 파괴당했다"고 말하고 있다. 코미네우스는 그의 두 번째 군주였던 루이 11세에 대해서도 마음만 내켰다면 동일한 진단을 내릴 수 있었을 것이다. 루이 11세도 괴롭도록 말이 없었다. "가슴을 갉아먹지 말라"고 한 피타고라스의 격언도 막연하지만 진실이다. 조금 심한 말이 될지는 모르나 자신의 마

---

* 트라야누스(98~117년 재위)와 아우렐리우스(161~180년 재위)는 모두 덕망 높은 로마의 황제.
** 코미네우스는 15세기 프랑스의 역사가. 강인한 샤를 공(1433~1477년)은 부르간디의 공작으로 오랫동안 프랑스 왕 루이 11세와 적대 관계였다.

음을 털어놓을 친구가 없는 자는 자신의 가슴을 갉아먹는 식인종이다. 그러나 한 가지 매우 경탄스러운 점은 (나는 이것을 우정의 첫째가는 결실이라고 결론짓고자 한다) 자기 자신을 친구와 맺어두면 두 가지 상반된 효과를 얻는다는 점이다. 즉, 기쁨은 배로 늘고 슬픔은 반으로 줄어든다는 점이다. 즉, 기쁨을 친구에게 넘겨주면 기쁨은 오히려 반드시 증가하고, 슬픔을 친구에게 털어놓으면 슬픔은 반드시 감소한다. 그러므로 우정은 연금술사가 그들의 금석(金石)이 인간의 육체에 미친다고 생각한 것과 같은 위력으로 인간의 마음에 작용하고 있는 것임에 틀림없다. 그 효력은 완전히 상반된 것이나, 항상 이롭고 유익하다. 그러나 연금술사를 끌어들이지 않더라도 평범한 자연 질서 속에서 이 관계를 명백히 나타내는 현상이 있다. 물질 현상에서 자연에 순응하는 활동은 결합으로 강화되고 조장되지만, 자연을 파괴하는 충동은 결합으로 약화되고 둔화된다. 마찬가지로 마음의 결합인 우정의 효과도 이와 같다.

우정의 첫째 결실이 감정에 건강을 불어넣어주듯이, 우정의 두 번째 결실은 인간의 이지(理智)를 건강하게 해주고 높여준다. 진실로 우정은 감정의 폭우와 태풍을 몰아내고 맑은 날씨를 가져오며, 사고의 어두움과 혼란을 몰아내고 이지의 환한 대낮을 가져온다. 이것은 친구에게서 받아들이는 성실한 충고에 대해서만 하는 이야기가 아니다. 친구의 좋은 충고를 받기 전에 마음이 잡다한 생각으로 뒤얽혀 있는 사람은 누구든지 벗과 교류하고 대화함으로써 이지와 분별심이 분명해지고 정돈된다. 자신의 생각을 더욱 자유롭게 발표할 수 있고, 더욱 가지런히 정리할 수 있으며, 생각이 말로 표현되었을 때 훨씬 다듬어져 있음을 알 수 있다. 그러므로 혼자서 하루 종일 궁리하는 것보다 친구와 한 시간 동안 담론하는 편이 낫다. "휘장은 펼쳐놓아야 무늬가 선명하게 드러난다. 말은 활짝 펼쳐놓은 휘장과 같다. 말로 표현되지 않고 생각 속에 머물 때 이것은 접어놓은 휘장과 같다"고 테미스토클레스\*가 페르시아 왕에게 한 말은 훌륭한 비유였다. 이지의 능력을 열어주는 이 제2의 우정의 결실이 좋은 충고를 줄 수 있는 유능한 친구에게 국한된 것은 아니다. (물론 그렇다면 더 말할 나위가 없지만) 그렇지 않다 하더라도 스스로 배울 수 있고 자신의 생각을 밝히고 지력을 키울 수 있다. 그 자체는 끊어지지 않는 숫돌에 대고 칼을 갈 듯 이지의 힘을 벼릴 수 있다. 한마디로 말하여 자기의 생각을 감추어 질식시키는 것보다는 조각품이나 그림 조각에게라도 자신을 표현하는 편이 훨씬 낫다.

이제 이 두 번째 우정의 결실을 완전히 하기 위하여 더욱 명백하고 여느 사람도 쉽게 알 수 있는 점 하나를 덧붙이기로 한다. 그것은 친구의 성실한 충고다. "순수한 빛이 항상 으뜸이다"라고 한 헤라클레이토스\*\*의 수수께끼 같은 말은 좋은 암시가 된다. 타인의 충고에서 오는 빛은 분명히 자신의 이지와 판단에서 오는 빛보다 훨씬 순수하다. 주관적인 판단은 항상 자신의 감정과 습관에 젖고 물들어 있기 때문이다. 따라서 벗이 주는 충고와 자신이 스스로에게 주는

---

\* 기원전 5세기 아테네의 정치가. 뇌물을 받은 죄로 추방되어 페르시아로 도망했다고 한다.
\*\* 그리스의 철학자. 에베소에서 태어났으며, 기원전 6세기에 살았다.

충고의 차이는, 친구의 충고와 아첨자의 충고의 차이만큼이나 크다. 자기 자신을 능가하는 아첨자는 없고, 자기 아첨에 대한 처방으로 친구의 거침없는 충고를 능가하는 약은 없다.

충고에는 두 가지 종류가 있다. 하나는 처신에 관한 것이며 다른 하나는 일에 관한 것이다. 처신에 관하여 마음을 건강하게 해주는 가장 좋은 예방약은 친구의 성실한 충고다. 자신을 엄격하게 채찍질하여 반성하는 것은 약이 되지만, 때때로 그 아픔이 너무 통렬하며 마음을 썩게 한다. 좋은 교훈을 주는 책을 읽는 것도 약간 몰취미하고 활기가 없다. 자신의 과오를 남에게서 찾아보는 것은 걸맞지 않은 수가 많다. 오직 친구의 권고만이 최선의 처방이 되는 것이다. (이 약은 효험도 최선일 뿐만 아니라 듣기에도 가장 좋다.) 충고를 줄 친구가 없기 때문에 엄청난 과오와 극도의 바보짓을 범하고, 끝내는 명예와 재산을 크게 해치는 자들이 많음을 보면 (특히 지체 높은 계층에서 흔히 볼 수 있는 일이지만) 이상할 정도다. 성 야고보가 말한 것처럼 그들은 "거울로 제 자신을 보고 가서 그 모양이 어떠한가를 곧 잊어버리는"* 사람과 같다.

일에 관한 충고의 도움에 대해서도, 사람의 눈이 둘이라고 해서 한 개의 눈보다 더 잘 볼 수 없다든가, 경기하고 있는 사람이 구경꾼보다 항상 더 잘 보며, 성난 사람이 침착하게 알파벳 스물녁 자만 되풀이하는 자보다 현명하다든가, 총은 받침대가 아니어도 팔꿈치로 받치고 잘 쏠 수 있다는 등, 그 밖에도 여러 가지 어리석고 건방진

---

\* 《야고보서》1장 23~24절.

상상을 하여 혼자서도 부족함이 없다고 생각해도 좋다. 그러나 결국 좋은 충고의 도움은 일을 성공시킨다. 만일 충고를 받아들이되 여러 사람에게 나누어 어떤 일에는 어느 한 사람에게, 다른 일에는 다른 사람에게 충고를 구한다면 아무에게도 충고를 구하지 않는 것에 비하여 나쁠 것은 없으나, 두 가지 위험을 무릅써야 할 것이다. 한 가지 위험은 성실한 충고를 받지 못할 것이라는 점이다. 왜냐하면 흠 없이 정직한 친구의 충고가 아닌 한, 충고하는 자가 품고 있는 속셈에 따라 휘고 구부러지지 않은 충고를 받는 일이 드물기 때문이다. 또 한 가지 위험은 해롭고 안전하지 못한 충고를 (비록 선의에서 비롯되었을망정) 받아 해로움과 이로움을 뒤섞는다는 것이다. 그렇다면 그것은 마치 우리가 앓고 있는 병은 잘 치료한다고는 하나, 우리의 몸은 모르는 의사를 부르는 것과 비슷하다. 눈앞의 병을 치료할지는 모르나, 다른 형태로 도리어 건강을 해쳐 결국 병은 치료하되 환자는 죽이는 결과를 가져올 것이다. 그러나 자신의 처지를 완전하게 아는 친구라면 당면한 일을 추진함으로써 다른 불편에 부딪치지 않을까 조심할 것이다. 그러므로 충고는 여러 사람에게서 구할 것이 못 된다. 일을 안정시키고 방향을 제시하기는커녕 혼란을 불러오고 잘못 인도할 것이다.

이들 우정의 두 가지 고귀한 결실(감정에 평화를 주고 판단력에 도움을 주는)에 이어 마지막 한 가지 결실이 또 있다. 그것은 석류처럼 많은 씨로 가득 차 있다. 즉, 모든 행동과 계제에 참여하고 도움을 준다는 것이다. 다방면에 걸친 우정의 효용을 생생하게 나타내는 제일가는 방법은 사람이 홀로 할 수 없는 일이 얼마나 많은가를 헤아려보는 것이다. 친구가 자기 자신 이상임을 생각할 때, "친구는 제2의 자아"라고 한 옛사람들의 말은 오히려 인색한 표현이다. 사람의 일생은 유한하다. 그러므로 자녀의 결혼이나 사업의 완성 등 마음먹은 큰 꿈을 이루지 못한 채 죽는 수가 많다. 만일 참된 친구가 있다면 자기가 죽은 다음에도 과업이 계속되리라고 거의 확신할 수 있을 것이다. 말하자면 소망에 관한 한 두 번 사는 셈이나 다름없다. 인간의 육신은 단 하나이며, 그 육신은 오직 한곳에 한정되어 있다. 그러나 우정이 있는 한 인생의 모든 과제는 말하자면 우리 자신과 우리의 대화자에게 나누어 부여되는 것이다. 자신의 과제를 친구가 맡아줄 수 있기 때문이다. 또 체면상, 혹은 예의 염치 때문에 스스로 말하고 행동할 수 없는 일이 얼마나 많은가? 사람은 자신의 공적을 온당하게나마 주장하기 어렵다. 하물며 자신이 잘한 일을 스스로 찬양하기란 거의 불가능하다. 또 간청하고 구걸하는 짓을 차마 할 수 없는 경우가 있다. 이러한 사례는 무수히 많다. 이 모든 것을 자기 입으로 이야기한다면 낯이 붉어질 일이지만, 친구의 입을 통한다면 나무랄 데 없다 하겠다. 더구나 사람이 가지는 본연의 관계란 무시할 수 없는 것이다. 즉, 자식에게 이야기할 때는 아버지로서 말할 수밖에 없으며, 아내에게는 남편으로서, 적에게는 조건부로 말하게 된다. 그러나 친구라면 이러한 특수한 관계를 떠나서 필요에 따라 이야기할 수 있다. 이와 같은 사례를 열거하자면 한이 없을 것이다. 나는 사람이 자신의 역할을 적절하게 수행할 수 없을 경우에 대한 규칙을 앞서 제기했다. 곧 우리에게 친구가 없다면 우리는 이 무대를 떠나는 것이 좋다.

# 지출

　부(富)는 쓰기 위하여 있는 것이나, 돈을 쓰되 명예와 선행을 위하여 써야 한다. 과도한 지출은 그럴 만한 값어치가 있는 경우에 국한되어야 한다. 우리는 하나님의 나라를 위해 재물을 자발적으로 희생할 수 있으나, 인간의 나라를 위하여서도 그럴 수 있다. 그러나 평상시의 지출은 처지에 맞게 분수를 넘지 않도록 통제하고 하인의 남용이나 속임수를 경계하며, 실제의 경비가 처음의 예상보다 적게 들도록 최선을 다하여 운영해야 한다. 만일 재산을 축내고 싶지 않다면 지출을 수입의 반으로 줄여야 할 것이며, 부자가 되고자 한다면 3분의 1로 줄여야 한다.

　아무리 지체 높은 사람일지라도 몸을 굽혀 자신의 재산을 살펴보는 것은 비열한 짓이 아니다. 어떤 사람은 오로지 태만해서가 아니라 자기의 재산이 파산 상태에 이른 경우 우울에 빠지게 될 것을 저어하여 감히 그렇게 하지 못한다. 그러나 상처를 살펴보지 않고 고칠 수는 없다. 자신의 재산을 전혀 살필 수 없는 사람은 고용인을 잘 선택해야 하며, 또 자주 바꿀 필요가 있다. 새로 들어온 하인은 비교적 겁이 많으며, 덜 교활하기 때문이다.

 자신의 재산을 보살필 수는 있되, 그 기회가 드문 사람은 수입과 지출을 일정하게 해두는 것이 좋다. 또, 어느 한쪽의 지출이 크면 다른 쪽의 지출을 줄일 필요가 있다. 예를 들어 식비 지출이 크면 의복에서 절약하고, 주택비 지출이 크면 마구간의 지출을 절약하는 식이다. 온갖 지출을 모두 크게 하고서는 파멸을 모면하기 어려운 까닭이다.

 빚을 청산함에 있어, 너무 급히 서두르는 것은 너무 오랫동안 방치해두는 것과 마찬가지로 타격을 준다. 서둘러 매각한 손해가 이자를 물어야 하는 손실만큼 불리한 것이 예사기 때문이다. 그뿐만 아니라 한꺼번에 빚을 청산한 사람은 또다시 수렁에 빠질 우려가 있다. 일단 곤경에서 헤어나왔으므로, 다시 이전의 습관으로 되돌아갈지 모르기 때문이다. 그러나 빚을 점차적으로 청산하는 사람은 검소한 생활 습관으로 되돌아갈지 모른다. 그런 사람은 검소한 생활 습관을 기를 것이므로, 재산상으로는 물론 정신적으로도 이로울 것이다. 재산상의 상처를 손질하는 사람은 작은 일도 가볍게 여겨서는 안 된다. 작은 이득 때문에 허리를 굽히는 것보다 작은 비용을 줄이는 편이 덜 굴욕적이다. 일단 시작되면 앞으로도 계속될 지출은 처음부터 조심해야 한다. 그러나 되풀이되지 않을 일이라면 비교적 관대하게 지출해도 무방할 것이다.

# 참으로 위대한 왕국과 공화국

아테네 사람 테미스토클레스*의 다음과 같은 말은 오만불손하고 과대망상적이었으나, 다른 사람에게 널리 적용시킨다면 진지하고 현명한 관찰이요, 교훈이 될 수 있다. 즉, 그는 어느 연회에서 리라를 연주하라는 청을 받자, "하찮은 악기를 뜯을 줄은 모르지만 작은 도읍을 위대한 도시로 만들 수는 있노라"고 했던 것이다. 이 말은 (약간 비약하여 정치에 적용해보면) 국가의 일을 다루는 사람들의 두 가지 다른 능력을 표현하고 있다 하겠다. 자문자와 위정자를 잘 관찰해보면 작은 나라를 큰 나라로 만들 수는 있으나 리라를 뜯을 줄은 모르는 사람이 (비록 드물지만) 있고, 반대로 리라는 굉장한 솜씨로 뜯을 줄 알지만 작은 나라를 크게 하기는커녕 오히려 위대하고 번성하는

---

\* 136쪽의 주 참조.

나라를 쇠망케 하고 파멸케 하는 재능을 가진 자들이 많음을 본다. 위로는 군주의 총애를 받고, 아래로는 민중의 명성을 얻는 많은 자문자와 고위 관리들의 권모술수는 단지 리라를 연주하는 것에 지나지 않는다. 그러한 것은 당장에 즐거움을 주고, 또 자신만을 돋보이게 하는 것일 뿐, 그들이 봉사하는 국가의 복리와 발전에는 도움을 주지 않는다. 물론 일을 잘 조정하여 갑작스런 위험과 명백한 곤경에 빠져들지 않도록 해주는 능력 있는 일꾼이라 할 수 있는 자문자나 고위 관리도 있으나, 이들도 국가의 힘과 재산과 운명을 이끌고, 확대하는 능력에는 미치지 못한다. 그러나 이러한 일꾼의 이야기는 제쳐두고 과업 자체, 곧 왕국과 국가, 그리고 국가 부강의 참된 위대성에 대하여 이야기하기로 하자. 이것은 위대하고 강대한 군주라면 생각하지 않을 수 없는 문제다. 자신의 힘을 관대하게 평가한 나머지 헛된 모험을 하여 자신을 망치거나, 거꾸로 자신의 힘을 과소평가함으로써 겁 많고 소심한 자문에 귀를 기울이지 않기 위함이다.

  한 나라의 위대함은 그 크기와 영토로 측량할 수 있고, 재정과 세입으로 계산할 수 있다. 인구는 호구조사로 밝힐 수 있으며, 도회지의 수효와 크기는 도표와 지도로 밝힐 수 있다. 그러나 정치에 관련된 일 가운데 한 나라의 부강에 관한 올바른 평가와 참된 판단을 내리는 것만큼 잘못되기 쉬운 것은 없을 것이다. 하나님은 하늘나라를 큼직한 씨앗이나 열매에 비유하지 않고, 다만 한 알의 겨자씨에 비유하고 있다.* 겨자씨는 씨앗 중 가장 작은 것이지만, 그 씨 속에는 빨리

---

\* 《마태복음》 13장 31절.

자라서 널리 퍼지는 특질과 정신이 담겨 있다. 마찬가지로 큰 영토를 가지고도 확장하고 군림하기에 마땅치 않은 나라가 있는가 하면, 덩치는 작지만 대제국의 기초가 되기에 모자람이 없는 나라도 있다.

성벽을 두른 도시, 조병창(造兵廠)과 무기고에 가득 쌓인 무기, 종자가 좋은 말, 전차(戰車), 코끼리, 군수품, 대포 등등은 국민의 기질과 정신이 강인하고 전투적이 아닌 한 사자의 가죽을 뒤집어 쓴 양에 지나지 않는다. 국민이 용맹스럽지 않다면 군대의 수효 자체는 그다지 문제가 되지 않는다. 베르길리우스가 말한 것처럼 "양이 아무리 많아도 늑대는 두려워하지 않기" 때문이다. 아르벨라 평원의 페르시아 군대는 그 수효가 어찌나 엄청났던지 알렉산더 군의 사령관을 적잖이 놀라게 했다.* 이에 장수들이 알렉산더를 찾아와 밤중에 기습할 것을 권했다. 그러나 알렉산더는 "나는 승리를 도둑질하고 싶지 않다"고 대답했다. 과연 승리는 어렵지 않았다. 아르메니아의 왕 티그라네스**는 40만 군졸을 거느리고 산 위에 진을 치고서, 1만 4천 정도에 불과한 로마 군대가 그를 향해 진격해 오는 것을 보았다. 그는 가소로움을 금치 못하며, "저 사람들은 사절단으로서는 너무 많고 일전(一戰)을 하겠다는 뜻이라면 너무 적군" 하고 말했다. 그러나 해가 지기 전에 로마군은 사정없이 살육

---

\* 알렉산더가 페르시아 대군을 무찌른 아르벨라 전투는 기원전 330년의 일이었다.

\*\* 기원전 1세기 초 아르메니아의 왕. 서부 아르메니아에서 치른 이 전투에서 그는 로마의 루쿨루스에게 패퇴했다.

을 하면서 그들을 추격해왔다. 사람의 머릿수가 용기에 견줄 수 없음을 보여주는 이와 같은 예는 많다. 그러므로 어느 나라든 위대하게 되는 관건은 그 국민이 전투적이어야 한다는 판단을 서슴없이 내릴 수 있다. 또한 병사의 팔뚝 힘이 비열하고 나약한 국민에게서 보듯 풀려 있다면 (흔히들 그렇게 말하지만) 돈도 전쟁의 근골(筋骨)이 될 수 없다. 솔로몬은 크로이소스\*가 자랑삼아 자기의 황금을 보여주었을 때, "폐하, 만일 누군가 폐하보다 나은 철을 가진 자가 찾아오면, 그 자가 이 모든 황금의 주인이 될 것이오"라고 말했다. 그렇다면 어떤 군주나 국가라도 자신의 군대가 훌륭하고 용감한 병사로 구성되어 있지 않은 한 병력을 하찮은 것으로 생각해두는 것이 좋다. 이와는 반대로 전투적 기질을 지닌 백성을 둔 군주는 다른 면에서 부족함을 보이지 않는 한 자신의 힘을 확신해도 좋다. 용병에 관해서는, (자기 백성이 마땅치 않은 경우 도움을 주지만) 용병에 의존하는 국가와 군주는 "잠시 동안은 날개를 펼 수 있으나 얼마 가지 않아 날개가 빠지게 됨"을 모든 실례로 알 수 있다.

유다와 잇사갈의 축복은 결코 만나지 않을 것이다.\*\* 즉 "어느 한 민족 또는 국민이 사자의 새끼면서 동시에 짐 진 노새일 수는 없는

---

\*  리디아의 왕(기원전 560~기원전 546년 재위)으로 페르시아의 키루스에게 정복되었다.
\*\* 유대의 족장 야곱이 죽을 무렵 열두 아들을 모아 축복을 했는데, 그중 유다에게는 "사자와 같다" 하여 지배자가 될 것을 예언했고, 잇사갈에게는 "노새와 같다" 하여 지배받게 될 것을 예언했다. 이들은 후에 유대의 12부족을 이룬다(《창세기》 49장).

법"이다. 또한 과중한 조세로 허덕이는 백성이 용맹스럽고 전투적일 수 없다. 그러나 백성의 동의를 얻어서 부과되는 세금은 용기를 꺾는 정도가 심하지 않다. 그 두드러진 예로 네덜란드의 조세 제도를 들 수 있다. 영국의 의회가 투표로 결정하는 징세액도 어느 정도 비슷하다 할 수 있다. 여기서 주의할 점은 우리는 지금 돈주머니가 아니라, 마음 바탕에 대해서 이야기하고 있다는 점이다. 동의에 의한 것이든, 권력에 의한 것이든, 공납과 세금의 부과가 돈주머니에 관한 것이라는 점에서는 모두 한가지이나, 백성의 사기에 관한 한 다르게 작용한다. 그러므로 우리는 "조세 부담이 과중한 국민은 제국에 적합하지 않다"고 결론지을 수 있겠다.

위대한 제국을 목표로 하는 나라는 귀족 계급과 신사 계급이 너무 급속하게 증가하지 않도록 경계해야 한다. 그렇게 되면 일반 신민이 소작인과 농노로 전락하여 의기소침할 것이고, 결국 신사 계급의 노무자가 될 것이다. 이것은 관목 숲에서 볼 수 있는 현상이다. 묘목을 솎아내지 않고 너무 밀집시키면 작은 나무는 자라지 않고 다만 덤불이 뒤덮는다. 국가의 경우도 마찬가지여서 만일 신사 계급이 너무 많으면 평민 계급은 미천해질 것이다. 그렇게 되면 백 명 가운데 한 명도 투구를 쓸 만한 자가 없을 것이다. 특히 군의 중추인 보병의 경우가 그러할 것이다. 곧 인구는 많되 힘은 약해진다. 영국과 프랑스를 비교하여 보면 나의 이야기가 썩 잘 드러날 것이다. 영국은 영토로 보나 인구로 보나 훨씬 작은 나라지만 항상 프랑스를 능가했다. 그 까닭은 영국의 평민 계급이 훌륭한 병사가 되는 데 반하여 프랑스의 농민 계급은 그러지 못하기 때문이다. 이 점에 관해서 농장과 농가의 표준을 정한 헨리 7세의 치적(이에 대하여 나는 그의 생애를 그린 역사에서 상세히 설명했다)은 원대하고 경탄할 만한 것이었다. 즉, 그는 농민에게 일정한 면적의 농토를 유지하게 하여 노예 상태로 전락하지 않고 넉넉하게 살도록 했으며, 쟁기를 소유자에게 들려 사람을 고용하지 않고 스스로 경작하게 했다. 이렇게 하면 베르길리우스가 옛 이탈리아를 가리켜 말한 "강한 무력과 풍요한 땅을 가진 나라"를 이룰 수 있을 것이다.

또한 간과해서는 안 될 계급이 있으니 그것은 자유 노복(奴僕)과 귀족 및 신사의 시종이다. (내가 아는 바로는 이 계급은 거의 영국 특유의 것이며, 폴란드를 제외한 다른 나라에서 좀처럼 찾아볼 수 없다.) 이 계급은 무사로서 결코 자영농민 계급에 뒤지지 않는다. 그러므로 관습으로 받아들여지는 귀족과 신사의 화려함, 그 위풍, 호화로운 수행, 성대한 접대가 상무적(尙武的)인 기풍에 큰 도움이 됨은 의심할 여지가 없다. 이와는 반대로 귀족과 신사 계급이 옹색하고 조용하게 생활한다면 군사력의 빈곤을 불러올 것이다.

느부갓네살 왕이 꿈에서 보았다는 왕국의 나무 본줄기\*는 반드시 모든 큰 가지, 작은 가지를 지탱할 만큼 충분히 튼튼하게 해야 한다. 즉, 국왕 혹은 국가의 본래 백성이 그들이 통치하는 이민족 백성에 대하여 충분한 비율을 차지해야 한다. 그러므로 이민족의

---

\* 바빌로니아의 왕은 큰 나무의 모든 가지가 잘리고 본줄기만 남는 꿈을 꾸었다. 다니엘은 이 꿈을 느부갓네살이 얼마 동안 제국을 빼앗길 것이라고 예고하는 것으로 풀이했다(《다니엘》 4장 10절 이하 참조).

귀화에 관대한 모든 나라는 제국이 되기에 적합하다. 얼마 안 되는 민족이 세계에 으뜸가는 용맹과 정책으로 광대한 영토를 유지할 수 있다고 생각할 수도 있겠다. 그러나 그것은 잠시 동안 지속할 수 있을 뿐 결국은 갑작스레 실패하고 말 것이다. 스파르타는 귀화 문제에서 고집불통이었다. 따라서 영토가 작았을 때는 탄탄했으나, 영토가 넓어지자 나뭇가지가 본줄기를 압도하여 갑자기 바람에 쓰러지는 몰락을 맛보게 되었다. 이 점에서 로마인들만큼 이방인을 자기 사회 안으로 받아들인 개방적인 나라는 없었다. 그러므로 그들이 가장 위대한 제국으로 발전한 것은 당연한 결과였다. 귀화(로마인들은 '시민권'이라 했다)를 허락하는 것이, 그것도 최대한으로 허락하는 것이 그들의 방법이었다. 즉 '상업권', '결혼권', '상속권'뿐만 아니라 '투표권'과 '임관권(任官權)'까지 부여했다. 이것은 또 개인에게만 부여한 것이 아니고 가족 전체에, 심지어 도시와 때로는 민족에게까지 부여했다. 이것 외에도 식민지를 설치하는 습관이 있었다. 이로써 로마의 초목이 다른 나라의 땅에 이식되었다. 이 두 가지 제도를 함께 활용함으로써 로마인들이 세계에 흩어지지 않고 세계가 로마 안에 퍼져들었다 하겠다. 그리고 이것이야말로 위대하게 되는 확실한 방법이었다. 나는 때때로 스페인을 보고 찬탄을 금치 못한다. 본래 스페인 백성의 수가 그토록 적은데도 그처럼 큰 영토를 장악하여 유지한다. 그러나 스페인이라는 나무의 본줄기는 대단히 큰 것임을, 당초에 로마와 스파르타보다 훨씬 큰 것이었음을 잊어서는 안 된다. 그뿐 아니라 비록 너그럽게 귀화를 허락하는 관습은 없으나 이에 버금가는 것을 가지고 있다. 즉, 모든 종족을 거의 차별 없이 군대의 병졸로 채용하는 것이 그것이다. 때로는 최고 사령관으로 기용하는 수도 있다. 사실 최근에 공포된 칙령*이 보여주는 바와 같이 그들은 지금 이 순간 본국인이 부족함을 의식하고 있는 듯하다.

앉아서 하는 일, 집 안에 틀어박혀 하는 일, 섬세한 수공업 등 팔뚝의 근육보다 손가락 놀림을 필요로 하는 일은 그 성격상 상무적인 기질과 상반되는 것이 틀림없다. 일반적으로 전투적인 사람들은 조금 게으르고, 일하기보다 모험을 좋아한다. 따라서 그러한 기질을 너무 억제하지 말아야 용맹스런 기상이 유지될 것이다. 그러므로 스파르타, 아테네, 로마와 같은 고대 국가가 대체로 노예를 부려 이들 수공업을 처리한 것은 대단한 이점이었다. 그러나 노예 사용은 기독교 법률로 대부분 폐지되었다. 이 노예 사용에 견줄 만한 방법은 수공업을 주로 이방인의 손에 넘겨주는 것이다. (이 목적으로 이방인을 끌어들이는 데 인색하지 말아야 한다.) 그리고 본국의 평민 대부분을 다음 세 가지 직종으로 제한하는 것이다. 즉, 토지 경작자, 자유 노복, 대장장이나 석수와 목수 같은 힘차고 남성적인 장인이 그것이다. 직업적인 군인은 말할 것도 없다. 그러나 위대한 제국을 이룩하기 위해서는 무엇보다도 국민 모두가 무예를 제일가는 명예로 알고, 무(武)를 연마하고 직업으로 삼는 것이 가장 중요하다. 앞

---

\*  스페인의 필립 4세는 즉위하여 곧 칙령을 공포했는데, 이것은 기혼자, 특히 자녀를 여섯 이상 둔 자에게 여러 가지 특권을 부여함으로써 인구를 늘리려 한 것이었다.

서 우리가 논의한 것은 무에 대한 기본 바탕에 지나지 않기 때문이다. 의도와 실천이 따르지 않는다면 기본 바탕이 무슨 소용이 있겠는가? 로물루스\*는 죽은 후에 나타나서 (전하는 말이든, 꾸며진 말이든) 로마인은 무엇보다도 무에 힘쓸 것이며, 그렇게 하면 세계에서 가장 위대한 제국을 이룰 것이라는 말을 남겼다. 스파르타의 국가 조직은 (비록 잘된 것은 아니었으나) 그러한 목표와 목적에 맞게 기틀을 잡고, 조직되었다. 페르시아와 마케도니아도 그러한 국가 조직을 가졌으나, 그것은 잠깐 동안이었다. 갈라족, 게르만족, 고트족, 색슨족, 노르만족 등도 얼마 동안 전쟁에 적합한 조직을 가졌다. 터키족은 비록 크게 쇠퇴하고 있지만, 오늘날까지 그러한 기틀을 가지고 있다. 이제 유럽의 그리스도 국가 중에서 그러한 기틀을 가진 나라는 사실상 스페인뿐이다. 그러나 '누구든지 애써야 소득이 올 것'은 깊이 생각하지 않아도 매우 명백한 사실이다. 단지 어떤 국민도 몸소 무에 진력하지 않는다면 위대한 제국이 결코 입 안에 굴러들어올 것을 기대할 수 없다는 점을 지적하면 충분할 것이다. 한편 오랫동안 계속하여 무에 전념한 나라는(로마와 터키가 그러했다) 놀라운 성과를 얻었다는 점이 역사의 생생한 교훈이다. 그리고 오직 한 시대 동안만을 무에 전념한 나라도 대체로 그 당대의 위대함을 바탕으로 무의 정신과 수련이 쇠퇴한 뒤에도 오래도록 제국을 지탱할 수 있었다.

무예의 중요성에 부수하는 것으로, 전쟁의 정당한 구실(혹은 핑

---

\* 전설상의 로마 건국자.

계)을 마련해줄 수 있는 나라의 관습과 법률이 있다. 사람은 그 본성 속에 정의감이 새겨져 있으므로 적어도 외형적으로나마 근거와 이유 없이 전쟁에 곧장 뛰어들지 않는다. (전쟁에 뒤따르는 재난이 얼마나 많은가.) 터키는 전쟁의 이유로서 자기들의 율법과 종교를 항상 가지고 있다. 이것은 언제라도 제기할 수 있는 구실이다. 로마는 비록 제국의 판도 확장이 이를 이룩한 장군에게 커다란 명예로 간주되었지만, 결코 그것만을 근거로 전쟁을 시작하지 않았다. 그러므로 위대한 제국을 꿈꾸는 나라는 다음과 같은 점을 명심해야 한다. 첫째로 변방 주민이나 상인, 외교 사절이 받는 피해에 민감할 것이면 도발 행위에 대해서 너무 오랫동안 망설이지 말 일이다. 둘째로 동맹국에 대해서는 로마가 항상 그러했듯이 원조와 구원을 제공할 용의와 준비가 되어 있어야 한다. 로마의 동맹국들은 로마 외에도 여러 다른 나라와 방어 동맹을 맺고 침략의 위협을 받으면 동맹국들에게 따로 도움을 요청했지만, 로마는 그중에서도 항상 선두로 달려옴으로써 원조의 명예를 다른 나라에 빼앗기지 않았다. 옛날 어느 당파를 위해서 혹은 암암리에 나라의 제도를 같이한다 해서 갈라져 싸운 전쟁에 대해서는 나도 그것을 어떻게 정당화할 수 있는지 알지 못한다. 예를 들어 로마는 그리스의 해방을 명분으로 전쟁을 일으켰고, 스파르타와 아테네는 민주정치와 과두정치를 세우기 위하여, 혹은 타도하기 위하여 싸웠다. 그 밖에도 타국 백성을 폭정과 압제에서 구출한다는 정의, 혹은 보호의 구실 아래 일으키는 전쟁도 있었다. 어쨌든 무기를 쳐들 정당한 구실이 마련되었는데도 눈을 뜨지 못한 나라는 결코 위대한 제국이 될 가망이 없음을 지적해두기로 한다.

사람의 몸은 운동을 하지 않으면 건강할 수 없다. 국가도 마찬가지다. 적당하고 명예로운 전쟁은 왕국이나 공화국에게 좋은 운동이 된다. 내란은 열병의 열과 같은 것이지만, 대외적인 전쟁은 운동에 따르는 열기와 같은 것이어서 신체의 건강 유지에 도움을 준다. 무기력한 평화 시대에 정신은 나약해지고 도덕은 퇴폐하기 때문이다. 그러나 항상 만반의 준비를 갖추고 있다면 개인의 행복에 미치는 영향은 어떠할지 모르되, 나라를 위대하게 만드는 데는 도움을 준다는 점에 의문의 여지가 없다. 그리고 항상 준비를 갖추고 있는 노련한 군대의 힘은 비록 재정상 부담이 큰 사업이지만, 모든 이웃한 나라 사이에 강한 발언권을, 적어도 명성을 떨치게 해주는 것이 예사다. 스페인이 좋은 예다. 스페인은 지금까지 120년 동안이나 지속적으로 노련한 군대를 이곳저곳에 유지하고 있다.

대제국에 이르는 길목은 바다의 주인이 되는 것이다. 키케로는 아티쿠스 장군에게 보낸 편지에서 카이사르에 대항하는 폼페이의 준비 태세를 언급하며 "폼페이의 전략은 테미스토클레스의 전략\*과 같다. 대세는 누가 바다를 제패하느냐에 달려 있다고 생각하는 것이다"라고 했다. 만약 폼페이가 헛된 자신감에 사로잡혀 이 전략을 저버리지 않았던들 카이사르를 기진맥진하게 했을 것이 틀림없다.

---

\* 테미스토클레스는 기원전 480년에 침공하는 페르시아군을 육지에서 맞을 것이 아니라 바다에서 맞아 싸워야 한다고 아테네인들에게 역설했다.

우리는 해전의 결과가 얼마나 중대한가를 안다. 악티움의 해전\*은 세계의 패권을 결정했다. 레판토 해전\*\*은 터키의 팽창에 종지부를 찍었다. 해전이 전쟁에 결정적임을 보여주는 사례는 많다. 그러나 이것은 군주나 국가가 전쟁에 모든 것을 걸었을 경우의 이야기다. 그러나 바다를 제패하는 자는 크게 자유로우며, 전쟁을 큰 규모로 하든 작은 규모로 하든 마음대로 할 수 있다는 점은 확실하다. 이와 달리 육지에서 강력한 자는 큰 곤경에 빠지는 수가 많다. 오늘날 유럽에 사는 우리에게 바다에서 우세한 경우의 이로움은 대단히 크다. (이것은 대영제국이 가진 천혜의 자산이다.) 대개의 유럽 왕국이 완전히 내륙에 위치한 것이 아니라 영토의 대부분이 바다로 둘러져 있기 때문이요, 또 동서 인도로부터 오는 부(富)가 대체로 대양 제패의 부산물이기 때문이다.

고대의 전쟁이 보여준 영광과 명예에 비하면 근세의 전쟁은 어두움 속에서 일어나는 싸움과 같은 느낌을 준다. 지금도 상무의 기상을 드높이기 위한 몇 가지 기사의 훈계와 훈장이 있다. 그러나 그것은 병사에게나 병사 아닌 사람에게나 무분별하게 수여되고 있다. 또 문장(紋章)을 주어 기념할 수도 있겠고 상이병사를 위한 병원 따위도 있겠다. 그러나 고대에는 승리를 거둔 장소에 세우는 승전비, 전몰 장병을 위한 장례식의 송사(頌詞)와 기념비, 개인에게

---

\*   옥타비아누스(후에 아우구스투스)는 기원전 31년 악티움에서 안토니우스를 격파함으로써 로마 제국의 패권을 잡았다.
\*\*  1571년 레판토 해전에서 터키의 해군은 교황, 스페인, 베네치아의 연합군에게 격파되었다.

수여되는 관(冠)과 화환, 후세에 세계의 대군주들이 빌려 사용하게 되는 대장군의 칭호*, 귀국하는 장군들의 개선행진, 군대 해산 시의 막대한 하사금 및 증여품 따위가 있어서 모든 사람들의 용기를 일깨워 불태울 수 있었다. 이들 중 특히 로마인들의 개선 행진은 단순한 행렬이나 겉치레가 아니라 역사상 가장 현명하고 고귀한 제도의 한 가지였다. 이 개선행진은 장군에 대한 명예와, 전리품의 국고 반입과, 군졸에 대한 하사품이라는 세 가지 기능을 가지고 있었다. 그러나 이러한 명예는 군주 자신이나 군주의 아들이 누리지 않는 한 제국에는 적합하지 않을지도 모른다. 좋은 예로 로마 시대의 황제들은 그들이 몸소 얻은 전승에 대해서는 개선행진을 자신과 아들의 것으로 독점하고, 신하가 이룬 전승에 대해서는 단지 개선 의상(衣裳)과 휘장을 장군에게 하사했을 뿐이다.

결론적으로 어느 누구도 근심 걱정으로 사람 몸이라는 이 작은 모형에 (성경에도 있는 말이지만) "한 치의 키도 더할 수 없는 것"이다. 그러나 왕국이나 공화국 같은 커다란 신체 조직이라면 군주나 국가의 힘으로 넓히고 크게 할 수 있다. 우리가 지금까지 살펴본 바 법령, 조직, 습관을 도입함으로써 군주는 위대한 제국의 씨를 뿌리고 후손으로 하여금 거두게 할 수 있다. 그러나 사람들은 대체로 이러한 점을 유의하지 않고 되어가는 대로 방치하고 있다.

---

\* 황제(emperor)는 원래 최고 명령자를 뜻하는 imperator(大將軍)에서 유래했으며, 아우구스투스가 민병 및 군사의 절대권자임을 나타내기 위하여 최초로 받게 된 군사적 칭호였다.

## 건강 관리

　의학의 법칙을 능가하는 건강 관리의 지혜가 한 가지 있다. 즉, 무엇이 좋고 무엇이 해로운가를 스스로 관찰하는 것이 건강을 유지하는 최선의 의술이다. 그러나 "이것은 나에게 잘 맞지 않으므로 계속하지 말아야겠다"고 말하는 편이 "이것은 해로운 것 같지 않으므로 계속해도 되겠다"고 하는 것보다 훨씬 안전된 결론이라 하겠다. 젊었을 때의 타고난 힘을 믿고 무심코 지나쳤던 많은 무리가 늙어지면 빚 독촉을 할 것이기 때문이다. 그렇다면 나이를 먹는다는 사실을 감안하여 같은 일을 언제까지나 하려고 들지 말 일이다. 나이에 도전할 수는 없는 까닭이다. 식사의 양을 갑자기 바꾸어도 안 된다. 만일 불가피하여 그럴 수밖에 없다면 생활의 다른 부면을 이 변화에 알맞도록 조정해야 한다. 한 가지만 불쑥 바꾸는 것보다 여러 가지를 아울러 바꾸는 것이 안전하다. 이것은 자연의 비결이요, 또한 국가 운명의 비결이기도 하다. 식사, 수면, 운동, 의복 등에 대한 자기의 습관이 어떠한가 검토하여 해롭다고 판단되는 것이 있다면 조금씩 조금씩 금하도록 하라. 그러나 이러한 변화로 불편이 느껴진다면 본래의 위치로 다시 돌아가도록 하라. 대부분의 사람에게 좋고 이롭다고 믿어지는 것과, 구체적으로 그대 몸에 좋고 그대에게 알맞은 것 사이에는 분간하기 어려운 차이가 있기 때문이다. 식사와 수면과 운동 시간에 마음에 막힘이 없고, 기분을 유쾌하게 가지는 것은 장수를 위한 최고의 비결이다. 감정과 마음가짐에 관해서는 질투, 불안한 공포심, 안으로 쌓이는 분노, 난처하고 까다로운 호기심, 과도한 기쁨과 즐거움, 남모르는 슬픔 따위를 피하라. 그리고 희망을, 야단스런 쾌락보다 은은한 즐거움을, 지나친 기쁨보다 다양한 기쁨을, 또 경이감과 찬탄을, 그리하여 새로운 것을, 그리고 역사와 우화와 자연의 관조와 같이 우리의 마음을 찬란하고 탁월한 목적으로 가득 채워주는 탐구하는 자세를 간직하도록 하라.

    건강하다고 하여 약을 완전히 도외시하면 정작 약이 필요한 때에 너무 낯설어서 몸에 조화되지 않을 것이다. 만약 약을 너무 가까이 하면 정작 병에 걸렸을 때 각별한 효험을 볼 수 없다. 나는 습관화된 경우가 아니라면 약을 자주 사용하느니 계절에 알맞은 식사를 하라고 권하는 바다. 이러한 식사가 우리 몸에 큰 무리 없이 많은 변화를 가져다주기 때문이다. 몸에 일어나는 새로운 징후를 가볍게 여기지 말고, 다른 이와 상의하도록 하라. 병들었을 때는 주로 건강을 생각하고, 건강할 때는 운동을 생각하라. 건강할 때 몸의 지구력을 길러둔 사람은 그다지 심한 병이 아니라면 오로지 식사와 몸조리만으로 회복할 수 있는 법이다. 켈수스*가 건강법과 장수법에 관한 탁견을 제시할 수 있었던 것은 그가 의사이면서도 아울러 지혜로운 사람이었기 때문이다. 켈수스에 의하면 사람의 마음은 변화무쌍하여 서로 상반된 것을 번갈아 하지만, 더 이로운 쪽을 택하는 경향이 있다는 것이다. 즉, 단식도 하고 포식도 하지만 포식하는 수가 많고, 불면과 수면 중에서는 수면을, 앉아 있는 것과 운동하는 것 중에서는 운동하는 편을 택하는 수가 많다. 이러한 자연의 이치를 잘 따르면 건강한 몸을 이룰 것이다. 의사들 가운데는 환자의 기분을 맞추고 달래는 정도가 지나쳐서 올바른 치료를 행하지 못하는 자가 있는가 하면, 거꾸로 너무나 엄격히 의술에 따라 병을 치료함으로써 환자의 상태를 적절히 보살피지 못하는 자가 있다. 의사를 선택할 때는 이 양극단을 잘 배합하여 중용을 이룬 사람으로 하라. 이 두 가지 자질을 한 사람에게서 찾아볼 수 없다면 서로 다른 두 사람을 한꺼번에 쓸 수 있다. 그리고 의술에 있어 최고의 명망을 가진 자만큼이나 그대의 몸을 가장 잘 아는 자를 부를 것을 잊지 말라.

---

\* 고대 로마의 의술의 대가(기원전 30~기원후 50년경).

# 의심

　모든 상념 중 의심은 새에 비유하면 항상 어두워져야 날아다니는 박쥐와 같다. 확실히 의심은 억제하든지, 아니면 적어도 잘 통제할 일이다. 의심은 마음을 흐리게 하고, 친구를 잃게 한다. 또 일을 방해하므로 의심을 가진 채로는 일을 막힘없이 꾸준하게 해나갈 수 없다. 의심 때문에 왕은 폭군이 되고, 아내는 남편을 질투하고, 현자는 우울하고 우유부단하게 된다. 영국의 헨리 7세처럼 더할 나위 없이 용감한 사람도 의심을 품는 것으로 미루어보아 의심은 용기의 결핍이 아니라 두뇌의 결함이다. 헨리 7세보다 의심이 많은 사람도 없지만, 그보다 용감한 사람이 또 어디 있겠는가? 그런 성격이라면 의심의 해(害)는 비교적 적다. 의심할 만한 것인가 아닌가를 검토하지 않고서는 받아들이지 않기 때문이다. 그러나 겁이 많은 사람에게는 의심이 재빨리 자리를 잡는다. 사람이란 아는 것이 적을 때 의심이 많은 법이다. 그러므로 많이 알도록 힘쓰고 의심을 마음속에 쌓아두지 말아야 한다. 사람들이 모두 원하는 것이 무엇인가? 채용하고 교제하는 사람들이 모두 성인이기를 바라는가? 사람들은 제각기 목표하는 바가 있으므로 남보다 자신에게 더욱 충실할 것이라는 점을 깨닫지 못한단 말인가? 그러므로 의심을 완화시키는 최고의 방법은 품고 있는 의심을 마치 사실인 양 생각하고 대책을 세우면서도, 한편으로는 그 의심이 거짓이라고 생각하여 의구심을 억제하는 것이다. 의심하는 바가 사실인 것처럼 의구심을 이용하여 대책을 세우지만 그 때문에 아무런 해를 입지 않도록 해야 하기 때문이다. 사람 마음이 스스로 주워 모은 의심은 윙윙하는 소리를 낼 뿐 대수롭지 않으나, 남들이 술책을 부려 키운 의심, 풍문과 귀엣말로 머릿속에 들어온 의심은 벌의 침처럼 쏜다.

  이와 같은 의심의 숲에 환한 길을 뚫는 최상의 방법은 의심이 가는 상대방과 그 의혹에 대해 솔직히 이야기하는 것이다. 그럼으로써 의혹을 품었던 내막을 전보다 잘 알게 될 것이 틀림없으며, 상대방으로 하여금 앞으로는 의혹을 살 만한 행동을 하지 않도록 조심하게 만들 것이기 때문이다. 그러나 상대방이 비열한 성격의 인물이라면 그렇게 해서는 안 된다. 그런 자들은 자신이 한때 의심을 받았다는 사실을 알게 되면 앞으로는 절대로 진실해지지 않을 것이기 때문이다. 이탈리아 속담에 "의심은 신의를 허락한다"는 말이 있다. 마치 의심이 신의에의 여권을 발급하는 듯한 말이다. 그러나 사실은 의심을 떨쳐버리기 위해서는 도리어 더욱 신의를 발휘해야 마땅할 것이다.

# 담론

　어떤 사람들은 담론할 때 무슨 주장이든 지지할 수 있는 능력을 과시함으로써 영특하다는 칭찬을 바랄 뿐, 무엇이 참된 것인가를 판단하는 분별심은 원하지 않는다. 마치 무엇을 생각할 것인가는 중요하지 않고, 무엇을 말할 것인가를 아는 것이 찬양받을 일이라고 여기는 것 같다. 어떤 사람들은 특정한 화제에는 솜씨를 보이지만, 화제가 바뀌면 따라오지 못한다. 이러한 유(類)의 빈곤은 대체로 지루하며, 일단 그 결함을 깨닫게 되면 가소로운 것이 된다. 이야기하는 데에 가장 훌륭한 능력은 상대방에게 말할 기회를 주고, 나아가 이야기를 조절해서 다른 화제로 넘어가게 하는 것이다. 그렇게 함으로써 좌중을 인도할 수 있기 때문이다. 담론과 대화에 있어선 당면한 화제의 일반적인 흥밋거리를 섞고, 예사 이야기와 진지한 이야기를 번갈아 하고 질문을 던지면서도 의견을 토로하며,

농담을 하되 진지한 말을 섞어가면서 변화를 구하는 것이 좋다. 남을 지루하게 하고, 요즘 사람들 이야기대로 너무 꼼꼼하게 생각하느라고 답답하게 한다면 우둔한 일이다. 농담에는 몇 가지 금해야 할 것이 있다. 즉, 종교, 나라의 일, 높은 지위의 인물, 누군가에게 당면한 중요한 문제, 동정받을 사람 등의 화제가 그것이다. 그러나 무엇인가 쏘는 듯하고 혹독한 말을 내뱉지 않으면 자신의 재기가 잠들어 있는 것으로 생각하는 사람들이 있다. 그것은 고삐를 채워야 할 버릇이다. 오비디우스는 "소년이여, 박차를 삼가고 고삐를 힘껏 당기라"고 말했다.

일반적으로 재치와 비꼬는 말의 차이를 알아두어야 한다. 비꼬는 버릇을 가진 자는 남으로 하여금 자신의 재치를 두려워하게 만들지만, 그 대신 자신은 남들의 기억을 두려워해야 한다. 질문을 많이 하는 자는 자신의 배움과 남들에게 주는 기쁨이 클 것이다. 특히 질문 받는 사람의 능력에 맞추어 질문했을 때 그 효과는 크다. 상대방으로 하여금 말하는 기쁨을 가질 기회를 주면서 자신은 끊임없이 지식을 쌓을 수 있다. 그러나 질문이 남을 괴롭게 하는 것이어서는 안 된다. 그것은 조사관이나 하는 짓이다. 그리고 다른 사람들도 말할 기회를 가지도록 해야 한다. 아니, 좌중을 지배하면서 모든 기회를 독차지하려는 자가 있으면 그런 사람을 제지하고 다른 사람을 끌어들이도록 해야 한다. 악사들도 갈리아르\*를 너무 오래 추는 사람을 제지하지 않는가? 모든 사람들이 그대가 알고 있다고 생각

---

\*   경쾌한 3박자의 춤.

하는 것을 그대 자신은 모르는 척하여 점잔을 뺀다면, 그대가 실제로 모르는 것도 알고 있는 것으로 오해받을 때가 있을 것이다. 자기 자신에 관한 이야기는 적게 해야 하고 잘 선택해야 한다. 내가 아는 어떤 사람은 "그 사람은 자기 이야기만 그렇게 많이 하는 것으로 보아 지혜로운 사람임에 틀림없다"고 곧잘 경멸조로 말한다.

자기 자랑을 늘어놓는데도 남이 싫어하지 않는 경우가 있다면 그것은 오직 상대방의 좋은 점을 칭송하는 경우, 즉 자기의 자랑거리라고 내세우는 것이 상대방의 미덕이기도 한 경우다. 남을 헐뜯는 말은 되도록 피해야 한다. 대화는 넓은 들판처럼 자유로워야지 외길로 빠져서는 안 되기 때문이다. 영국의 서부에 내가 잘 아는 두 귀족이 있었다. 그중 한 사람은 남을 비웃는 버릇이 있었는데 언제나 손님을 집으로 불러들여 환대했다. 이 만찬에 참석했던 손님들에게 다른 한 사람의 귀족이 이렇게 물어보았다. "사실대로 말해보오. 모욕이나 조롱을 받은 적이 없는지?" 이에 손님이 답하기를 "이러저러한 일이 있었소" 했다. 그러자 그는 "나는 그 자가 좋은 만찬을 망쳐놓으리라 생각했지요" 하는 것이었다.

분별 있는 이야기는 웅변을 능가한다. 적합한 말로 상대방에게 이야기한다면 달콤한 말이나 질서정연한 말보다 낫다. 청산유수와 같은 솜씨 있는 언변도 좋은 대화를 이루지 못하면 둔감한 것이다. 거꾸로 멋진 대꾸나 찬동하는 말로 오래 지속시키는 솜씨 있는 언변이 없으면 깊이와 힘이 없다. 이것은 달리기는 잘 못하지만 가다가 돌아서는 데는 잽싼 짐승과 같다. 말하자면 내닫기를 잘하는 사냥개와 돌아보기를 잘하는 토끼의 관계인 것이다. 이야기의 핵심에 이르기 전에, 너무 오랫동안 변죽만 울리는 것은 지루하다. 그러나 곧장 본론으로 들어가는 것도 퉁명스러운 일이다.

# 식민지

식민은 고대의 원시적이며 영웅적인 사업이다. 세계가 젊었을 때에는 많은 아이들을 낳았으나, 지금은 늙어서 조금밖에 낳지 않는다. 나는 새로운 식민지를 옛 왕국의 자식으로 본다. 나는 때묻지 않은 땅에나 식민할 것을 권장한다. 즉, 새로운 주민을 이식하려고 원래의 주민을 뿌리째 뽑아서는 안 된다. 그것은 절민(絶民)이지 식민이 아니기 때문이다. 나라를 식민하는 것은 나무를 심는 것과 비슷하다. 처음 약 20년 동안은 손해를 각오해야 하고, 그 이후에라야 보상을 기대할 수 있기 때문이다. 지금까지 대부분의 식민지가 파탄을 맞은 주요 원인은 야비하고 성급하게도 식민한 지 몇 년 안 되어 이득을 거두어들이려 했기 때문이다. 사실상 조급한 이득도 식민의 전체 이익과 어긋나지 않는 한 등한히 할 수는 없겠으나, 한계를 넘어서는 안 된다.

쓸모없는 인간과 흉악한 범죄인을 식민지로 보내는 것은 수치스럽고 불행한 일이다. 그뿐만 아니라 식민 사업을 망치는 처사다. 이들은 여전히 무법자의 생활을 할 것이며, 일하지 않고 게으름을 피우며, 못된 짓을 저지르고 식료품만 낭비하면서 곧 권태를 느낄 것이고, 마침내 식민지의 명예를 더럽혔다는 소식을 본국에 보내게 될 것이다. 식민을 해야 할 사람은 원예가, 농부, 노동자, 대장장이, 목수, 가구공, 어부, 포수 등과 약간의 약제사, 의사, 요리사, 빵 굽는 사람 따위다. 식민할 나라에서는 먼저 그 땅이 본래 어떠한 식품을 산출하는가 살펴야 한다. 예컨대 밤, 호두, 파인애플, 올리브, 대추, 야자, 오얏, 버찌, 야생 벌꿀 등등의 활용을 살피는 것이다. 그 다음 1년 내에 빨리 성장하는 식품으로 어떤 것이 있는가 생각해야 한다. 예컨대 파스닙, 당근, 순무, 양파, 무, 아티초크, 옥수수 따위와 같은 것이다. 밀, 보리, 귀리 등은 많은 노동력을 필요로 하므로 완두와 콩으로 시작하는 것이 좋다. 노동력이 적게 들면서도 빵과 식료가 되기 때문이다. 쌀도 수확이 큰 것으로 식료의 한 가지가 된다. 무엇보다도 처음 빵을 만들 수 있게 될 때까지는 비스킷, 오트밀, 밀가루, 옥수수가루 등을 다량으로 들여와야 한다. 가축과 가금은 주로 병에 강하고 번식이 빠른 것으로 들여와야 한다. 예컨대 돼지, 염소, 수탉, 칠면조, 거위, 집비둘기 따위다. 식민지에서의 식료품 소비는 포위당한 도시에서처럼 절약하여야 한다. 즉, 정해진 분량을 배급하는 것이다. 채소나 곡물을 재배하는 농토의 대부분은 공유재산으로 하여 거두어들이고, 저장하고 난 다음 일정한 양을 배급하는 것이 좋다. 약간의 농토는 사유로 하여 개인으로 하여금 스스로 경작하게 해도 괜찮을 것이다. 이와 마찬가지로 식민지의 땅에서 천연적으로 나는 산물로 어떠한 것이 있는지 살펴보아야 한다. 이것은 버지니아의 담배처럼 식민지의 경비 지출에 도움을 줄 것이다. 그렇다고 앞서 말한 바와 같이 식민이라는 본래의 목적에 해를 끼치는 것이어서는 안 된다. 식민지에서는 산림이 대단히 풍성한 것이 예사이므로 목재가 그러한 산물로 적합하다. 만약 철광이 있고 제철소를 세울 만한 강이 있다면 철은 산림이 풍부한 곳의 좋은 산물이 될 것이다. 기후가 알맞다면 마땅히 천일염 제조를 시도해봄직하다. 마찬가지로 식물견(植物絹)*이 있다면 그것 또한 좋은 산물이다. 전나무와 소나무가 많은 곳이면 역청과 타르가 반드시 나올 것이다. 약재와 향목이 있다면 반드시 큰 이익이 있을 것이다. 비누를 만드는 재(灰)도 마찬가지고, 다른 것도 생각할 수 있다. 그러나 지하 자원을 지나치게 찾아나서서는 안 된다. 광산에 대한 희망은 매우 불확실하며, 식민자로 하여금 다른 일을 등한히 하게 만들기 일쑤이기 때문이다.

  식민지의 통치는 한 사람의 손에 맡기고 몇 명의 참사관으로 하여금 보좌하게 하는 것이 좋다. 또 이들에게 어느 한계 내에서 군법을 시행할 수 있는 직권을 부여하는 것이 좋다. 그리고 무엇보다도 홀로 낯선 땅에 사는 이점, 즉 하나님과 하나님에 대한 봉사를 항상 목전에 함께할 수 있는 혜택을 살려 종교적인 생활을 할 일이다.

---

\* 남미에 명주나무(silk-cotton tree)가 있어서 그 나무에서 실이 생산된다고 한다.

식민지 정부가 본국 정부의 참사관과 청부업자에게 지나치게 많이 의존한다면 좋지 않다. 그들은 적당한 수효에 머물러야 하고, 또 상인보다는 귀족이나 신사 계급을 기용함이 옳다. 왜냐하면 상인들이란 항상 목전의 이익만을 추구하기 때문이다. 식민지가 기반을 닦을 때까지는 관세의 제약을 두지 말아야 한다. 관세의 자유뿐만 아니라 특별히 경계해야 할 사유가 없는 한 식민지의 물품을 가장 이익이 큰 곳에 팔 수 있는 자유도 허용해야 한다.

연달아서 너무 빨리 사람들을 보내어 식민지의 인구를 억지로 늘리려고 하지 말아야 한다. 인구가 어느 정도 감소하나를 잘 살펴서 알맞게 보충시켜야 한다. 그러나 그 수효는 식민지에서 잘 살 수 있는 정도에 머물러야 하며, 인구의 과잉으로 궁핍 속에 살게 해서는 안 된다. 어떤 식민자들은 바닷가나 강가에, 혹은 늪이나 그 밖의 청결치 못한 지역에 거주지를 마련하여 건강을 크게 위협받게 하는 수가 있다. 그러므로 교통이나 그 밖의 다른 불편을 피하려고 그런 곳에서 시작했다 하더라도 개울가보다는 좀 높은 지대에 집을 짓는 것이 좋다. 이와 아울러 소금을 넉넉히 준비해두어서 필요할 때 음식물에 사용할 수 있도록 하는 것이 식민자의 건강을 위해 중요하다. 만일 야만인이 사는 곳에 식민을 할 경우라면 그들에게 대수롭지 않은 물품이나 장난감 따위를 주어 즐겁게 하는 한편, 정당하고 친절하게 대하는 것이 좋다. 그러나 충분히 경계를 할 일이다. 그들의 환심을 사려고 그들이 적을 침공하는 일을 도와서는 안 되나, 그들의 방어를 돕는 일이라면 잘못이 아니다. 또 원주민 중 몇몇 사람을 본국에 보내주면 그들은 자기들의 형편보다 우수한 형편을 보고 돌아가 이를 칭송할 것이다.

  식민지가 성장하여 튼튼해지면 남자뿐만 아니라 여자도 식민할 시기가 된다. 이제 외부로부터의 이민 없이도 식민지 스스로 자자손손 번창하도록 하는 것이다. 일단 착수한 식민 사업을 도중에 포기하거나 저버리는 것은 세상에서 가장 큰 죄를 저지르는 짓이다. 이것은 명예롭지 못할 뿐 아니라 많은 불쌍한 사람들의 피에 대해 죄를 짓는 것이기 때문이다.

# 재산

　재산은 덕성의 짐이라고 일컫는 것이 좋을 것이다. 라틴어의 임페디멘타*라면 더욱 적절한 표현이다. 짐이 군대에 방해가 되듯 재산은 덕성에 방해가 되기 때문이다. 짐은 버릴 수도 없고 뒤에 남겨둘 수도 없으며 행군을 방해할 뿐이다. 아니, 때로는 짐 때문에 승리의 기회를 놓치거나 혼란이 온다. 큰 재산은 분배하지 않는다면 아무런 효용이 없다. 나머지는 오로지 남들의 평판일 뿐이다. 그래서 솔로몬도 "재산이 더하면 먹는 자도 더하니 그 소유주가 눈으로 보는 것 외에 무엇이 유익하랴"** 했다. 사람은 아무리 재산이 많아도 이를 다 향유할 수는 없다. 재물을 쌓아두고 나누어주거나 증여

---

\*　　impedimenta, 짐. 본래 장애라는 뜻임.
\*\*　《전도서》 5장 11절.

하여 재산가라는 명성을 얻을 수는 있으나, 실질적으로 주인에게 돌아오는 효용은 없는 법이다. 작은 돌이나 진귀한 물건에는 터무니없는 값이 붙는다는 사실을 생각해보라. 또 큰 재산이 대단한 효용이 있는 것처럼 과시하려고 사람들이 어떤 허세를 부리는가 생각해보라. 또는 말하기를, 돈으로 사람을 위험과 곤경으로부터 구출할 수 있으므로 재물은 효용을 가진다고 할 것이다. 솔로몬도 "부자의 재물은 그의 견고한 성(城)이라"*고 했다. 그 성이 '마음속'의 성이지 반드시 실제의 것이 아니라는 뜻에서 솔로몬의 이 말은 지당하다. 사실상 큰 재물은 사람들을 사들이기보다는 팔아넘기는 경우가 훨씬 많다.

필요 이상의 재물로 허세를 부리려 하지 말라. 적당하게 벌어서 건전하게 쓰고, 기꺼이 분배하며, 유쾌하게 물려주도록 하라. 그렇다고 재물을 금욕적으로 혹은 수도사처럼 경멸하지 말라. 키케로는 라비리우스 포스투무스에 대하여 "그는 열심히 재산을 모았으나 그것은 탐욕의 먹이를 찾은 것이 아니라 선행의 수단을 찾은 것임에 분명하다"는 훌륭한 말을 했다. 이 두 가지 길을 잘 분간하도록 하라. 솔로몬은 "부자가 되려고 서두르는 자는 결코 결백할 수 없다"고 했다. 이 말에 귀를 기울여서 서둘러 재물을 모으는 것을 삼가라. 재물의 신 플루토스가 제우스의 심부름을 갈 때에는 다리를 절고 느리게 가지만, 저승의 왕 플루토의 심부름을 갈 때에는 뛰어갔으며 발이 빨랐다고 한다. 선량한 수단과 노력으로 찾아오는

---

\* 《잠언》18장 11절.

재산은 걸음이 느리지만, 다른 사람의 죽음으로 찾아오는 경우(예컨대 상속이나 유언에 의한 재산)에는 불시에 굴러들어온다는 뜻이다. 플루토를 악마로 생각하더라도 비슷한 이야기를 할 수 있다. 악마가 보내주는 재물(예컨대 사기나 강압, 부당한 수단에 의한 재물)은 빨리 오는 것이다.

부자가 되는 길은 많으나 대부분 추악한 길이다. 인색은 무난한 방법이지만, 그것도 결함이 있다. 인색한 사람은 관대할 수 없고, 자선을 베풀지 못하기 때문이다. 토지 개발은 재산을 얻는 가장 자연스러운 방법이다. 우리의 위대한 어머니, 즉 대지의 축복인 까닭이다. 그러나 그것은 느리다. 그러나 대부호가 몸을 굽히어 대지의 산업에 손을 댄다면 재산이 급속도로 늘 것이다. 나는 당대에 제일가는 재산을 가진 영국의 어느 귀족을 알고 있다. 그는 대목축업자요, 많은 양의 소유자며, 대목재업자며, 대탄광주며, 대곡물상이며, 대연광주(大鉛鑛主)며, 대철광주 등 여러 가지 산업 분야에 종사했다. 따라서 그에게는 대지가 바다와 같이 끊임없이 물건이 들어오는 길목이었다. 어떤 사람은 자기는 작은 재산을 모으는 데는 몹시 힘들었으나 큰 재산을 모으는 데는 매우 쉬웠다고 했다. 참으로 옳은 말이다. 모은 재산이 상당한 정도에 이르면 시장 조건이 좋아질 때를 기다릴 수 있고, 보통 사람의 재력으로는 손댈 수 없는 거액의 흥정거리를 차지하고, 미숙한 사람들의 사업에 뛰어들어 큰 재산을 모을 수 있다.

평범한 장사와 직업으로 얻는 이익은 정직한 것이며, 거래가 공정하다는 평판을 듣고, 또 부지런하면 그 이익이 촉진된다. 그러나 남의 필요를 이용하고, 하인 등을 매수하여 주인으로 하여금 자기에게 물건을 팔도록 하며, 교활한 술수를 써서 우월한 상인을 물리치는 따위의 간교하고 못된 상행위를 한다면 그 이득은 떳떳치 못한 것이다. 필요해서가 아니라 다시 팔아넘기려고 사들이는 투기 행위는 판 사람과 산 사람을 모두 이중으로 괴롭힌다. 믿을 만한 사람을 잘 선택하여 합자를 하면 큰 돈벌이를 할 수 있다. 이자놀이는 가장 확실한 돈벌이지만 가장 나쁜 수단의 하나다. '다른 사람의 얼굴에 흐른 땀으로' 자기의 양식을 삼는 짓이며, 게다가 안식일에도 밭을 가는* 짓인 까닭이다. 이자놀이의 이득은 확실하지만 그렇다고 안전한 것은 아니다. 대리상이나 거간꾼이 신용이 없는 자를 재력이 있는 사람처럼 내세워 자신의 이익을 추구하려 할 것이다.

  운 좋게도 제일 먼저 무엇인가 발명했거나, 어떤 특혜를 얻는 경우도 때로는 엄청난 돈을 벌게 된다. 카나리아 군도에서 최초로 사탕 무역을 한 사람이 좋은 예다. 그러므로 만일 발명하는 재주가 뛰어나고 판단력을 겸비한 매우 영특한 사람이 절호의 시운(時運)까지 탄다면 틀림없이 큰 재산을 모을 수 있을 것이다. 확실한 이득에 의존하는 사람은 좀처럼 재산을 만들 수 없다. 모든 것을 모험에 의탁하는 사람은 종종 파탄을 맞고 빈곤에 빠질 것이다. 그러므로 모험을 하되 손해를 메워줄 확실한 것으로 보호함이 좋다. 독점과 다시 팔 목적의 매점은 규제받지 않는다면 부자가 되는 빠른 길이다. 특히 어느 물건이 그렇게 될 것인가를 재빠르게 알아내어 앞질러

---

\* 이자는 주일(안식일)도 계산하여 받기 때문이다.

사들인 경우 그러하다. 왕과 귀족에게 봉사하여 얻은 재물은 영광스러운 것이나, 만일 아첨하고 비위를 맞추고 비굴한 짓을 하여 얻은 것이라면 가장 수치스러운 것이라 하겠다. 유서나 유산 관리권을 찾아 헤매는 것(타키투스가 세네카에 대하여 "자식 없는 사람의 유언이 이를테면 덫에 걸렸다"고 했듯이)은 더욱 나쁘다. 왕후(王侯)에 대한 봉사에 비하여 훨씬 미천한 자에게 허리를 굽히기 때문이다.

재물을 업신여기는 척하는 자를 크게 믿지 말 일이다. 재물을 노리다가 절망한 사람이 재물을 업신여기는 법이다. 이들은 일단 재산을 얻으면 어느 누구보다도 고약해진다. 사소한 일에 인색하지 말 일이다. 재물은 날개를 달고 있어서 때로는 홀연히 날아가버린다. 또 때로는 더욱 많은 것을 물어오도록 날려 보내야 한다.

사람들은 재산을 일가친척이나 사회에 남긴다. 어느 경우나 남겨주는 몫을 알맞게 함이 좋다. 큰 재산을 한 사람에게 물려준다면 그의 연령이나 지혜가 이를 능히 감당해낼 수 없는 한 주위의 모든 맹금이 먹이를 찾아 몰려들어 덮칠 것이다. 이와 마찬가지로 호화스런 선물이나 기부금은 '소금 없는 제물'*과 같다. 이러한 희사는 회칠한 무덤**에 지나지 않는다. 내부는 곧 곪고 썩을 것이다. 그러므로 무릇 희사를 하되 양을 생각할 것이 아니라 목적에 알맞도록

---

\* 구약 성서에 모든 제물은 반드시 소금을 넣어 바쳐야 한다고 했다. 소금은 성경에서 지혜와 지속을 상징한다.

\*\* 《마태복음》 23장 27절에 그리스도는 바리새인들의 위선과 형식주의를 색칠한 무덤에 비유하여 꾸짖었다. 겉은 색칠이 되었으나 내부에는 시체가 썩고 있음을 말한다.

조화를 찾아야 한다. 그리고 죽는 날을 기다려 자선을 베풀 일이 아니다. 잘 생각해보면 알 수 있듯이, 죽음에 이르러서야 자선을 한다면 이는 자기 재산을 희사한 것이 아니라 남의 재산을 희사한 것이 된다.

# 예언

내가 이야기하고자 하는 것은 성경적인 예언이나, 이교도의 신탁이나, 자연 법칙의 예고가 아니다. 다만 그 근거는 알 수 없으나 결국 사실로 입증된 예언에 관하여 말하려 한다.

피토니사는 사울에게 "내일 너와 네 아들들이 나와 함께 있으리라" 했다.* 호머의 시구에는 다음과 같이 적혀 있다.

아에네아스**의 집안이 모든 나라를 지배하리라

---

\* 이스라엘의 초대왕 사울이 블레셋군과 싸우기 전날 밤 변장을 하고 무녀를 찾았을 때, 무녀는 예언자 사무엘의 영혼을 일깨워 그의 입을 통하여 사울의 패배를 이렇게 예언했다 한다. 인용이 무녀의 말로 된 것은 베이컨의 착각이며(피토니사는 무녀임), 따라서 사울의 전사를 뜻한다(《사무엘상》 28장 참조).

\*\* 트로이의 왕자로 트로이 함락 후 가족을 데리고 멀고 험한 항해 끝에 이탈

그의 자식과 자식의 자식과 모든 후손이……

이것은 로마 제국의 출현을 예언한 것으로 보인다. 비극 작가 세네카의 시에 다음과 같은 구절이 있다.

대양(大洋)은 머지않아 사슬을 푼다.
광활한 땅이 모습을 드러내고
티피스*가 새로운 세계를 찾아내면
툴레**는 이제 세상의 끝이 아니다.

이것은 아메리카의 발견을 예언한 것이다. 폴리크라테스***의 딸은 제우스가 아버지를 목욕시키고, 아폴론이 그의 몸에 기름을 바르는 꿈을 꾸었다. 사실 폴리크라테스는 광장에서 십자가에 못박혀 죽었는데, 햇볕이 그의 몸에 땀을 흐르게 했으며 비가 이것을 씻어내렸다. 마케도니아의 필립은 아내의 배를 봉(封)하는 꿈을 꾸고 아내가 아이를 낳지 못할 것으로 생각했다. 그러나 아리스탄터라는 점쟁이는 부인이 임신했다고 했다. 빈 그릇을 봉하는 법은 없다는 것이었다. 브루투스의 진중에 나타난 유령은 "그대는 필리

---

리아로 와서 로마 제국의 터전을 닦았다는 전설적인 인물. 호메로스와 베르길리우스가 이것을 서사시로 읊었다.
* 그리스 신화에서 황금의 양털을 찾아 항해한 아르고선의 항해자.
** 고대인들이 세계의 북쪽 끝이라 생각했던 섬. 울티마(Ultima)라고도 했다.
*** 기원전 6세기 사모스섬의 통치자.

피에서 나를 다시 볼 것이라" 했다.* 티베리우스는 갈바에게 "갈바여, 그대 또한 제국을 맛볼 것이니라" 하였다** 베스파시아누스 황제 시대에 유대 땅에서 나온 자가 세계에 군림할 것이라는 예언이 동방에 퍼져 있었다. 이것은 물론 우리의 구세주를 뜻하는 바이나, 타키투스는 베스파시아누스로 해석하고 있다. 도미티아누스 황제는 살해되기 하루 전날 밤 그의 목덜미에서 황금의 머리가 솟아오르는 꿈을 꾸었다. 실제로 그의 뒤를 이은 사람들은 다년간 황금 시대를 누렸다. 영국 헨리 6세는 헨리 7세가 어린 소년이었을 때 그에게 물을 주면서, "이 아이가 우리 모두가 탐내는 왕관을 쓸 것이다" 했다. 나는 프랑스에 갔을 때, 페나라는 사람에게서 이러한 이야기를 들었다. 즉, 마법을 좋아하는 왕비가 남편인 왕의 운수를 거짓 이름으로 점치게 했더니 점성가는 남편이 결투를 하다 죽을 것이라는 점괘를 내놓았다. 이에 왕비는 남편의 지위가 결투의 도전을 받을 처지가 아님을 생각하고 실소했다. 그러나 왕은 결국 마상 경기 도중에 살해되었다.*** 몽고메리의 창 손잡이 끝이 왕이 쓴 투구의 턱받이를 파고들었던 것이다. 내가 어렸을 적이고, 엘리자베

---

\* 브루투스와 카시우스의 군대는 필리피에서 옥타비아누스와 안토니우스의 군대를 만나 패배했다. 브루투스 앞에 나타난 유령은 이 패전을 예언한 것이다.

\*\* 타키투스의 《연대기》에서. 당시 집정관이었던 갈바는 68년에 황제가 되었다.

\*\*\* 1559년 프랑스의 왕 앙리 2세는 몽고메리와 마상경기를 하다가 죽음을 당했다. 몽고메리는 도망쳤으나 후에 잡혀서 처형되었다.

스 여왕의 치세가 전성기였을 때 다음과 같은 예언이 널리 유포되어 있었다.

> 삼(麻)으로 실을 다 자으면
> 잉글랜드의 끝장이 온다네.

이것은 일반적으로 삼(hempe)이란 말의 머리글자를 가진 왕들<sup>*</sup>의 통치가 끝나면 영국은 대혼란에 빠진다는 뜻으로 해석되었다. 다행히도 이 예언은 나라의 이름이 바뀌는 것으로 실현되었다. 이제 영국 왕의 칭호는 잉글랜드의 왕이 아니라 브리튼의 왕인 것이다.<sup>**</sup> 1588년 이전의 것으로 또 하나의 예언이 있는데 내 자신이 그 뜻을 잘 이해하지 못한다.

> 어느 날 바우섬과 메이섬 사이에
> 노르웨이의 검은 함대가 나타나리라.
> 그것이 왔다 간 다음
> 영국은 석회와 돌로 집을 지으리라.
> 전쟁이 지나간 후 무엇이 남으리오.

---

* 곧 헨리(Henry), 에드워드(Edward), 메리(Mary), 필립(Philip), 엘리자베스(Elizabeth).
** 엘리자베스 여왕에겐 상속자가 없었기 때문에 그 뒤를 스코틀랜드의 제임스 1세가 계승함으로써 튜더 왕조는 끝나고 잉글랜드와 스코틀랜드가 합병되어 브리튼섬 전체가 하나의 왕국이 됐다.

이는 일반적으로 1588년에 내습한 스페인 함대를 가리키는 것으로 해석되었다. 스페인 왕의 별명이 노르웨이라는 것이다. "1588년은 놀라운 해가 되리라"고 한 레기오몬타누스*의 예언도 스페인이 대함대를 파견한 것으로 실현되었다고 생각되었다. 스페인 함대는 수효로 보아서는 그렇지 않다 하더라도 그 위력에서는 일찍이 바다에 뜬 함대 중 가장 강대했다. 클레온**의 꿈 이야기는 우스개인 듯하다. 그는 기다란 용에게 잡아먹히는 꿈을 꾸었는데, 이 용은 그를 몹시 괴롭히던 소시지 제조인을 가리킨다고 풀이되었다.

이러한 예는 흔히 볼 수 있다. 특히 꿈 이야기와 점성술의 예언을 끌어들인다면 얼마든지 불어날 것이다. 그러나 지금까지 나는 믿을 만한 몇 가지 이야기만 예로서 적었을 뿐이다. 나의 판단으로는 이들은 모두 경시해도 좋으며, 다만 겨울철 노변잡담으로 쓸모가 있을 뿐이다. 그러나 내가 '경시'라 한 것은 믿지 않아도 된다는 말이지, 이런 이야기가 널리 유포되는 현상은 결코 가볍게 보아 넘길 수 없다. 이는 예로부터 많은 해독을 끼쳤으므로 이를 억압하기 위한 엄한 법률도 많다. 사람들이 이와 같은 예언을 좋아하고 믿는 까닭이 세 가지 있다. 첫째, 적중하면 주목하지만, 빗나가면 결코 관심을 사지 않는다는 점이다. 일반적으로 해몽이 그러하다. 둘

---

\*   5세기 독일의 천문학자 요하네스 뮐러. 레기오몬타누스는 왕의 산이란 뜻으로 뮐러의 고향이 쾨니히스베르크인 데서 연유한다. 1475년에 이 예언을 했다고 한다.
\*\*  기원전 5세기경 아테네의 민주주의자.

째, 그럴듯한 추측이나 아리송한 전설이 예언으로 탈바꿈하는 수가 많다는 점이다. 사람의 마음이란 점을 좋아하여 미루어 짐작하는 바를 서슴지 않고 예언으로 공표한다. 세네카의 시구가 그러한 경우다. 그 당시 대서양 저쪽이 완전한 바다가 아니라 큰 땅덩이가 있으리라는 추측이 나돌았고, 게다가 플라톤의 대화편《티마이오스》와《아틀란티쿠스》에 나오는 전설\*을 덧붙이면 이 설화는 어렵지 않게 예언으로 모습을 바꿀 수 있는 것이다. 마지막으로(아마 이것이 가장 중요한 까닭일 것이다), 이러한 예언의 거의 전부가 비록 수는 많으나 할 일 없고 교활한 사람들이 사건이 일어난 다음에 날조하고 가져다 붙인 협잡이라는 점이다.

---

\* 대서양에 한때 굉장히 큰 섬이 있었으나 바다 밑으로 가라앉았다는 전설.

# 야심

 야심은 담즙(膽汁)과 같다. 담즙은 그 체액의 흐름이 막히지만 않는다면 사람을 활동적이고 열성적이고 민첩하며 부지런하게 한다. 그러나 막혀 흐르지 못하면 바싹 말라 해로운 독성을 띠게 된다. 이와 마찬가지로 야심적인 사람이 출세의 길이 열려 있어서 계속 올라갈 수 있다면, 그는 바쁜 사람이지 위험한 인물이 아니다. 그러나 욕망이 좌절되면 그는 은밀히 불만을 품고 사람과 세상일을 좋지 않은 눈으로 바라보며, 만사가 거꾸로 되어갈 때 대단히 기뻐하게 된다. 이것은 왕과 국가를 위하여 일하는 사람에게는 최악의 성품이다. 그러므로 군주가 야심적인 인물을 기용할 경우라면 그들을 항상 전진하게 하고 후퇴하지 않도록 함이 좋은데, 그것은 불편을 가져오지 않을 수 없다. 그렇다면 그러한 성품을 가진 자를 아예 기용하지 않는 것이 바람직할 것이다. 만일 직무와 함께 지위가 오르지 않으면 그들은 자신과 아울러 직무까지 쓰러지도록 할 것이기 때문이다. 꼭 필요한 때가 아니라면 야심적인 기질을 가진 사람을 기용하지 않는 것이 좋다고 했으므로 꼭 필요한 때란 어떤 경우인지를 말해두어야 할 것이다.

 전쟁에 있어 유능한 사령관은 아무리 야심적인 인물일지라도 임용해야 한다. 그들의 능력과 가치가 그 밖의 결함을 능히 보상할 것이다. 야심 없는 자를 군인으로 쓰는 것은 소의 뿔을 뽑는 것과 마찬가지다. 또한 야심적인 사람은 위험하고 시기심을 불러일으킬 일에서 군주의 방패가 된다는 점에서 쓸모가 있다. 그런 역할은 눈을 꿰맨 비둘기\*처럼 주위를 둘러볼 줄 모르고 계속 위로만 치솟는 자만이 해낼 수 있다. 지나치게 강대해진 자의 권세를 무너뜨릴 때에도 야심적인 사람이 쓸모가 있다. 예컨대 티베리우스 황제는 마르코를 이용하여 세자누스의 세력을 꺾었다.

 야심적인 자를 기용하는 경우가 이와 같다면 이제 이들의 위험을 줄이기 위하여 어떻게 고삐를 달까 이야기해야 할 것이다. 태생이 미천한 자가 지체 높은 자보다 위험이 적다. 성품이 거친 자가 부드럽고 민중에게 인기 있는 자보다 위험이 적다. 그리고 새로이 등용된 자는 높은 자리에 오래 앉아서 세력을 굳혀놓은 교활한 자보다 위험이 적다. 군주에게 총애받는 신하가 있는 것을 약점이라고 생각하는 사람들이 있다. 그러나 바로 이것이 야심적인 권세가를 견제하는 가장 좋은 방책이다. 군주의 은총과 소외가 이러한 총

---

\*  매 사냥에서 매를 길들이기 위하여 눈을 꿰맨 비둘기를 쓴다.

신을 거쳐 나아갈 때 어느 누구도 지나치게 강대해질 수 없는 까닭이다. 야심적인 자들을 제어하는 또 한 가지 방법은 그들만큼이나 자부심이 센 자들로 하여금 견제하게 하는 것이다. 그러나 그런 경우라면 얼마간의 중립적인 자문자들이 있어야 안정을 이룰 것이다. 이러한 바닥짐(밸러스트)이 없다면 배는 좌우로 매우 심하게 흔들릴 것이다. 적어도 군주는 보다 비천한 사람을 고무하고 길들여 두었다가 야심적인 자들을 때려주는 채찍으로 삼을 수 있다. 야심을 품은 자를 파멸시키려면 어떻게 해야 할까? 겁이 많은 자는 그대로 두어도 족하다. 그러나 용감하고 담대한 자라면 그들의 책략을 서두르게 하여 위험을 들추어내는 것이 좋다. 만일 야심가의 세력을 꺾을 필요가 있지만 갑작스럽고 안전하게 해낼 방도가 막연한 경우, 유일한 길은 계속적으로 은총을 주었다 빼앗았다를 번갈아 하는 것이다. 이로써 그들은 마치 숲 속에서 길을 잃은 듯 갈피를 잡지 못하게 된다.

여러 가지 야심 가운데 큰일에 뜻을 펴려는 야심이 모든 일에 얼굴을 내미는 야심보다 해로움이 적다. 왜냐하면 후자는 혼란을 일으키고 나랏일을 망치기 때문이다. 추종자를 거느리고 세력을 키우는 야심가보다는 일에 활약이 큰 야심가가 위험이 적다. 유능한 사람들 가운데서 두드러지고자 하는 사람은 하는 일이 크며 항상 사회에 도움이 된다. 그러나 하잘것없는 자들 가운데서 홀로 우뚝 서고자 획책하는 사람은 한 시대 전체를 썩게 한다.

선행을 베풀 수 있는 유리한 지위와, 왕후장상에 가까이 할 수 있는 기회와, 자신의 행운을 드높이는 것은 세 가지 명예로운 일이다. 이러한 명예를 열망하되 선의를 가지는 자는 정직한 사람이다. 그리고 높은 지위를 열망하는 자들의 이러한 의도를 분별할 줄 아는 군주는 현명하다. 일반적으로 출세욕보다 의무감이 강하고, 또 과시하기 위하여 일하는 것이 아니라 양심껏 즐겁게 일하는 사람을 왕국이나 공화국의 대신으로 삼아야 한다. 그리고 번거롭게 참견하는 사람과 자발적으로 일하는 사람을 분간해야 한다.

## 가면극과 여흥

이것은 중대한 관심사에 비할 때 극히 사소한 일이다. 그러나 군주가 이러한 것을 원하는 이상 비용을 들여서 야단스럽게 겉치레를 할 것이 아니라, 우아하고 품위 있게 해야 할 것이다.

노래에 맞추어 춤추는 것은 장려(壯麗)하고 유쾌한 일이다. 노래는 높은 곳에 위치한 합창단이 하되, 현악기의 합주가 있고 노래의 가사가 그 행사에 알맞은 것이면 좋을 것이다. 연기하면서 노래하는 것은, 특히 대화를 이루는 경우 지극히 우아한 광경이다. 나는 춤이라 하지 않고 연기라고 했다. (춤추면서 노래하는 것은 천하고 야한 것이다.) 대화할 때의 목소리는 강렬하고 남성적이어야 하며(고음이 아닌 베이스나 테너), 가사는 고상하고 비극적이어야 한다. 섬세하고 가냘픈 것은 좋지 않다. 합창대를 서로 마주보는 위치에 여럿을 두고, 서로 번갈아 노래를 이어가면 큰 즐거움을 준다.

춤을 추면서 모양을 만드는 것은 어린아이에게 알맞은 기호다. 내가 여기서 말하는 것은 대체로 자연스럽게 흥미를 끄는 것이지, 하찮은 구경거리에 관심을 두는 것이 아님을 지적해두는 바다. 장면을 바꾸되 조용하게 소란 없이 한다면 매우 아름답고 즐거운 것이 된다. 이 변화가 똑같은 장면에 싫증이 난 눈을 새롭고 시원하게 해줄 것이다. 무대는 빛, 특히 다채로운 빛으로 가득 채우는 것이 좋다. 그리고 가면 연기자나 그 밖의 배우가 무대에서 내려설 때에는 내려오기 전에 무대 위에서 약간의 동작을 하는 것이 좋다. 그렇게 하면 이상스레 눈길을 끌어 눈으로 명확하게 분간할 수 없는 것까지도 보고 싶어지는 즐거움을 준다. 노래는 찢어지는 듯하거나 낮지 않고, 크고 유쾌한 목소리어야 한다. 악기의 연주도 우렁차고 크게 울려야 하며 잘 조화되어야 한다.

촛불에 가장 잘 어울리는 빛깔은 흰색과 담홍색, 그리고 바다 빛깔의 녹색이다. 구슬과 금속 조각은 비용이 많이 들지 않으면서도 대단히 화려한 것이다. 값진 자수는 두드러지지 않으므로 눈에 잘 띄지 않는다. 가면 연기자의 복장은 우아하면서 가면을 벗었을 때 그 사람과 어울리는 옷이어야 한다. 터키인이라든가, 병사 또는 뱃사람과 같은 잘 알려진 복식을 그대로 따르는 것은 좋지 않다.

막간은 길지 않게 한다. 막간에는 흔히 멍텅구리, 반인반수의 숲의 신, 원숭이, 야만인, 어릿광대, 짐승, 요정, 마녀, 흑인, 난쟁이, 터키인, 물의 요정, 시골뜨기, 큐피드, 움직이는 조상(彫像) 등이 등장하도록 한다. 천사는 익살스러운 것이 아니므로 막간에 넣기에 적당하지 않다. 반대로 악마나 거인처럼 무시무시한 것 역시 알맞지 않다. 이때 음악은 주로 휴식을 주고, 기묘한 기분전환을 가져오는 것으로 한다. 갑자기 좋은 향기가 물방울 따위를 떨어뜨리지 않고 쏟아지면 습기와 열기로 가득 찬 장내를 신선하고 유쾌하게 해줄 것이다. 한쪽은 남자, 한쪽은 여자로 된 두 패의 가면단이 등장하고 변화와 화려함을 더할 수도 있다. 그러나 장내가 깨끗이 정돈되어 있지 않다면 이것 모두가 소용이 없을 것이다.

개인 마상경기(joust)와 집단 마상경기(tournament), 그리고 모의전(模擬戰)은 어떠한가?* 이것이 볼 만한 것은 대체로 도전자가 타고 들어오는 전차의 화려함에 있다. 특히 사자, 곰, 낙타와 같은 이상한 짐승이 전차를 끌 때 그러하다. 또는 입장할 때의 볼 만한 광경이나 제복의 화려함이나 말과 갑옷의 훌륭한 장신구가 좋은 구경거리가 된다. 그러나 이러한 하찮은 장난감 같은 이야기는 여기서 끝내기로 하자.

---

\* 중세부터 내려오던 이러한 경기는 베이컨 시대에 급속히 퇴조하고 있었다. 종종 가면극과 아울러 행해졌다.

## 인간의 본성

본성은 대체로 숨어 있고 가끔 극복되나 좀처럼 소멸하지 않는다. 억지를 부릴 수 있으나 억지의 힘이 물러나면 본성은 더욱 강렬해진다. 가르치고 타일러서 본성을 어느 정도 누그러뜨릴 수는 있다. 그러나 본성을 바꾸고 정복할 수 있는 것은 오로지 습관뿐이다. 자신의 본성을 극복하고자 하는 사람은 과제를 너무 크거나 너무 작게 설정해서는 안 된다. 과제가 너무 벅차면 빈번한 실패로 낙담할 것이요, 너무 수월하면 자주 성공하겠지만 진전을 보지는 못한다. 그리고 부대(浮袋) 따위를 가지고 수영을 배우는 사람처럼 처음에는 도움을 받아서 실행함이 좋다. 연습이 실제보다 힘들어야 큰 성과를 거둘 것이기 때문이다. 본성이 강력해서 극복하기 어려운 경우라면 점진적으로 접근할 필요가 있다. 즉, 처음엔 본성을 잡아두어 시간적으로 정지하게 한다. 마치 화난 사람이 입을 열기 전에 알파벳 스물네 글자를 반복해서 외는 것과 같다. 그런 다음 양을 줄여가는 것이다. 마치 술을 끊는 사람이 건강을 해쳐가며 마시던 술을 식사 때의 한 모금 정도로 줄이고, 결국은 완전히 끊는 것과 같다. 그러나 만일 한꺼번에 사슬을 풀 의지와 각오만 있다면 이보다 더 좋은 것은 없을 것이다.

> 그대는 자유를 원하는가?
> 그대의 가슴을 졸라매는 사슬을
> 한 차례 강렬한 안간힘으로 끊어라.
> 그러면 안식이 오리라.*

굽은 지팡이를 반대편으로 구부려서 바로잡듯 본성을 반듯하게 할 수 있다는 옛말도 옳다. 물론 반대편 끝이 옳지 못한 것이어서는 안 될 것이다. 새로운 습관을 익힐 때 억지로 끊임없이 계속하지 말고 조금씩 짬을 두는 것이 좋다. 그 휴지(休止)가 새로운 출발에 힘을 준다. 또 완전치 못한 상태로 강행군을 계속한다면 좋은 점과 나쁜 점을 모두 행하게 되어 이 두 가지가 한 가지 습관으로 몸에 밸 것이기 때문이다. 이를 방지하는 방법이 바로 알맞게 짬을 두는 것이다.

본성을 극복했다고 지나치게 안심해서는 안 된다. 본성은 오랫동안 묻혀 있다가도 기회가 생기고 유혹을 받으면 되살아나는 법

---

\* 오비디우스의 시 《사랑의 치료》에서.

이다. 이솝 우화에 나오는 처녀, 즉 여자로 둔갑한 고양이가 식탁 모퉁이에 얌전히 앉아 있다가 생쥐가 발밑에 나타나자 본성을 드러냈다는 이야기가 있다. 그러므로 이와 같은 유혹을 아예 피하든가, 아니면 그런 유혹에 자주 접하여 기회가 주어져도 쉽사리 동요하지 않도록 할 일이다.

사람의 본성은 사석에서 가장 잘 드러난다. 꾸밈이 없는 자리이기 때문이다. 격앙된 감정에서도 잘 드러난다. 조심할 수 없기 때문이다. 낯선 문제, 낯선 사태에 임하여서도 잘 나타난다. 습관에 의존할 수 없기 때문이다.

본성에 맞는 직업을 가진 사람은 행복하다. 그러지 않으면 원하지 않는 일에 몸이 익은 다음 "나의 영혼은 잘못된 자리에 오래 머물렀도다"* 하고 탄식할 것이다. 학문에서도 마음에 내키지 않는 공부는 시간을 정해두고 함이 좋다. 그러나 자기 본성에 알맞은, 하고 싶은 공부라면 시간을 정해놓지 않아도 된다. 생각이 저절로 그곳에 집중될 것이므로 다른 일이나 공부를 하면서 틈틈이 해도 충분할 것이다. 사람의 본성은 약초가 아니면 잡초가 된다. 그러므로 약초라면 충분히 물을 줄 일이요, 잡초라면 뽑아버릴 일이다.

---

* 《시편》 120편 6절 참조.

# 습관과 교육

사람은 대체로 성품에 따라 생각하고 배우고, 습득한 지식에 따라 말한다. 그러나 행동은 습관에 따라 하게 된다. 그러므로 마키아벨리가 잘 지적했듯이(비록 그 예는 흉측한 것이었으나), "습관으로 다져진 것이 아니라면 성품의 힘이나 말의 허세는 믿을 만한 것이 못 된다". 그는 이러한 예를 들고 있다. 즉, 필사적인 음모를 수행하려면, 성품이 포악하다거나 단호하게 일을 맡았다 하여 그 사람을 믿을 수 있는 것이 아니라, 이전에 이미 손을 피로 물들여본 적이 있는 자를 채용해야 한다는 것이다. 그러나 마키아벨리는 수도사 클레망이나 라베약이나 조르기나 발타잘 제라르 같은 인물*을 몰랐

---

* 수도사 클레망은 1589년 프랑스의 앙리 3세를 암살했고, 라베약은 1610년 프랑스의 앙리 4세를 암살했다. 조르기는 1582년 오렌지 공 윌리엄을 암살

던 것이다. 그러나 천성도 언약도 습관만큼은 강력하지 못하다는 그의 말은 언제나 통용되는 법칙이라 하겠다. 단지 살생의 경우만은 처음 살인을 하는 자도 직업적으로 살육을 하는 자만큼이나 단호하며, 피비린내에 관한 일이라면 맹세한 언약도 습관과 같은 힘을 가진다는 것이 이제 미신처럼 퍼져 있다. 다른 문제에선 습관이 우세하다는 것을 여러 곳에서 볼 수 있다. 사람들이 공언하고, 항의하고, 약속하고, 큰소리치면서도 행동에서 이전과 다름이 없는 것은 매우 기이한 일이다. 사람들은 마치 생명이 없는 인형이나 기계인 것처럼 습관이라는 수레바퀴만을 따라서 움직이는 것이다.

우리는 또한 관습의 군림 내지 압제가 어떠한 것인지를 알고 있다. 인도 사람들(인도의 금욕 고행자를 가리킨다)은 말없이 장작 더미 위에 누워서 불을 질러 자신을 제물로 바친다. 아내들마저 남편의 시체와 함께 타 죽기를 몹시 바란다. 옛날 스파르타의 소년들은 다이아나 신전에서 채찍질당하는 관습이 있었으나 비명을 지르는 법이 없었다. 나는 엘리자베스 여왕 초기의 일화를 기억한다. 사형선고를 받은 아일랜드의 어느 반역자가 교수형을 집행할 때 밧줄이 아닌 버들가지를 사용해달라고 총독대리에게 청원했다. 까닭인즉, 자기 이전의 반역자들도 그러했다는 것이다. 러시아에는 참회할 때 물이 든 큰 그릇에 들어가 얼음이 꽁꽁 얼어 둘러쌀 때까지 밤새도록 앉아 있는 수도승이 있다.

---

하려 했으나 미수에 그쳤으며, 뒤를 이어 1584년에 발타잘 제라르가 암살에 성공했다.

습관이 정신과 육체에 미치는 강력한 힘을 보여주는 예는 많다. 그러므로 습관이 인간 생활의 으뜸가는 지배자라면 우리는 온갖 힘을 기울여 좋은 습관을 얻도록 노력해야 한다. 습관은 어린 나이에 시작하는 것이 가장 완전하다. 이것을 가리켜 우리는 교육이라 부르지만, 사실상 초기의 습관에 지나지 않는다. 예컨대 어렸을 때는 말을 배우면 모든 발음과 표현에 혀가 쉽게 돌아가고, 관절도 훨씬 유연하여 기묘한 운동과 활동을 쉽사리 익힐 수 있다. 사실 뒤늦게 배우는 사람은 모든 것이 뜻대로 되지 않는다. 물론 정신이 경직되지 않아서 언제라도 수정할 태세를 갖추고 마음의 문을 열어두고 있는 사람도 있겠으나 이는 매우 드문 일이다. 개인적인 습관의 힘도 크지만 집단적으로 얽히고 결합된 관습의 힘은 더욱 크다. 집단적인 관습은 가르쳐주는 모범이 있고 힘을 주는 동료가 있으며, 암시를 주는 자극이 있고 끌어올려주는 영광이 있기 때문이다. 따라서 습관의 힘이 그 절정에 도달하는 것은 그러한 경우다. 인간의 성품에 미덕을 널리 전파하는 길은 확실히 규율과 질서가 잘 조화된 사회에 달려 있다. 국가와 훌륭한 정부가 이미 성숙한 미덕을 널리 펼 수는 있으나 그 종자를 개량할 수는 없다. 그러나 슬픈 일은 가장 효과적인 수단이 가장 바람직하지 못한 목적에 적용되고 있다는 사실이다.

# 행운

 은총, 기회, 타인의 죽음, 능력을 과시할 수 있는 계기 따위와 같이 외부에서 우연히 일어난 일로 행운을 얻는 수가 많음은 부인할 수 없다. 그러나 사람의 운명은 대체로 자기 자신의 손으로 형성된다. 옛말에도 "사람은 모두 자신의 운명을 만드는 목수"라 했다. 가장 흔히 볼 수 있는 외래적인 행운은 남의 어리석음이 자기의 행운으로 되는 경우다. 타인의 과실에 의한 것만큼 갑자기 횡재하는 경우는 없다. "구렁이는 다른 구렁이를 잡아먹지 않고서는 이용되지 않는다"고 했다. 분명하고도 현저한 덕성은 칭찬을 받는다. 그러나 가리워지고 숨은 덕성은 행운을 낳는다. 이 숨은 덕성은 자신의 좋지 않은 성품에서 놓여나는 것으로, 무어라고 이름을 붙일 수 없다. 스페인어의 디셈볼투라(disemboltura)가 어느 정도 이 뜻을 표현한다. 어쨌든 놓여난다는 말은 사람의 성품에 막힘과 제동이 없어 마음의 수레바퀴가 운명의 수레바퀴를 따라 도는 것을 의미한다. 카토*에 대하여 리비우스**는 "강건한 정신과 육체를 가진 사람이었다. 어느 곳에 태어났다 하더라도 필경 스스로 운명을 개척했을 사람이었다"고 말한 다음, 그가 '다재다능한 사람'이었다는 사실을 지적하고 있다. 그러므로 예리한 눈으로 주의깊게 바라보면 운명의 여신을 볼 수 있다. 운명의 여신은 눈이 멀어 있지만, 사람이 이 여신을 볼 수 없는 것은 아니기 때문이다. 행운의 길은 하늘에 있는 은하의 길과 같다. 무수한 작은 별들의 모임 혹은 맺음인 은하수는 모여야만 빛을 발한다. 하나하나 떨어지면 보이지 않는다. 마찬가지로 사람에게는 작고 좀처럼 눈에 띄지 않는 덕성 혹은 능력이나 습관이 많이 모여 행운을 가져온다. 이러한 자질 가운데 사람들이 흔히 생각지 못하는 것을 이탈리아 사람들은 깨닫고 있는 듯하다. 절대로 일을 그르치는 법이 없는 사람을 가리켜 이탈리아 사람들은 그 사람 성품에는 '약간 바보스러운 점'이 있다고 한다. 확실히 '약간 바보스러운 점'이 있고 지나치게 결백하지 않은 성품이어야 행운을 얻을 수 있다. 그러므로 나라와 주군을 극도로 사랑하는 자는 예로부터 행운을 얻지 못했다. 그럴 수밖에 없는 일이다. 왜냐하면 사람이 생각을 온통 외부에 둔다면 자기 자신의 길을 걷는 것이 아닌 까닭이다.

---

\* 로마의 귀족적 보수주의의 전형적인 인물. 포에니 전쟁에서 큰 공을 세웠다(기원전 234~기원전 149년).
\*\* 로마의 역사가(기원전 59~기원후 17년).

갑자기 행운을 얻으면 모험과 망동을 좋아하는 사람이 되기 쉽다.* 그러나 노력으로 얻은 행동은 유능한 사람을 낳는다. 행운이 칭송과 존경을 받는 것은 오로지 행운의 딸인 신망(信望)과 명망(名望) 때문이다. 이들 두 행운 중 신망은 자신의 내부에서, 명망은 자기를 대하는 타인에게서 태어난다. 지혜로운 사람들은 모두 자신의 덕망에 대한 남들의 시새움을 돌리기 위해 자신의 신망과 명망이 신의 가호와 행운의 덕분이라 했다. 그렇게 함으로써 떳떳하게 행운을 간직할 수 있을뿐더러 위대한 사람만이 더 높은 권능의 보호를 받기 때문이다. 그리하여 카이사르는 풍랑을 두려워하는 뱃사공에게 "너의 배가 카이사르와 카이사르의 운명을 싣는 것이다"**라고 말했다. 실라 역시 자신의 이름 앞에 '위대한(Magnus)'이라 하지 않고 '운 좋은(Felix)'이란 말을 붙였다. 그리고 알려진 바와 같이 자신의 지혜와 책략을 공공연히 지나치게 자랑하는 사람들은 종말이 불행하다. 또 기록에 의하면 아테네의 티모테우스***는 정부에 보고할 때 "그런데 이것은 요행이 아니었소"라는 말을 종종 썼으나, 그 후로 그는 어떤 일을 맡아도 잘되지 않았다 한다. 세상에는 분명히 누구와도 견줄 수 없는 호메로스의 시구처럼 거침없이 흐르는 운명을 가진 사람이

---

\* 프랑스어의 entreprenent(모험적이라는 뜻)과 remuant(안달한다는 뜻)이 더 어울리는 표현일 것이다.
\*\* 기원전 49년 카이사르가 그리스에서 배를 타고 이탈리아로 떠날 때 풍랑을 두려워하는 사공에게 한 말.
\*\*\* 기원전 378년 스파르타에 대항하여 아테네와 테베가 동맹을 맺을 때 큰 공을 세웠다.

있다. 예컨대 플루타르코스는 이러한 뜻에서 티몰레온의 행운을 아게실라오스나 에파미논다스의 불운에 비교했다.* 이 모든 것의 근본적 원인은 말할 것도 없이 우리 자신에게 있다.

---

* 티몰레온은 시칠리아섬에 평화를 안겨준 코린트의 성공적인 장군이요, 테베의 에파미논다스와 스파르타의 아게실라오스는 모두 실패한 장군이다 (기원전 4세기 중엽). 플루타르코스는 이를 비교하여 티몰레온의 행운을 청산유수와 같은 호메로스 시의 거침없음에 비교했다.

# 이자

많은 사람들이 이자 제도에 대하여 재치 있는 독설을 퍼부었다. 하나님의 몫인 십일조\*를 악마가 차지하는 것이 한심스럽다는 것이다. 또 돈놀이하는 자는 주일에도 쟁기질을 하므로 안식일을 깨는 최대의 범법자라는 것이다. 또 이자놀이하는 자는 베르길리우스의 말처럼 "놀고 먹다가 벌집에서 쫓겨나는 수벌"과 같은 무위도식자라는 것이다. 또 아담이 낙원에서 쫓겨난 후 인간이 최초로 받은 율법, 즉 '남의 이마에 흐르는 땀'이 아니라, "너의 이마에 흐르는 땀으로 밥을 먹으리라"\*\*고 한 율법을 깨뜨린다는 것이다. 또 유

---

\*  성경의 십일조와 같은 10퍼센트의 이자 제도는 헨리 8세 때 법령으로 반포된 후 한때 폐지되었다가 엘리자베스 여왕 때 다시 부활되었다.

\*\* 《창세기》 3장 19절 참조.

대인과 같은 짓을 하므로 황갈색의 모자를 씌워야 한다는 것이다.*
또 목숨도 없는 돈이 아이 낳듯 돈을 낳는다는 것은 자연의 순리에
어긋난다는 것이다.

나는 오로지 이자 제도는 '사람의 마음이 차갑기 때문에 생기는
것'임을 지적하고자 할 뿐이다. 돈을 빌리고 빌려주는 일이 불가피
한 것이요, 사람의 마음이 거저 돈을 빌려주지 않을 만큼 차가운 것
이라면 이자 제도는 허용되어야 할 것이다. 은행이나 재산 조사 따
위와 같은 제도를 불신하는 의견을 솜씨 있게 제시한 사람은 있으
나 이자 제도에 대하여 도움이 될 만한 말을 한 사람은 별로 없다.
그러므로 이자 제도의 이로운 면과 해로운 면을 열거하여 그 좋은
점을 가려 모으고, 또 좋지 못한 점을 피하면서 더 바람직한 방향으
로 나아가도록 함이 좋을 것이다.

이자 제도가 이롭지 못한 것은 첫째, 이 제도로 말미암아 상인의
수가 적어진다는 점이다. 만약 이자놀이 같은 게으른 장사가 없다
면 돈이 사장되는 법 없이 나라 경제의 '동맥'인 교역에 동원될 것
이기 때문이다. 둘째, 상인을 가난하게 한다는 점이다. 농부가 소
작료를 과중하게 지불하고서는 토지를 잘 경작할 수 없듯이, 상인
도 높은 이자를 물고서는 장사를 잘 해나갈 수 없음이 뻔하다. 셋
째, 위의 두 가지 문제에 부수하는 것으로 왕국이나 공화국의 세입
이 줄어든다는 점이다. 나라의 세입은 교역량의 증감에 따라 좌우

---

\* 유대인들은 스스로를 구별하기 위하여 황갈색을 곧잘 사용했으며, 고리대
금업자가 많았다.

되기 때문이다. 넷째, 왕국과 공화국의 재물이 소수의 손으로 들어간다는 점이다. 이자를 물리는 자는 확실한 편에 서고 이자를 무는 자는 불확실한 편에 서므로, 마지막에 이르면 대부분의 돈이 이자를 물리는 자의 금고 속으로 들어갈 것이기 때문이다. 나라는 언제나 부가 골고루 배분되어야 번창하는 법이다. 다섯째, 토지의 가격을 떨어뜨린다는 점이다. 돈의 용도는 주로 상거래와 토지의 구입인데, 이자놀이는 이 두 가지 기능을 모두 저해하기 때문이다. 여섯째, 모든 산업과 개혁과 발명을 부진하게 한다는 점이다. 이자라는 장애만 없다면 돈은 이들을 촉진시키는 기능을 발휘할 것이다. 마지막으로, 이자 제도는 많은 사람들의 재산을 좀먹고 망치는 것으로, 시간이 경과함에 따라 사회를 빈곤에 빠지게 한다는 점이다.

다른 한편 이자 제도에는 이로운 면도 있다. 첫째, 이자 제도가 비록 어느 면으로는 물품 교역을 저해하지만, 이를 촉진시키는 다른 면도 있다는 점이다. 상거래의 대부분은 젊은 상인들이 돈을 빌려서 하는 것이 사실이다. 그러므로 대금업자가 돈을 회수하든가 대출을 중단한다면, 교역에는 곧 커다란 침체 현상이 뒤따라 일어날 것이다. 둘째, 만일 이자를 물고 돈을 빌려가는 이 손쉬운 제도가 없다면 사람들은 금전이 절박한 형편이 되면 가진 재산(토지든지, 물건이든지)을 헐값에 팔지 않을 수 없으므로 불시에 파탄을 겪을 것이다. 그러므로 이자놀이는 사람을 갉아먹지만, 못된 시장(市場)은 사람을 깡그리 삼켜버린다 하겠다. 저당이나 전당도 이에 대한 대책이 될 수 없다. 만약 아무런 이득도 없이 저당을 잡는다면 그들은 담보물을 빼앗고자 빈틈없이 노리고 있음이 분명하기 때문이다. 나는 시골에 사는 어느 돈 많은 사람이 "이자 제도가 없어지면 오죽 좋으랴! 그놈의 이자라는 것 때문에 담보 잡힌 것을 빼앗아 올 수 없단 말이야" 하고 냉혹하게 말하던 것을 기억한다. 셋째, 마지막으로 아무런 이득도 없이 손쉽게 돈을 벌 수 있다는 생각은 전혀 실현성이 없는 망상이다. 그리고 돈을 빌리는 일이 제도적으로 마비될 때 이에 따르는 불편은 이루 헤아릴 수 없을 것이다. 그러므로 이자 제도를 폐지하자는 이야기는 탁상공론에 지나지 않는다. 그 형태와 정도는 달리할지 모르나 모든 나라에 예로부터 이자 제도가 있었다. 아마 토머스 모어의 《유토피아》에도 이 의견을 보내주어야 할 것이다.

그렇다면 이자 제도의 좋은 점을 유지하면서 어떻게 개혁하고 규제해야 그 나쁜 점을 최선의 방법으로 피할 수 있는지 이야기하기로 하자. 이자 제도의 이로운 점과 이롭지 못한 점이 균형을 이루게 함으로써 두 가지를 잘 조화시킬 수 있을 것 같다. 그 하나는 이자의 날카로운 이빨을 갈아내어 지나치게 물어뜯지 못하게 하는 것이요, 다른 하나는 교역이 촉진되고 지속될 수 있도록 돈 많은 사람들을 유치하여 상인들에게 대출할 수 있는 길을 열어놓는 것이다. 이것은 높고 낮은 두 가지 종류의 이자를 병행하지 않으면 불가능하다. 만일 이자를 일률적으로 낮게 하면 어떤 사람들은 쉽사리 돈을 빌려 쓰겠지만 상인은 여전히 돈을 구하기 힘들 것이다. 또한 상거래는 대단히 이득이 많은 업종이므로 높은 이자를 능히 감당할 수 있다는 사실을 염두에 두어야 한다. 다른 계약 관계는 그렇지 못하다.

이 두 가지 목적을 달성하는 길은 대충 이러할 것이다. 즉, 이자를 두 가지 종류로 하되, 하나는 이율을 자유로이 하여 모든 사람들에게 일반적으로 적용하고, 다른 하나는 특정한 사람과 특정한 장소의 상거래에 한해 허가를 받아 쓰게 하는 것이다. 그러므로 첫째, 100분의 5를 일반 이자로 삼아 누구든지 자유로이 활용해도 좋다고 공표하는 것이다. 그리고 그 이자에 대하여 국가는 벌과금을 강요하지 않는다. 이렇게 하면 돈을 융통하는 길이 크게 막히거나 고갈되지 않는다. 또 대체로 토지의 가격이 오를 것이다. 예컨대 16년을 기한으로 토지를 빌릴 경우 연간 수익이 100분의 6을 넘을 것이나, 빌린 돈에 대한 이자는 5푼에 불과하기 때문이다. 똑같은 까닭으로 이것은 이익이 큰 산업을 장려하고 고무할 것이다. 왜냐하면 큰 이익을 추구하던 사람들이 이자놀이로 5푼의 소득을 탐하지 않고 앞을 다투어 산업 분야에 투자할 것이기 때문이다. 둘째, 특정한 사람들에게 허가를 내려 특정한 상인에게 보다 높은 이자를 받고 돈을 빌려주는 것이다. 이러한 경우에는 다음과 같은 점을 주의해야 한다. 돈을 계속하여 쓰는 경우, 상인이라 할지라도 이율을 전보다 감하여주도록 한다. 이렇게 함으로써 돈 쓰는 사람들은 상인이든지 아니든지 부담을 덜게 된다. 은행이나 그 밖의 합자자본이 아닌 개인이 전주가 되어 대금하는 것이 좋다. 내가 은행을 전적으로 싫어해서가 아니라, 몇 가지 은행에 대한 의혹을 용납할 수 없기 때문이다. 국가는 소액의 인가료를 대금업자에게 징수하는 것이 좋다. 나머지는 물론 대금업자의 손으로 들어간다. 징수금이 소액인 한 대금업자의 의욕을 꺾지 않을 것이다. 예컨대 백에서 열이나 아홉을 취하던 대금업자는 기꺼이 여덟으로 내려설 것이요, 이자놀이라는 확실한 소득을 버리고 모험적인 소득을 찾아나서지 않을 것이다. 이러한 대금업의 인가는 그 수효를 무제한으로 해도 좋으나, 장소는 몇몇 주요 도시와 상업 중심지에 한정하는 것이 좋다. 그렇게 해야 남의 돈을 끌어들여 그 고장에서 자기 명의로 이자놀이하기가 어렵게 된다. 따라서, 인가받은 대금업의 9푼 이율이 보통 대금의 5푼 이율을 흡수하는 일은 없을 것이다. 사람들은 먼 곳에 사는 사람이나 낯선 자에게는 돈을 빌려주지 않을 것이기 때문이다.

　이것은 종전에 곳에 따라 허용되던 이자 제도를, 말하자면 공개적으로 인정하는 것뿐이라고 이의를 제기할 수도 있겠다. 그러나 이자 제도를 공인함으로써 그 폐단을 완화하는 것이 묵인함으로써 사태를 더욱 악화시키는 것보다 낫다 하겠다.

## 젊은이와 늙은이

시간을 낭비하지 않는 사람은 연소한 나이로 많은 시간을 살 수 있다. 그러나 이것은 좀처럼 보기 어려운 일이다. 일반적으로 보아 젊음은 처음 떠오르는 생각과 같다. 생각은 두 번째 떠오르는 것이 첫 번째 생각보다 현명한 법이다. 나이와 마찬가지로 사고에도 풋내기가 있다. 그러나 젊은이의 발상력은 노인보다 훨씬 활달하며, 마음속으로 흘러드는 상상력은 거침없고 영감에 차 있다. 마음이 뜨겁고 욕망과 충동이 격렬한 성품을 가진 자는 중년기를 넘어서야 활동할 수 있는 성숙한 사람이 된다. 율리우스 카이사르와 셉티미우스 세베루스가 그러했다. 특히 세베루스는 "과오, 아니 광기에 가득 찬 젊은 시절"을 보냈다 한다. 그럼에도 그는 역대의 황제 중에서 손꼽히는 유능한 황제였다. 그러나 침착한 성품을 가진 자는 젊은 나이에도 잘 해나간다. 아우구스투스, 피렌체의 대공 코스무스, 가스통 드 포아* 등이 그러했다. 그러나 늙은 나이에 열정과 활력을 가진 자는 큰일을 할 탁월한 기질을 가졌다 하겠다.

젊은 사람은 판단보다 창의(創意)에 적합하고, 상의(相議)보다 실천에, 판에 박힌 일보다 새로운 기획에 적합하다. 노인의 경험은 경험의 범위 안에 드는 일이라면 길잡이가 되지만, 새로운 일이라면 오도한다. 젊은 사람의 과오는 큰일을 망친다. 그러나 늙은이의 과오는 기껏해야 일을 더 많이, 더 빨리 할 수 있었는데 그러지 못했다는 정도다. 젊은 사람은 행동을 취하고 일을 관장함에 있어 자신이 감당할 수 있는 한도 이상을 맡고, 휘어잡을 수 없을 정도로 민중의 불만을 사며, 수단과 절차를 생각지 않고 목표를 향해 내닫고, 우연히 맞부딪친 원칙을 맹목적으로 좇고 혁신을 하는 데 주저하지 않으나 그 때문에 예상치 못한 불편을 초래하며, 처음부터 극단적인 대책을 쏠 뿐만 아니라, 이와 같은 모든 과오를 더욱 고약하게 하는 것은, 고약하게 길이 들어 멈추지도 돌아서지도 않는 말처럼 자신의 과오를 인정하려고도 취소하려고도 하지 않는다는 점이다. 늙은 사람은 반대가 너무 많고, 의논이 너무 길고, 모험이 너무 적고, 후회가 너무 빠르며, 일을 끝까지 밀고 나가지 않고, 적당한 성공으로 만족한다.

그렇다면 젊은 사람과 늙은 사람을 함께 기용하는 것이 좋을 것이다. 우선 현재를 위하여 바람직하다. 서로의 장점이 서로의 단점을 고쳐줄 것이기 때문이다. 장래를 위해서도 바람직하다. 늙은 사

---

\* 프랑스 루이 12세의 조카로서 유능한 장군.

람이 행동하는 자가 될 때 젊은 사람은 배우는 자가 될 수 있기 때문이다. 마지막으로 대외적인 일을 위해서 바람직하다. 권위는 늙은 사람에게 따르고 관심과 인기는 젊은 사람에게 따르기 때문이다. 그러나 정치는 늙은 사람이 유능하듯이 도덕적인 면에서는 젊은 사람이 탁월하다 하겠다. 성경에 "젊은이는 환상을 볼 것이요, 늙은이는 꿈을 꿀 것이니라"고 한 구절을 놓고 젊은이가 늙은이보다 하나님에게 더욱 가깝게 있도록 허락받았다는 뜻이라고 해석한 율법학자가 있다. 꿈의 계시보다 환상의 계시가 훨씬 뚜렷한 계시라는 것이다. 사람은 확실히 세속의 물을 마시면 마실수록 세속에 취하는 법이다. 따라서 늙은이의 이점은 이해의 능력에 있지, 의지와 감정의 힘에 있지 않다 하겠다.

  나이에 비해 너무 일찍 꽃피었다가 금세 시들어버리는 사람들이 있다. 취약한 재능을 가져 그 날이 쉬이 무디어지는 사람들이 우선 그러하다. 예컨대 문장가 헤르모게네스*의 책은 처음에는 뛰어나게 정교했으나 후에는 아둔해졌다. 그다음은 타고난 성품이 늙은이보다 젊은이에게 어울리는 사람들이다. 예를 들어 유창하고 화려한 변론은 젊은이에게는 잘 어울리지만 늙은이에게는 알맞지 않다. 그래서 키케로는 호르텐시우스**를 가리켜, "그는 언제나 변함이 없었는데 그것이 이미 어울리지 않는 것이다"라고 했다. 셋째는 처음에 엄청난 노력을 하여 오랜 세월을 감당할 수 없을 만큼 강

---

\*  마르쿠스 아우렐리우스 황제 당시의 문장가.
\*\*  키케로와 동시대의 웅변가.

대하게 된 사람들이다. 예컨대 스키피오 아프리카누스\*를 가리켜 리비는 "말년의 활동이 초년에 미치지 못했다"는 뜻의 말을 한 적이 있다.

---

\*   카르타고를 격파한 로마의 장군.

# 아름다움

　덕은 보옥과 같아서 꾸밈없이 놓여 있어야 가장 아름답다. 덕은 물론 섬세한 용모는 아닐지라도 보기 좋은 육체에 들어 있을 때 가장 아름답다. 또 수려한 자태보다 위엄 있는 품위가 더욱 바람직하다. 매우 아름다운 사람이 높은 덕을 겸비한 예는 흔히 보기 어렵다. 자연은 탁월한 것을 이루려고 애쓰지는 않고, 그르치는 일이 없도록 하느라고 바쁜 듯하다. 그러므로 용모는 아름답되 성품은 고결하지 않으며, 덕보다도 거동에 마음을 쓴다. 물론 반드시 그런 것은 아니다. 아우구스투스 카이사르, 티투스 베스파시아누스, 프랑스의 필립 르 벨, 영국의 에드워드 4세, 아테네의 알키비아데스, 페르시아의 이스마엘 소피* 등은 모두 고매하고 위대한 정신을 가졌으

---

*　베스파시아누스는 로마 황제(69~79년 재위). 필립은 13세기 말~14세기

나, 용모의 아름다움도 당대에 뛰어났던 사람들이다.

아름다움에 있어 피부색보다는 잘생긴 얼굴 모습이 낫고, 잘생긴 얼굴보다는 품위 있고 우아한 몸가짐이 더 낫다. 이러한 몸가짐이 아름다움의 핵심이나, 그림으로 표현되지 않으며 실물을 본다 해도 첫눈으로 알 수 있는 것이 아니다. 뛰어난 아름다움에는 반드시 어딘가 약간의 야릇한 불균형이 있다. 우리는 아펠레스와 알베르트 뒤러* 중 어느 편이 더 하찮은 짓을 했는지 분간하기 어렵다. 한 사람은 기하학적인 비율에 따라서 인물을 그리려 했고, 다른 한 사람은 최고의 미인을 그리려고 여러 사람의 얼굴에서 가장 잘생긴 부분을 하나씩 하나씩 취했다. 이런 인물을 좋아할 사람은 그 그림을 그린 자 외에는 아무도 없을 것이라는 게 나의 생각이다. 화가가 실물보다 더 아름다운 얼굴을 그려서는 안 된다는 뜻이 아니라, 다만 아름다운 모습을 그리되 일종의 영감에 의존해야지(뛰어난 곡을 짓는 음악가처럼), 규칙에 의존해서는 안 된다는 말이다. 조목조목 뜯어보면 결코 아름답지 못하나 전체적으로 보면 훌륭한 얼굴을 볼 수 있는 것이다. 만약 품위 있는 몸가짐이 아름다움의 핵심이라는 점이 사실이라면 나이 든 사람의 모습이 몇 배나 훌륭한 것도

---

초의 프랑스 왕. 알키비아데스는 기원전 5세기의 정치가. 이스마엘은 15세기 말~16세기 초의 페르시아 군주.

* 아펠레스는 기원전 5세기 중엽 그리스의 화가 제욱시스를 착각한 것. 당대 최고의 미인 다섯을 뽑아 각각에게서 빼어난 점을 취해 헤라 신전의 그림을 그렸다. 뒤러(1471~1528년)는 독일의 화가로《인체의 각 부분의 비율을 논함》이란 논문을 썼다.

놀랄 일이 아니다. "미인의 만추(晩秋)는 아름답다"고 한다. 젊다는 것을 감안하고 젊음이 아름다움을 완전하게 해주는 것이라 생각하지 않는다면 아름다운 젊은이는 아무도 없을 것이다. 아름다움은 여름철 과일과 같아서 썩기 쉽고 오래가지 않는다. 그리고 대체로 젊은 사람을 방탕하게 하고 나이가 든 후 뒤늦게 후회하게 한다. 그러나 만약 아름다움이 잘 비춰준다면 덕 있는 사람은 더욱 빛날 것이요, 악한 사람은 더욱 낯을 붉히게 될 것이다.

# 장애

장애인은 대개 자연에 대하여 보복 감정을 가진다. 자연이 자기를 구박했으므로 자신도 자연의 순리를 그르치려는 것이다. 즉, 대개의 경우 (성서에도 씌어 있듯이) "여느 사람들의 감정을 결(缺)하고" 있으며, 바로 이 점이 자연에 대한 복수인 것이다. 육체와 정신 사이에는 분명히 어떤 조화가 있다. 자연이 육체를 그르칠 때 정신이 아울러 잘못될 위험이 뒤따른다. "한쪽의 과오는 다른 쪽의 위험"이라는 말이 있다. 그러나 사람에게서 육체의 틀은 필연적인 것이나 정신의 틀은 선택적인 것이므로, 수양과 덕망의 태양으로 성격을 모양 짓는 운명의 별자리를 압도할 수도 있다. 그러므로 장애를 숙명으로 생각하여 오도될 것이 아니라, 일정한 결과를 가져오는 원인으로 생각할 일이다.

남에게서 수모를 받을 만한 결함을 가진 자는 누구든지 그 모멸감에서 자신을 구출하고, 해방하고 싶은 끊임없는 충동을 가진다. 장애인이 모두 극도로 대담한 것은 이러한 까닭이다. 처음에는 비웃음을 받지 않으려는 자기 방어지만 시간이 흐름에 따라 전반적인 습관이 된다. 이것은 또한 장애인의 부지런한 마음을 일깨운다. 특히 남의 약점을 주목하고 관찰하기에 부지런하여 어느 정도 보상을 받고자 한다. 또한 장애인은 자신에 대한 윗사람의 시기심의 불을 끌 수 있다. 윗사람이 자신을 마음대로 경멸할 수 있는 상대로 여기기 때문이다. 그리고 경쟁자와 경합자를 잠자게 할 수 있다. 장애인이 높은 자리에 오를 가망이 있다고는, 자신의 눈으로 보기 전에는 결코 믿지 않는 까닭이다. 그러므로 곰곰이 생각해보면 위대한 인물에게 장애는 오히려 입신하기 위한 유리한 조건이 된다 하겠다.

  옛날의 제왕들은(지금도 그러한 나라가 있다) 흔히 환관에게 큰 신임을 주었다. 모든 사람들에게 시기심을 품는 자는 한 사람에게 크게 의존하고 충성하기 때문이다. 그러나 환관에 대한 신임은 훌륭한 장상(將相)이나 관리에 대한 것이라기보다 유능한 첩자나 밀고자에 대한 선임이었다. 장애인의 경우도 이와 비슷하다. 앞서 말한 바와 같이 의기가 있는 장애인이라면 남들의 모멸에서 스스로를 해방시키려 할 것이다. 그 동기는 선의가 아니라면 악심(惡心)일 것이다. 그렇다면 장애인이 때때로 뛰어난 인물이 된다 하여 놀랄 것이 없다. 예를 들면 아게실라오스, 솔리만\*의 아들 장거, 이솝, 페

---

\*  아게실라오스는 44쪽의 주를, 솔리만은 97쪽의 주를 참조할 것. 이솝은 기

루의 총통 가스카 등이 그러하다. 그리고 소크라테스를 이들 가운데 넣어도 무방하다 하겠다.

---

원전 6세기 사람으로 노예였다. 플라톤은 소크라테스의 추한 외모를 약제사의 약단지에 비유했다.

# 건축

집은 살려고 짓는 것이지 바라보려고 짓는 것이 아니다. 그러므로 이 두 가지를 겸할 수 없는 경우, 좋은 모양보다 실용성을 앞세워야 한다. 오로지 아름다움만을 목적으로 하는 훌륭한 집의 건축은 시인들의 마법의 궁전에 맡겨두기로 하자. 비용을 거의 들이지 않고 궁전을 짓는 자가 시인 아닌가? 마땅치 않은 자리에 아름다운 집을 짓는 자는 스스로 옥살이를 하는 것이다. 내가 마땅치 않은 자리라 한 것은 공기가 불결한 곳만을 가리키지 않는다. 공기가 고르지 못한 곳도 마찬가지다. 예를 들어 좋은 집들 다수가 주위가 보다 높은 언덕으로 둘러싸인 낮은 언덕 위에 집터를 잡고 있음을 볼 수 있다. 그 때문에 태양의 열은 갇히고 바람은 통 속에서와 같이 모인다. 그 결과 서로 멀리 떨어진 곳에 동시에 사는 듯이 추위와 더위의 큰 기온 차이를, 그것도 갑작스럽게 느낄 것이다. 나쁜 집터는 공기만 나쁜 것이 아니다. 길도 나쁘고 시장도 나쁘고, 모무스\*의 충고를 받아들인다면 이웃도 나쁠 수 있다. 그 밖에도 물의 부족, 땔감의 부족, 나무 그늘의 부족, 과일 나무의 부족, 질이 다른 토양이 섞여 있음, 좋지 않은 전망, 고르지 못한 땅, 가까운 곳에 짐승 사냥·매사냥·승마하는 장소가 없는 위치, 바다에서 너무 가깝거나 너무 먼 곳, 배가 다니는 강이 없거나 강은 있되 자주 범람하는 불편, 큰 도시에서 너무 멀어 생활에 불편을 주거나 또는 너무 가까워서 일용품을 모두 흡수하여 물건 값이 비싼 위치, 규모가 큰 생활을 함께 누려야 하는 곳에 혼자서 큰 땅을 차지해야 하는 곳, 거꾸로 아예 날개를 펼 여지가 없는 곳 따위를 생각할 수 있다. 이러한 모든 면을 한꺼번에 따져서 찾아낸다는 것은 불가능한 일이다. 다만 이와 같은 것을 염두에 두고 가능한 한 최대의 편의를 찾아내면 된다. 만약 집이 여러 곳에 있다면 이곳에서 마땅치 않은 점을 저곳에서 보충하는 식으로 조정할 수 있겠다. 폼페이는 루쿨루스\*\*가 가진 어느 저택의 으리으리한 회랑과 넓고 밝은 방을 둘러보고 이렇게 물었다. "확실히 여름에는 훌륭한 집이오. 그러나 겨울에는 어떻게 하시오?" 루쿨루스의 대답은 훌륭했다. "장군, 나에게 새 정도의 지혜는 있소. 새는 겨울이 다가오면 항상 보금자리를 옮기지요."

---

\*  모무스는 트집의 신. 이솝 우화에서 모무스는 지혜의 신 아테나가 지은 집을 보고 바퀴를 달지 않았다고 비웃었다. 고약한 이웃을 만났을 경우 바퀴를 달아야 쉽게 이사할 수 있다는 것이다.
\*\* 호화와 사치가 극심했던 로마의 장군(기원전 117~기원전 56년).

집터의 이야기는 그만 하고 집 자체를 이야기하기로 하자. 키케로가 웅변술을 다룬 식으로 우리는 집 문제를 다루려는 것이다. 키케로는《웅변술에 관하여》라는 책에서 웅변술의 여러 가지 원칙을 썼고,《웅변가》라고 이름 붙인 책에서 웅변의 완성을 기술하고 있다. 우리도 군주의 궁전은 어떠해야 할까 생각하면서 그 모형을 간단하게 제시해보기로 한다. 지금 유럽에는 바티칸 궁전과 에스코리알 궁전\*과 같은 거대한 건물이 있으나 이상하게도 그 안에서 훌륭한 방은 좀처럼 찾아보기 어렵다.

우선 완전한 궁정이 되려면 궁정을 두 가지 다른 부면으로 나누어서 한쪽은 구약의《에스더》에 나오는 바와 같은 연회용으로 쓰고, 한쪽은 왕가(王家)의 기거에 쓰도록 해야 한다. 즉, 연회와 행사를 치르는 곳과 기거하는 곳을 따로 하는 것이다. 이들은 모두 전면의 일부를 이루면서 양옆으로 곧게 물러선 회랑이어야 하고, 내부는 다르게 구획되어 있으나 겉보기에 다 똑같은 모습이어야 한다. 또 궁정의 정면 중앙에 크게 당당하게 솟은 탑이 좌우의 두 부면을 마치 양손을 뻗어 거느리고 있는 듯한 형상이어야 한다. 연회용으로 쓰는 부면에는 정면 쪽으로 약 12미터 높이의 층계 위에 좋은 홀을 하나 만들고, 그 밑에 따로 방을 하나 두어 연극 등 유흥을 위한 의상실 및 준비실로 사용하면 좋을 것이다. 반대편 부면, 즉 기거하는 곳은 먼저 홀과 예배실로 나누되(사이에 칸막이를 둔다), 모두 크고 장엄하게 하면 좋을 것이다. 그러나 이 두 방이 정면부터

---

\*  마드리드 근교의 궁전.

후면까지 차지하는 것이 아니라, 전면에서 먼 쪽 끝에는 아름다운 여름 거실과 겨울 거실을 마련한다. 이들 방 밑에 아름답고 널찍한 지하실 하나와 주방, 식료품실, 식기실을 여럿 둔다. 탑은 좌우의 날개 위로 각각 5.4미터 높이의 2층으로 하면 좋다. 꼭대기는 좋은 함석으로 지붕을 올리고, 난간은 일정한 간격을 두고 조각상을 세우며, 내부는 적당하게 여러 방으로 나눈다. 위층 방으로 오르는 층계는 나선형으로 하고, 층계가 꺾어지는 곳을 아름다운 석주가 받치도록 한다. 층계의 난간은 놋쇠 빛깔의 색을 칠한 목각으로 멋지게 장식하고, 위층의 층계를 내려서는 곳은 매우 아름답게 꾸민다. 그러나 이것은 아래층의 방 하나를 하인의 식당으로 배정하지 않을 경우다. 아래층에서 하인들이 식사를 한다면 그 냄새가 굴 속을 지나가듯 위층으로 올라올 것이므로, 자신의 식사가 끝난 다음 하인의 식사를 다시 맛보는 셈이 된다. 전면에 관해서는 이것으로 그치자. 다만 층계의 높이는 4.8미터가 알맞다는 나의 생각을 덧붙인다. 이것은 아래층 방의 높이와 같은 것이다.

  이 정면 뒤쪽에 아름다운 뜰을 마련하고, 뜰의 삼면에는 궁궐 정면보다 훨씬 낮은 건물을 세운다. 이 뜰의 네 구석에, 늘어선 건물 안쪽이 아니라 그 바깥쪽으로 아름다운 층계가 올라가는 작은 탑을 둔다. 그러나 이 탑은 궁궐 정면만큼 높아서는 안 되며, 뜰 주위의 낮은 건물과 균형을 이루는 것으로 한다. 뜰은 포장하지 말아야 한다. 여름에는 대단한 열을 내뿜고 겨울에는 몹시 춥기 때문이다. 다만 둘레를 도는 길과 뜰을 가로지르는 십자로만은 포장을 하되 그 외에는 잔디를 심는다. 잔디는 항상 깎아주어야 하지만 지나치게 짧게 깎아서는 안 된다. 연회로 쓰는 부면의 뜰을 면한 쪽은 모두 장려한 회랑으로 한다. 회랑 안에는 셋 내지 다섯의 큐폴라*를 일정한 간격을 두고 나란히 늘어세우고, 창문에는 아름다운 빛깔로 여러 가지 세공을 한다. 왕가가 기거하는 거실 쪽으로는 접견실과 휴게실과 침실을 여럿 둔다. 삼면을 모두 집이 이중으로 되게 하여 새어 들어오는 빛을 막는다. 오전이나 오후에 방에 햇볕이 들어오지 못하게 하는 것이다. 방 안 설계는 여름에는 그늘지고 겨울에는 따뜻하도록 한다. 집은 아름다우나 온통 유리투성이어서 뜨거운 햇볕이나 추위를 피하려면 어디로 가야 할지 모를 저택을 가끔 볼 수 있다. 궁륭형의 갓을 한 창문도 쓰임새가 좋다고 생각한다. (도시라면 거리로 면한 쪽이 한결같아야 하므로 곧바른 창이 좋을 것이다.) 궁륭형의 창을 달면 둘러앉아 회의하기에 좋은 방이 될뿐더러 바람과 햇볕을 막아준다. 안뜰 쪽으로 양쪽으로 두 개씩 네 개 정도면 알맞다.

  이 뜰 안쪽으로 같은 높이에 같은 정방형으로 된 내정(內庭)을 만들고 사면을 정원으로 에워싼다. 내정의 안쪽 사면은 회랑으로 두르고 1층 높이의 우아하고 아름다운 아치를 세운다. 정원을 면한 바깥쪽 사면은 그로토**로 하여 그늘의 집 혹은 여름의 집으로 삼는다. 그로토는 정원 쪽으로만 창을 내거나 트이게 하고, 바닥은 평평하게 하며 습기가 차지 않도록 지면보다 낮지 않게 한다. 이 안

---

\*   cupola, 둥근 천장.
\*\*  grotto, 더위를 피하는 안채.

뜰의 중앙에는 분수나 아름다운 조상을 세우고 외정(外庭)과 마찬가지로 잔디를 심고, 길에 포장을 한다. 좌우의 건물은 사사로이 기거하는 방으로 쓰고, 끝은 회랑으로 하되 역시 사적으로 사용한다. 이들 중 방 하나는 군주나 특별한 인사가 병에 걸렸을 때 병실로 쓰도록 하고, 주위에 몇 개의 방과 침실, 객실, 후실이 따르도록 한다. 이것은 2층에 둔다. 끝 쪽의 안채에는 석주로 받친 아름다운 회랑이 있고, 3층도 마찬가지로 석주로 받친 회랑이 있어 정원의 상쾌한 전망을 가진다. 내정의 끝 양쪽 구석에는 각각 섬세하고 화려한 방이 뜰을 향하여 통해 있다. 방 안은 우아한 융단으로 바닥을 깔고, 질감이 좋은 휘장을 벽에 드리우며, 수정 유리로 창을 하고, 방의 중앙은 호화로운 큐폴라로 하는 등 가능한 한 우아하게 꾸민다. 위층의 회랑 역시 만약 방의 구조가 이를 허락한다면 벽에서 여기저기 분수가 흘러나오게 하여 멋진 배수구로 빠져나가게 하고 싶다.

　궁전의 모형에 대한 이야기는 여기서 끝내기로 하자. 다만 궁궐의 정면에 이르기까지 뜰이 셋 있어야 함을 덧붙여두자. 첫째 것은 담으로 둘려 있을 뿐 아무런 꾸밈이 없는 잔디밭이요, 둘째 것은 처음 뜰과 같은 크기로 작은 탑을 세우고 담에 장식을 꾸민 정도로 한다. 세 번째 것은 궁궐의 정면이 한 면이 되어 정방형을 이루나 주위에 건물을 세워서는 안 된다. 그렇다고 주위가 담으로만 둘러서는 것이 아니다. 삼면을 좋은 함석으로 지붕을 하고 아름답게 장식된 테라스가 에워싼다. 그 안의 회랑은 아치가 아니라 석주가 밑으로부터 떠받친다. 집무실은 얼마간 떨어진 곳에 세우고 나지막한 회랑을 통해 궁전과 이어지게 한다.

# 정원

전지전능하신 하나님은 처음에 에덴 동산을 만드셨다. 정원은 참으로 가장 순수한 인간의 즐거움이다. 정원은 인간의 정신에 안식을 주는 최고의 것이다. 정원이 없는 건물과 궁궐은 조잡한 손재주에 지나지 않는다. 시대가 흘러 문명과 품위를 얻음에 따라 사람들은 먼저 웅장한 건물을 세우고, 다음에 아름다운 정원을 만들었다. 원예가 건축보다 더욱 큰 목표라는 뜻일까?

궁궐의 정원은 일 년 열두 달 철따라 아름다운 초목이 꽃필 수 있도록 해야 한다고 나는 생각한다. 12월과 1월, 11월 말경엔 겨우내 푸르른 초목을 가꾼다. 감탕나무, 담쟁이, 월계수, 향나무, 사이프러스, 주목, 잣나무, 전나무, 로즈메리, 라벤더, 백색과 자색과 청색의 협죽도, 저먼더, 부들, 귤나무, 레몬 등이 그 예다. 또 머틀을 온실에서 키울 수 있고 꽃박하를 양지바른 곳에 심을 수 있겠다. 이어 정월 하순과 2월에는 이 무렵 꽃이 피는 동백과, 황색과 흰색 사프란, 앵초, 아네모네, 일찍 피는 튤립, 히아신스, 카마이리스, 패모(貝母) 등이 있다. 3월에는 오랑캐꽃, 특히 단엽의 파란 것이 제일 먼저 핀다. 이어서 노란 수선화, 데이지, 살구꽃, 복숭아꽃, 산수유꽃, 들장미 등이 핀다. 4월에는 복엽의 하얀 오랑캐꽃, 계란풀, 카네이션, 양취란화, 붓꽃, 각종의 백합, 로즈메리꽃, 튤립, 복엽의 작약, 담수선(淡水仙), 프랑스 인동, 벚꽃, 추리꽃, 오얏꽃, 하얀 찔레, 라일락 등이 뒤따른다. 5월, 6월에는 각종의 패랭이꽃, 특히 연분홍 패랭이, 조금 늦게 피는 사향장미를 제외한 각종의 장미, 인동, 딸기, 지치, 미나리아재비, 프랑스 금잔화, 아프리카꽃, 버찌, 붉은 까치밥, 열매 맺는 무화과, 산딸기, 포도꽃, 라벤다꽃, 흰꽃이 피는 향기 높은 난초, 파리채풀, 산 백합, 사과꽃 등이 있다. 7월에는 가지각색의 십자화, 사향장미, 꽃 피는 보리수나무, 이른 배와 오얏, 금작화와 카드린 등이 나온다. 8월에는 온갖 종류의 오얏, 배, 살구, 매자나무, 개암나무, 머스크멜론, 여러 가지 빛깔의 투구꽃 등이 나온다. 9월에는 포도, 사과, 갖가지 빛깔의 양귀비, 복숭아, 멜로코톤, 넥타 복숭아, 산딸기나무, 워든배, 모과 등이 있다. 10월과 11월 초에는 서양 모과, 서양 자두, 전지하거나 이식하여 늦게 피는 장미, 접시꽃 등이 있다. 이상과 같은 세목은 런던의 기후에 알맞은 것이나, 나의 의도는 오직 장소가 허용하는 대로 '영원한 봄'을 즐길 수 있음을 보여주고자 하는 것뿐이다. 그리고 꽃의 향기는 손에 들었을 때보다 공기 중에 떠돌 때가 (좋은 노래가 공기 중에 흘러가듯) 훨씬 향기롭다면, 무엇보다도 어떤 꽃과 식물이 좋은 향기를 발하는가를 알아야 꽃향기의 기쁨을 맛볼 수 있을 것이다.
 장미는 분홍이든, 빨강이든 좀처럼 향기를 내지 않는 꽃이므로 장미가 줄지어 핀 곳을 지나가도, 아니 아침 이슬에 젖어 있을 때에도 아무런 향기를 찾아볼 수 없다. 월계수 역시 자라면서 아무런 향기를 내지 않는다. 로즈메리도 거의 향기가 없다. 꽃박하 역시 그러하다. 다른 무엇보다도 감미로운 향기를 내뿜는 것이 오랑캐꽃이다. 특히 1년에 두 번, 4월 중순과 8월의 성 바톨로뮤 축일 무렵에 피는 하얀 겹오랑캐꽃의 향기가 높다. 그 다음가는 것은 사향장미다. 시드는 딸기 잎의 향기도 대단히 상쾌하다. 또 포도꽃이 있다. 그것은 처음 꽃이 필 때 꽃송이에 생기는 겨이삭의 꽃가루처럼 작은 가루가 향기를 낸다. 그다음 들장미가 있다. 계란풀은 응접실이나 거실의 창 밑에 두면 매우 상쾌하다. 패랭이와 십자화도 매우 좋다. 특히 엉기어 피는 패랭이와 비늘 줄기를 가진 십자화가 좋다. 또 보리수꽃도 있다. 인동은 어느 정도 떨어져 있어야 냄새가 좋다. 콩꽃도 좋으나 이는 야생화다. 대기를 대단히 상쾌한 향기로 가득하게 하지만, 다른 꽃처럼 지나쳐서는 안 되고 발로 밟고 으스러뜨려야 하는 것이 세 가지 있다. 오이풀과 야생 백리향과 야생 박하가 그것이다. 그러므로 이를 산보하는 길에 가득 심어놓으면 거닐거나 밟을 때 유쾌한 기분을 느낄 수 있다.
 정원(건축을 이야기할 때 그랬듯이 군주의 정원에 대하여 말해보기로 하자)은 그 넓이가 최소한 30에이커는 되어야 한다. 왕궁의 정원은 세 부분으로 나누어 들어가는 곳은 잔디밭으로 하고 나오는 곳은 히스 밭이나 야지(野地)로, 가운데 부분은 주정원으로 하되 양쪽에

산책길을 만든다. 그리고 잔디밭은 4에이커의 땅으로, 히스 밭은 6에이커, 양쪽의 산보로는 각각 4에이커로, 주정원을 12에이커로 하면 좋다. 잔디밭은 두 가지 즐거움을 준다. 잘 깎아놓은 푸른 잔디를 바라보는 말할 수 없는 기쁨이 그 하나요, 중앙에 난 아름다운 길로 들어서서 주정원을 에워싼 멋진 울타리를 향하여 걸어가는 기쁨이 다른 하나다. 그러나 무더운 여름철이나 뜨거운 한낮에 정원의 그늘을 맛보려면 잔디밭을 가로질러 그 긴 길을 폭염 속에 걸어야 하므로, 목수를 시켜 잔디밭 양쪽에 높이 3.6미터가량의 지붕을 올린 통로를 만들어 햇볕을 쬐지 않고 정원까지 갈 수 있도록 하면 좋다. 여러 가지 빛깔의 흙으로 꽃밭 따위의 모양을 만들어 정원 쪽으로 난 창 밑에 두는 것은 자질구레한 짓이다. 과자에 박힌 무늬가 훨씬 보기 좋은 모양일 것이다. 주정원은 네모반듯하게 하고 사면을 우아한 아치 울타리로 둘러싸는 것이 가장 좋다. 아치는 목수의 손을 빌려 석주 위에 세우되, 높이를 약 3미터에 폭을 1.8미터로 하고 간격은 아치의 폭과 같은 치수로 한다. 아치 위에는 역시 목수의 손을 빌려 약 1.2미터 높이의 울타리로 잇대어 두르고 그 위로 각 아치마다 작은 탑을 하나씩 세우되, 새장을 넣을 수 있도록 부풀게 한다. 그리고 아치와 아치 사이에 작은 무늬를 만들어 넣고 그 위에 채색한 유리를 입힌 둥글고 넓은 판을 붙여 햇빛을 받아 빛나게 한다. 이 울타리를 경사가 완만해 가파르지 않은 약 1.8미터 높이 둑에 세우고, 둑에는 온통 꽃을 심으면 좋을 것이다. 이 네모반듯한 정원은 지면 전체의 폭을 차지하지 않는다. 정원 양쪽에 여러 가지 샛길을 만들 여지를 남겨서 잔디밭에서 오는 통로와 이어질 수 있게 한다. 그러나 이 큰 담으로 두른 앞뒤에 울타리를 한 통로가 있어서는 안 된다. 안쪽에 그런 통로가 있으면 이 아름다운 정원의 울타리를 잔디밭에서 잘 볼 수 없을 것이요, 뒤쪽에 그런 통로가 있으면 정원에서 아치를 통해 히스 밭을 잘 볼 수 없을 것이다.

이 큰 울안의 정원을 어떻게 설계할 것인가 하는 문제에는 여러 가지 방식이 가능할 것이다. 다만 내가 충고하고 싶은 것은 정원을 어떤 형태로 하든지 너무 세밀하거나 너무 번거롭게 하지 말라는 것이다. 이런 점에서 나는 노간주나무나 다른 정원수를 깎아 여러 가지 형상을 만들어내는 것을 좋아하지 않는다. 이것은 어린아이나 좋아할 것이다. 작고 낮은 관목의 가장자리를 둥글고 가지런히 하고 가끔 피라미드 모양으로 예쁘게 손질하는 것이 좋다. 그리고 군데군데 목수가 짠 받침틀 위에 아름답게 원주(圓柱)를 배열하는 것도 좋다. 길은 넓찍하고 아름다워야 한다. 좁은 길은 정원 가장자리에는 괜찮으나 주정원에서는 마땅치 않다. 정원 한가운데는 아름다운 작은 산을 만들고 층계를 세 군데 두어 오르게 한다. 층계는 네 사람이 나란히 걸을 수 있는 길이 산에 띠를 두르게 하는 격이 되게 한다. 길은 완전한 원형을 이루며 난간이나 불거져 나온 장식이 없게 한다. 산의 높이는 9미터로 한다. 여기에 연회를 베풀고 집을 멋지게 짓고 벽난로를 몇 군데 알맞게 배치한다. 유리는 지나치게 사용하지 않도록 한다.

샘물은 매우 아름답고 상쾌한 것이다. 그러나 연못은 모든 것을 망쳐놓는 것으로, 정원을 불결하게 하고 파리와 개구리가 들끓게 한다. 샘물은 두 가지로 설치할 수 있다. 물을 뿌리거나 내뿜는 분수가 그 하나요, 또 한 가지는 32제곱미터의 아름다운 풀에 물을 받는 것이다. 풀에는 물고기나 개흙, 진흙이 없어야 한다. 분수는 흔히 사용하는 도금한 조각이나 대리석 장식이면 훌륭하다. 그러나 중요한 것은 물이 물받이나 물통에 고이지 않고 계속 흘러내리게 하는 것이다. 물이 고이면 변색하여 푸른색, 붉은색 따위를 띠기도 하고 이끼가 끼고 부패하게 된다. 그 외에도 분수는 매일 손으로 깨끗이 닦아내야 한다. 분수에 오르는 층계를 만들고 주변을 공들여 포장하는 것도 좋다. 샘물의 또 한 가지 용도, 즉 우리가 욕수(浴水)라고 불러도 될 풀은 매우 정교하고 아름답게 꾸며도 좋다. 자세한 설명은 번거로운 일이다. 대충 몇 가지 예를 들면 조각된 돌을 곱게 깔고, 벽도 그렇게 하며, 그 위를 채색한 유리나 그 밖의 윤택이 좋은 물질로 장식을 하고, 아름다운 조상으로 낮게 난간을 두르는 것이다. 그러나 중요한 점은 분수의 경우와 마찬가지로 물을 끊임없이 흐르게 하는 것이다. 즉, 풀보다 높은 곳의 물을 멋진 홈통으로 받아, 같은 치수의 배수관을 통하여 지하로 빠지게 하여 풀이 좀처럼 넘치지 않게 한다. 물줄기가 흩어지지 않고 아치를 그리거나 솟구쳐서 여러 가지 형상(날개, 술잔, 궁륭과 같은 모양)을 만들어내는 기교는 좋은 구경거리나, 건강과 휴식에 도움이 되는 바는 없다.

정원의 세 번째 구간인 히스 지대는 될 수 있는 대로 거친 자연미를 살려서 설계해야 한다. 나무는 전혀 심지 않는다. 다만 들장미와 인동과 군데군데 머루덩굴이 잡목 숲을 이루게 하고 땅에 오랑캐꽃, 딸기, 앵초를 심는 게 좋다. 향기가 좋고 그늘에서 잘 자라는 까닭이다. 이들 숲과 길은 히스 풀밭 이곳저곳에 아무렇게나 흩어져 있게 한다. 군데군데 두더지가 파놓은 흙더미(실제로 히스 풀밭에 가면 이런 흙더미를 볼 수 있다) 비슷한 것도 만들어놓는다. 이 흙더미 위에 때에 따라 야생 백리향, 패랭이꽃, 꽃 좋은 저먼더, 협죽도, 오랑캐꽃, 딸기, 양취란화, 데이지, 홍장미, 산백합, 붉은 패랭이, 크리스마스로즈 등과 같은 조그마하고 향기롭고 키가 작은 꽃을 심는다. 때때로 흙더미 위에 작은 관목을 심는다. 때로는 심지 않고 그대로 둔다. 이 관목으로는 장미, 노간주나무, 감탕나무, 붉은 까치밥나무(이것은 냄새 고약한 꽃이 피므로 조금 심는다), 구스베리, 로즈메리, 월계수, 들장미 등이 좋다. 그러나 이들 관목은 보기 싫게 크지 않도록 항상 전지를 해준다. 히스 지대 가장자리에는 여러 가지 오솔길을 만들되, 어느 것은 해가 어디서 비추더라도 완전한 그늘이 되도록 한다. 어느 것은 바람막이 구실을 할 수 있도록 꾸며 세찬 바람이 불어도 회랑을 걷듯 갈 수 있게 한다. 그리고 이와 같은 길은 양쪽에 울타리를 세워 바람을 막고 바닥은 잔디가 아니라 좋은 자갈을 깔아 비가 와도 젖지 않게 한다. 이 길목 곳곳에 온갖 종류 과일 나무를 심는다. 담 밑에도 심고 밭을 이루어 심기도 한다. 과일 나무를 심은 땅은 넓고 보기 좋고 낮아야 하며, 가팔라서는 안 된다. 근처에 좋은 꽃을 심되 드문드문 심어서 나무의 양분을 빼앗지 않도록 한다. 히스 지대의 양쪽 끝에는 약간 높은 동산을 만들어도 좋다. 그러나 동산 위에 올라섰을 때 정원의 담이 가슴 높이를 넘지 않게 하여, 바깥 들판을 바라볼 수 있게 한다.

주정원 양쪽 가장자리에도 아름다운 오솔길을 내고 과일 나무를 심으면 나쁘지 않다. 또 모양 좋은 과일 나무의 숲과 앉을 자리가 마련된 정자를 맵시 있게 꾸며도 좋다. 그러나 너무 밀집하여 들어서지 않도록 해야 한다. 주정원이 너무 빽빽하게 들어차서 공기의 소통이 자유롭지 못하다면 좋지 않다. 그늘은 가장자리의 샛길이 마련해주므로, 무더운 여름철이나 뜨거운 한낮에 마음이 내키면 이곳을 거닐 수 있다. 그러나 1년 중 좀 더 온화한 계절과 무더운 여름철이라면 아침이나 저녁 무렵, 아니면 흐린 날을 염두에 두고 주정원을 만들었다는 점을 상기해야 할 것이다.

사조장(飼鳥場)을 나는 찬성하지 않는다. 다만 잔디를 깔고 수목과 덤불을 심을 수 있을 만큼 널찍하게 하여 새들이 자연적으로 집을 짓고 자유로이 날아다니며, 사조장 바닥에 오물이 나타나지 않는다면 반대할 까닭은 없겠다.

이렇게 하여 나는 왕궁의 정원 모형을 제시했다. 때로는 원칙을 말하고 때로는 정원의 일반적인 윤곽을 그려냈다. 나는 이 정원을 설계하면서 비용은 전혀 고려하지 않았다. 그러나 대군주가 일꾼들의 주장을 마구 받아들이면서 기껏 몰취미한 정원을 만드는 데 퍼붓는 엄청난 비용에 견주어보면 아무것도 아닐 것이다. 때때로 조각된 입상 따위를 세우면서 웅장하고 찬란하게 꾸미려고 애쓰지만 정원의 참된 기쁨을 살리지 못하는 수가 많은 것이다.

# 협상

    일반적으로 편지보다 직접 말로 교섭하는 것이 낫고, 자기 자신이 나서는 것보다 제삼자의 중개로 교섭하는 편이 훨씬 낫다. 편지가 좋은 경우는 회신을 편지로 받아두고자 할 때, 나중에 편지를 꺼내 들고 자신을 정당화하는 구실로 삼고자 할 때, 혹은 이야기로 하면 단편적으로 되거나 방해를 받을 위험이 있을 때 등이다. 직접 교섭하는 것이 좋은 경우는 미천한 사람이 흔히 그러하듯 마음속 생각이 얼굴에 잘 드러나는 사람을 대할 때, 까다로운 이야기지만 말하는 상대방의 표정을 보면 어느 정도까지 나아갈 수 있을까 짐작할 수 있을 때, 또 일반적으로 자유로이 말하고 말한 것을 취소하기도 하여 자기 입장을 분명히 하고자 할 때 등이다. 중개인은 맡긴 일의 결과를 충실히 보고할 사람을 쓰는 것이 좋다. 교활한 사람은 남의 일을 가지고 자신의 면목을 세우려 하고, 주인을 기쁘게 하려고 사실보다 좋게 윤색하여 보고하려 들 것이다. 부과된 일에 적성이 맞는 사람을 쓰면 일은 크게 활기를 띨 것이다. 또한 일을 잘 감당할 사람을 쓰도록 한다. 예를 들면 대담한 자는 항의할 경우에, 말솜씨가 좋은 자는 설득할 경우에, 영리한 자는 조사하고 관찰할 경우에, 고집이 센 자는 잘 안 되는 일에 기용한다. 또 지금까지 운이 좋아서 시키는 일마다 좋은 성과를 거둔 사람을 쓰는 것이 좋다. 자신감을 가지고 있을 뿐만 아니라 자신의 명성을 계속 유지하려고 애쓸 것이기 때문이다.

당돌한 질문을 던져 상대방을 놀라게 할 의도가 아니라면, 처음부터 문제의 핵심에 부닥치는 것보다 교섭 상대의 의중을 두드리며 우회하는 것이 좋다. 부족함이 없이 만족을 느끼는 사람보다 무엇인가 결핍을 느끼는 사람과 교섭하기가 쉽다. 서로 어떤 조건을 전제로 하고 교섭을 할 때는, 나의 일을 먼저 시작하거나 먼저 끝내 달라고 상대방을 설득하는 방법이 무엇이냐가 큰 문제다. 내 일을 먼저 하고 나면 틀림없이 내가 자기 일을 해주지 않을 것이라고 생각할 것이다. 오로지 일의 순리상 나의 일을 먼저 할 수밖에 없다든가, 이번 일이 끝나도 다음에 상대방의 도움이 필요하다고 설득하든가, 그게 아니라면 틀림없는 사람이라는 평판이라도 나 있어야 상대방은 믿어줄 것이다. 모든 협상은 무엇인가 드러내거나 무엇인가 이루게 한다. 사람들은 상대방을 믿거나, 감정이 격하거나, 방심하거나, 꿍꿍이속을 가지고 있으면서 좋은 핑계가 떠오르지 않을 때 불가피하게 자신의 속셈을 드러낸다. 남에게 영향력을 행사하고 싶으면 상대방의 성격과 습관을 알아서 유도하거나, 상대방의 목적을 알아서 설득하거나, 상대방의 약점과 허점을 파악하여 겁을 주거나, 상대방에게 영향력이 큰 사람을 알아서 지배해야 한다. 교활한 자와 교섭할 때는 언제나 상대방의 속셈을 생각하고 말뜻을 해석해야 한다. 또 교활한 자에게는 말을 적게 하고, 가끔 상대방이 전혀 기대하지 않은 말을 던져보는 것이 좋다. 어려운 협상에서는 씨를 뿌린 후 바로 거두어들이기를 기대할 수 없다. 일을 잘 준비하여 차츰차츰 익어가도록 해야 한다.

# 추종자와 친구

비용이 많이 드는 추종자는 하나도 좋을 것이 없다. 따르는 사람이 많아 꼬리가 길어지면 날개는 짧아지는 법이다. 비용이 많이 든다 함은 돈을 많이 쓰게 하는 자뿐만 아니라 탄원을 올리면서 귀찮게 굴고 졸라대는 자를 가리킨다. 일반 추종자는 배려, 천거, 피해로부터의 보호 이상의 것을 요구해서는 안 된다. 분파적인 추종자는 더욱 나쁘다. 그들은 섬기는 사람에 대한 애정이 있어서가 아니라, 다른 사람에 대한 불만 때문에 따르는 것이다. 우리가 종종 지체 높은 사람들 사이에서 보는 오해는 흔히 여기서 시작된다. 마찬가지로 나팔을 불듯 섬기는 사람을 찬양하는 허세 많은 추종자도 대단히 거추장스럽다. 비밀을 지킬 줄 모르므로 일을 망치기 때문이다. 또 섬기는 자의 영광을 외부로 실어내는 대신 시기심을 일으킨다. 진실로 위험한 추종자가 있으니, 다름 아닌 첩자다. 이들은 집안의 비밀을 탐문하여 그 내막을 다른 사람에게 전한다. 그럼에도 불구하고 그러한 자들이 극진한 총애를 받는 수가 허다함은 비위 맞추기에 능하고 저쪽의 내막도 곧잘 전해주기 때문이다.

지체 높은 사람이 자기와 같은 직업에 종사하는 자의 추종을 받는 것은 (예를 들어 군인이 전쟁을 위해 기용된 상관을 따르듯) 예로부터 온당한 일로 생각했다. 그러므로 시기심이 대단한 군주까지도 그 위세나 인기가 지나치지 않은 한 경쟁 상대가 추종자를 거느리는 것을 꺼리지 않았다. 가장 명예로운 추종은 온갖 사람들 가운데서 덕과 공이 있는 자를 발탁할 줄 아는 인물을 추종하는 것이다. 그러나 두드러지게 유능한 자가 없다면 약간의 능력을 가진 자보다 대체로 무난한 사람을 기용하는 것이 좋다. 그리고 허심탄회하게 말하자면, 천박한 세상에서는 덕망이 있는 자보다 활동적인 자가 더욱 쓸모가 크다 하겠다. 관리의 임용에는 같은 지위를 가진 사람들을 동등하게 기용하는 것이 물론 좋다. 어떤 사람만을 특별히 우대한다면 우대받는 자는 무례하게 될 것이요, 다른 자들은 자신도 같은 자격을 갖추고 있음을 생각하고 불만을 품게 된다. 그러나 은총의 경우라면 이와는 반대로 사람을 고르고 차별을 두는 것이 좋다. 그렇게 해야 총애를 받는 자는 더욱 감사할 것이요, 다른 사람들은 더욱 충성할 것이다. 받는 것은 오직 은총뿐이기 때문이다.

어떤 사람이든지 처음부터 지나치게 높이 사지 않는 것이 현명하다. 그 큰 부담을 끝까지 감당할 수 없기 때문이다. 한 사람의 의견에 좌우되는 것(흔히들 '좌우된다'고 한다)은 안전하지 않다. 이것은 우유부단하다는 표시며 추문과 혹평을 쉽게 불러들인다. 또한 면전에서 사람을 비난하거나 악평하지 못하는 자들도 그들에 대한 영향력이 큰 자신에 대한 말을 함부로 지껄임으로써 자신의 명예에 상처를 입힐 것이다. 그렇다고 많은 사람들의 의견에 우왕좌왕하는 것은 더욱 나쁘다. 항상 마음의 갈피를 잡지 못하고 이 말 저 말을 듣다가 제일 마지막 사람이 던진 우연한 충고에 따르는 식이 될 것이다. 소수의 친구의 충고를 받아들이는 것이 언제나 바람직하다. 관람자가 대체로 선수보다 더 잘 보는 법이요, 산을 가장 잘 드러내는 것은 계곡이기 때문이다. 옛사람들의 과장이 섞인 말이기는 하나, 세상에 우정은 별로 없으며 같은 지위를 가진 자 사이의 우정은 더욱 찾아보기 어렵다. 나의 행불행이 상대방의 행불행이 되는 관계인, 윗사람과 아랫사람 사이에서 우정을 찾아볼 수 있을 뿐이다.

# 청원

    옳지 못한 청탁을 떠맡아 사사로운 일이 공공의 이익을 해롭게 하는 수가 많다. 좋지 못한 사람이 선량한 청원을 받아들이는 수도 많다. 부패한 사람은 물론 교활한 자도 그러하며, 이들은 맡은 일을 실행하려는 의도가 전혀 없다. 어떤 사람은 전혀 애써볼 의향도 없는 청원을 받아놓고, 자기 아닌 누군가가 수고하여 그 일을 이루어낼 가망이라도 보이면 사례를 받을 사람으로 나서거나, 자기도 도움을 준 사람이라고 자처하거나, 적어도 일이 마무리되기까지 청원인의 희망을 이용하려 든다. 미운 갑의 길을 방해하려는 속셈으로 엉뚱한 을의 청원을 받아들이는 사람들도 있다. 이것은 달리 적당한 핑계가 없을 때 미운 자를 헐뜯을 좋은 구실이 되기도 한다. 혹은 많은 경우에 다른 사람의 청원을 빙자하여 자신의 관심사를 윗사람에게 제기하는 계기로 삼을 수 있다. 그러나 일단 자신의 속셈만 충족되고 나면 남의 청원쯤은 아랑곳다. 심지어는 적수나 경쟁자를 철저히 낙오시킬 기회를 마련코자 짐짓 그들의 청탁을 받아들이는 사람도 있다.

모든 청원에는 일종의 권리가 있다. 소송에 관한 청원이라면 공정을 요구할 권리가 있고, 탄원이라면 시비를 가릴 권리가 있다. 시비를 가릴 때 잘못한 쪽으로 마음이 기울어진다면 판단을 내리려 하지 말고 자신의 영향력을 행사하여 양자를 타협시키는 것이 좋다. 사람을 기용할 때 모자란 쪽으로 마음이 기울어진다면, 마음이 가는 자를 옹호해도 좋으나, 우수한 쪽을 모함하고 비방하는 일이 절대로 없어야 한다. 잘 이해할 수 없는 청원을 맡았을 때라면 명예롭게 일을 처리하도록 충고해줄 믿을 만하고 사리에 밝은 친구와 의논하는 것이 좋다. 그러나 친구 선택을 잘하여 기만당하지 않도록 한다. 청원자는 늑장과 속임수를 몹시 싫어한다. 그러므로 청원 받기를 처음에는 거절하고, 결과를 숨김없이 알려주며, 과분한 사례를 요구하지 않는 깨끗한 처신은, 명예는 물론 고마움을 산다.

직책이나 자리를 구하는 청원에서 제일 먼저 찾아온 자가 이득을 보게 해서는 안 된다. 만약 그가 다른 사람이라면 제공할 수 없는 정보를 가져왔다 하더라도 그 정보를 이용하려 들지 말고, 그 사람으로 하여금 구하는 것을 스스로의 방법으로 찾도록 두어 침범하지 않는 것이 좋다. 물론 그 사람의 공로는 적당히 보상한다. 먼저 온 자에 대한 신뢰는 이 정도의 배려로 충분한 것이다. 청원인에게 얻어준 자리가 중요한 직책인 줄을 모르고 있었다는 변명은 용납될 수 없다. 마찬가지로 두 청원자 중에서 정당한 쪽의 권리를 무시하여버리는 처사는 양심이 없다는 증거라 하겠다.

　청원을 할 때 비밀을 유지하는 것이 구하는 바를 얻는 좋은 방책이다. 일이 잘 되어간다고 공표하면 실망하는 청원인도 있겠으나 자극을 받아 분발하는 청원인도 있는 법이다. 그러나 가장 중요한 것은 적절한 시기에 청원하는 것이다. 시기가 적절하려면 청원을 허락하는 사람의 기분도 기분이려니와 이를 반대할 사람이 주위에 없어야 한다. 알선인을 고를 경우에는 권세 있는 사람보다 능력 있는 사람을, 무엇이나 손을 대는 사람보다 몇몇 특정한 일만을 맡는 사람을 선택하는 것이 좋다. 거절당하더라도 실망하거나 불평하지 않으면, 때때로 한 번 청하여 뜻을 이룬 것과 똑같은 보상을 받게 된다. "적당히 얻으려면 과분하게 요구하라"는 말이 있다. 든든한 호의를 받는 자에게는 좋은 지침이다. 그러나 그렇지 못한 청원자는 작은 것부터 요구하여 큰 것으로 나아감이 좋다. 청원인 한 사람을 잃더라도 처음부터 잘라 거절할 수 있는 사람은 애당초 그러지 않았다면 나중에 사람과 교분을 한꺼번에 잃을 짓은 하지 않을 것이기 때문이다.

　지체 높은 사람에게 추천서를 의뢰하는 것만큼 손쉬운 일도 없다 한다. 그러나 그 용도가 적당하지 않으면 그 사람의 명망에 큰 손상을 입힌다. 청탁이라면 무엇이나 떠맡는 사람들만큼 해로운 족속은 없다. 왜냐하면 이들이야말로 나라의 공무를 집행하는 데에 일종의 독물이요, 병균이기 때문이다.

# 학문

　학문은 기쁨과 장식(裝飾)과 능력을 준다. 기쁨은 주로 홀로 있거나 공직에서 물러났을 때 나타나고, 장식은 주로 이야기할 때 나타나며, 능력은 주로 문제를 판단하고 처리할 때 나타난다. 경험이 많은 사람도 실천 능력이 있고 개별적인 문제를 하나하나 판단할 줄도 알 것이나, 일반적인 상의와 계획과 설계는 배움이 있는 사람에게서 가장 훌륭한 것이 나온다. 학문에 들이는 시간이 지나친 것은 게으름이다. 말을 장식함에 있어 활용하는 학식이 지나친 것은 허식이다. 사리를 판단함에 있어 오로지 학식에만 의존함은 학자의 버릇이다. 학문은 성품을 완성하고 경험은 학문을 완성한다. 본디 성품은 자연 속의 초목과 같으므로 학문으로 곁가지를 잘라야 하며, 학문이 스스로 나아가는 길은 너무나 막연하므로 경험으로 한계를 지어야 한다. 영리한 사람은 학문을 경멸하고, 단순한 사람은 학문을 숭배하며, 현명한 사람은 학문을 활용한다. 학문은 그 쓸모를 자신의 입으로 말하지 않는다. 학문의 지혜는 밖으로부터, 위로부터, 관찰로부터 얻어진다.

책을 읽는 것은 반박하고 논박하려고도 아니요, 쓰인 대로 믿고 당연한 것으로 받아들이려 함도 아니요, 화젯거리나 이야깃거리를 찾아내려는 것도 아니다. 오직 분별심을 키우고 사려를 깊게 하기 위함이다. 어떤 책은 맛만 보면 되고, 어떤 책은 삼켜야 한다. 더러는 잘 씹어서 소화시켜야 할 책도 있다. 즉, 어떤 책은 일부분만 읽으면 되고, 어떤 책은 전부 읽되 주의 깊게 읽을 필요가 없으나, 몇몇 책은 끝까지 열심히 정성 들여 읽어야 한다. 또한 어떤 책은 남으로 하여금 대리로 읽게 하여 발췌문을 만들게 할 수도 있다. 그러나 이 방법은 책의 내용이 중요하지 않거나 저속한 경우에만 이용해야 한다. 발췌하여 읽은 책은 증류한 물처럼 맛이 없는 법이다. 독서는 사람을 가득 차게 하고, 대화는 사람을 통하게 하며, 저술은 사람을 정확하게 한다. 그러므로 글을 별로 쓰지 않는다면 그 대신 기억력이 좋아야 하고, 대화를 별로 하지 않는다면 그 대신 거침없는 지혜를 가져야 하며, 책을 별로 읽지 않는다면 그 대신 꾀라도 많아서 모르고도 아는 체를 할 수 있어야 한다.

역사는 사람을 슬기롭게 하고, 시는 상상력을 풍부하게 하고, 수학은 정밀하게 하고, 자연철학은 심오하게 하고, 윤리학은 중후하게 하고, 논리학과 수사학은 논쟁에 능하게 한다. "학문이 성품 속으로 찾아든다"고 했다. 진실로 적절한 학문으로 제거할 수 없는 마음의 장애나 곤란은 없는 법이다. 이것은 마치 육체의 질병을 적당한 운동으로 고칠 수 있는 것과 같다. 예컨대 공굴리기는 담낭과 신장에 좋으며, 활쏘기는 폐와 가슴에, 한가한 산보는 위에, 승마는 머리에 좋은 법이다. 그러므로 만약 정신이 산만하다면 수학을 배우라. 증명을 하다가 조금이라도 정신이 흩어지면 다시 시작해야 하는 것이 수학이다. 만약 차이점을 찾아내고 분간하는 힘이 없다면 스콜라 철인들을 공부하라. 그들은 '머리칼이라도 쪼갤 사람들'이다. 만약 어떤 문제를 철저히 검토하는 능력과 여러 가지 사실을 모아 한 가지를 입증하고 증명하는 능력이 없다면 법관의 판례를 공부하라. 이처럼 정신적인 결함에도 제각기 특별한 처방이 있는 법이다.

# 파벌

　각 파벌의 이해 관계를 염두에 두고 군주는 나라를 통치하고, 지위 높은 사람은 직무를 통괄하는 것이 정책의 제일 중요한 일면이라고 현명치 못한 생각을 하는 사람이 많다. 그러나 제일 중요한 지혜란 도리어 각기 다른 파벌에 속한 사람들이 서로 다른 입장에도 불구하고 의견을 같이하는 공통된 관심사를 다루고자 하거나, 각자에게 알맞은 방법으로 개별적인 접촉을 함에 있다. 그렇다고 파벌에 대한 고려를 무시하여도 좋다는 말은 아니다. 신분이 낮은 자는 입신하려면 어딘가에 붙어야 한다. 이미 권력을 가진 지체 높은 자라면 불편부당하고 중립적인 자세를 견지함이 좋다. 그러나 비록 처음으로 입신의 길에 들어선 초년생이라고 할지라도, 어느 한 파벌에 속하면서도 파벌성이 지나치지 않아서 다른 파벌 사람들에게도 나쁜 인상을 주지 않는 것이 대체로 최선의 길이다.

파벌은 낮고 약할수록 그 결합이 단단하다. 소수의 강경파가 다수의 온건파를 곤혹하게 하는 수도 드물지 않다. 어느 한 파벌이 소멸하면 남은 파벌이 분열한다. 예컨대 루쿨루스와 그 외의 원로원 귀족들(귀족당이라고 불리었음)은 하나의 파벌로서 폼페이와 카이사르의 파벌에 얼마 동안 대항하였다. 그러나 원로원의 권위가 허물어지자 카이사르와 폼페이도 뒤이어 갈라졌다. 안토니우스와 옥타비아누스의 파벌 혹은 당파도 이와 비슷하게 브루투스와 카시우스에 대항하여 얼마간 버티었으나, 브루투스와 카시우스가 거꾸러지자 안토니우스와 옥타비아누스 사이도 잇따라 갈라지고 분열되었다. 이러한 예는 전쟁에 관한 것이지만, 개인적인 파벌도 마찬가지다. 그러므로 파벌이 분열하면 그 파벌의 하위자가 우두머리로 등장하는 수가 많다. 그러나 이들은 무능함이 드러나면서 축출되는 수도 빈번하다. 많은 사람들이 반대에는 훌륭히 힘을 쓰나, 일단 반대하는 대상이 없어지면 쓸모없어지기 때문이다.

사람이 일단 원하던 지위에 오르면 자신이 발을 들여놓았던 파벌과 대립하는 파벌을 편드는 수가 허다하다. 필시 최초의 지위는 확보되었으므로 이제는 새로운 동지를 찾아 나서도 된다고 생각하는 것이리라. 파벌상의 배신자는 쉽사리 각광을 받는다. 어떤 문제를 두고 오랫동안 팽팽히 대립하는 경우, 어느 한 사람을 끌어들이는 것이 문제를 결말지으므로 그 사람은 모든 자들로부터 감사를 받게 되는 것이다.

양 파벌 사이에서 중립적 태도를 가진다고 반드시 견해가 온건한 것은 아니다. 양편을 모두 이용하여 자신의 이익을 도모하려는 속셈일 수 있다. 예컨대 교황이 종종 '만민의 아버지'라고 자처하지만 이탈리아 사람들은 이를 약간 수상쩍게 본다. 자기 집이 큰 것을 알아주기를 획책하는 의도로 생각하는 것이다. 국왕은 스스로 어느 일당 일파에 기울어지고 있지 않나 경계하여야 한다. 국가 내부의 붕당은 군주 제도에 언제나 해롭기 때문이다. 곧, 이들 붕당은 군주에 대한 의무에 앞서는 의무를 제고(提高)함으로써, 결국은 국왕마저 '우리 가운데 한 사람'으로 전락하기 때문이다. 프랑스의 신성 연맹*이 그 좋은 예다.

파벌이 지나치게 고조되고 격렬해짐은 왕권이 약화되는 조짐이다. 이로써 군주의 권위나 나라의 일이 큰 해를 입을 것이다. 위로 국왕을 둔 각 파벌의 움직임은 마땅히 (천문학자의 말을 빌리면) 하위 천체의 운행과 같은 것이어야 한다. 자기 나름의 움직임이 없지는 않으나 상위의 제1 천체의 운행에 따라 또한 조용히 움직이는 것이 하위 천체다.\*\*

---

\*   구교를 옹호하려고 기즈 공이 1576년 조직했다. 74쪽의 주 참조.
\*\*  74쪽의 주 참조.

## 격식과 예절

사람의 진가는 훌륭한 예절로 장식되어야 한다. 장식이 없는 보석은 보석 자체가 훌륭하여야 한다. 그러나 주의 깊게 살펴보면 사람들의 칭찬과 찬사는 소득이나 이득의 경우와 마찬가지다. 곧 "푼푼 모여 한 재산"이란 속담대로, 큰 이득은 드물게 찾아오지만 적은 소득은 자주 오기 때문이다. 그러므로 사소한 일은 늘 활용되고 남의 눈에 띄는 까닭에 큰 찬사를 가져오나, 대단한 품위를 발휘할 기회는 기껏 큰 잔치라도 벌어져야 찾아온다. 그렇다면 훌륭한 예절을 갖추는 것이야말로 (이사벨 여왕*의 말처럼) 항구적인 추천서와 같은 것으로 사람의 평판을 드높여준다.

예절을 익히는 길은 예절을 경멸하지 않는 것만으로도 충분하

---

\* 카스티야(스페인)의 여왕(1474~1504년 재위).

다. 그렇게 함으로써 남의 예절을 살펴볼 수 있다. 나머지는 스스로를 믿어 맡겨도 된다. 예절을 드러내고자 지나치게 힘을 들이면 자연스럽고 꾸밈없어야 할 품위에 큰 손상이 오는 까닭이다. 어떤 사람의 행동은 한마디 한마디를 운에 맞춘 정형시와도 같다. 사소한 예절에 지나치게 마음을 쓰는 사람이 어찌 큰일을 감당할 수 있겠는가?

격식을 전혀 차리지 않는 것은 남에게도 격식을 차리지 않도록 가르치는 셈이 된다. 이것은 자신에 대한 존경심을 감소시킨다. 특히 낯선 사람이나 깐깐한 사람에게는 격식을 생략하여서는 안 된다. 그러나 격식에 너무 집착하거나 이를 하늘 꼭대기까지 끌어올리는 짓은 지겨울뿐더러, 말하는 사람의 성실성과 신뢰감을 깎아내린다. 그러나 인사말 중에서도 유독 쓸모가 많아서 적시에 사용하기만 하면 효과적이고 감명 깊은 말씨가 되는 것도 있다. 자신의 동배(同輩) 사이에서는 미리부터 친근감이 있는 법이다. 그러므로 어느 정도 점잖게 대하는 것이 좋다. 자신의 하급자 사이에서는 미리부터 경외감이 있는 법이다. 그러므로 어느 정도 친근하게 대하는 것이 좋다.

어떤 일이든지 지나쳐서 상대방에게 염증을 느끼게 하는 짓은 자신의 값어치를 떨어뜨리는 짓이다. 자신을 남에게 맞추려는 것은 좋으나, 그것이 상대방에 대한 존경심 때문이지 자신의 성품이 유순해서가 아님을 보여주도록 한다. 상대방에게 찬동할 때는 자신의 견해를 약간 덧붙이는 것이 대체로 좋다. 예컨대 만일 상대방의 의견을 받아들인다면 약간의 수정을 가하라. 만일 상대방의 제

안에 따른다면 약간의 조건을 내세우라. 만일 상대방의 충고에 찬동한다면 그 이상의 이유를 붙이라.

인사치레가 지나치지 않은가 경계하여야 한다. 그러한 경우에는 다른 면에서 아무리 유능할지라도 시기하는 자들이 틀림없이 아첨꾼이라고 지탄함으로써, 자신이 지닌 더 큰 미덕을 해칠 것이기 때문이다. 예절을 빈틈없이 차리고 시기와 기회를 살피느라고 지나치게 부심하면 세상일에도 손해다. 솔로몬은 "풍세를 살펴보는 자는 파종하지 아니할 것이요, 구름을 바라보는 자는 거두지 아니하리라"*고 말하였다. 현명한 사람은 기회를 찾기보다 기회를 만드는 법이다. 사람의 행동은 입고 있는 옷과 같아야 한다. 지나치게 솔거나 번거롭지 말아야 하며, 거동하고 움직이기에 불편이 없어야 한다.

---

* 《전도서》 11장 4절.

# 칭찬

　칭찬은 인품의 반영이다. 그러나 그것은 빛을 반사하는 유리나 물체와 흡사하다. 만일 일반 평민에게서 오는 칭찬이라면 그것은 대체로 거짓되고 값없는 것이요, 이러한 칭찬은 인품이 있는 사람보다도 허망한 자에게로 쏠린다. 일반 평민은 탁월한 인품이 어떤 것인가를 이해하지 못하기 때문이다. 가장 저급한 덕이 평민의 찬사를 받는다. 중급의 덕은 놀라움과 찬탄을 자아낸다. 그러나 가장 고급한 덕에 대해서는 이를 알아볼 눈조차 그들에게는 아예 없다. 일반 평민에게 가장 잘 통하는 것은 외관이요, '덕을 닮은 겉치레'다. 명성은 강물과 같아 가볍고 부푼 것은 뜨게 하고, 무겁고 꽉 찬 것은 가라앉게 한다. 그러나 만일 인품과 판단력을 겸비한 사람들이 입을 모아 칭송한다면 이는 성경 말씀대로 "향기 높은 향유와 같은 훌륭한 명망"이다. 이러한 명망은 주위를 온통 향기로 채우며 쉽사리 사라지지 않는다. 향유의 향기가 꽃의 향기보다 오래가는 까닭이다.

칭찬을 받을 자격이 없는 자가 칭찬을 받는 수가 허다함을 감안할 때, 세인의 찬사에 의혹을 품는 것은 오히려 당연하다. 어떤 칭찬은 단순한 아첨에서 나온다. 평범한 아첨꾼은 입에 발린 말을 한 줌 마련하여 누구의 비위라도 맞출 수 있다. 꾀바른 아첨꾼은 최고의 아첨자인 상대방 자신의 마음이 되어, 상대방이 제 자신에 대해 가장 높이 생각하는 점을 들어 치켜세운다. 그러나 뻔뻔스러운 아첨꾼이라면 상대방이 자신의 가장 큰 결점이요 수치라고 생각하고 있는 점을 들어 무리하게, '양심을 비웃어가며' 훌륭하다고 강변할 것이다.

어떤 칭찬은 호의와 경의에서 나온다. 그것은 군주와 대신에 대한 당연한 예의요, '칭찬으로 가르치는' 방법이다. 곧, 여차여차하다고 말함으로써 여차여차하여야 한다는 것을 암시하는 것이다.

어떤 칭찬은 악의에 찬 것이어서 오히려 해가 되는 수도 있다. 곧, 그 칭찬으로 말미암아 시기와 질투를 불러일으키는 것이다. "칭찬하는 자가 최대의 적"*인 법이다. 그리스 사람에게는 "들어 해되는 칭찬을 받으면 코에 여드름이 돋는다"**는 속담이 있고, 우리에게는 "거짓말하면 혓바늘이 돋는다"는 말이 있다. 물론 적절한

---

\* 타키투스가 베스파시아누스 황제 치하에서 브리튼의 총독을 지낸 아그리콜라를 가리켜 한 말.
\*\* 기원전 3세기의 그리스 시인 테오크리토스의 시구.

베이컨 수필집   247

시기에 과하지 않고 속되지 않게 하는 칭찬은 좋은 결과를 낳는다. 솔로몬은 "이른 아침에 큰소리로 그 이웃을 축복하면 도리어 저주같이 여기게 되리라"*고 하였다. 사람이나 일을 지나치게 부풀리면 반감을 불러일으키고 시기와 경멸을 가져온다.

자기 자신을 칭찬하는 짓은, 그렇지 않은 경우도 드물게 있으나 대개 좋은 꼴이 못 된다. 그러나 자신의 직무나 직업에 대한 칭찬은 품위와 도량을 잃지 않고 해낼 수 있다. 로마의 추기경들은 신학자요, 수도사요, 스콜라 철인인지라 세속의 일에 대한 태도가 몹시 경멸적이다. 그래서 그들은 전쟁, 외교, 사법 따위의 세속적인 국무를 하급 관직이란 뜻의 수비레리(sbirrerie)라 일컫는다. 실제로는 이러한 하급 직무가 그들의 고고한 사색보다 이로운 수가 많은데도 이것을 기껏 하급자의 할 일인 것처럼 생각하는 것이다. 사도 바울이 자기 자랑을 할 때는, "내가 정신 없는 말을 하거니와……"라는 말을 곧잘 했다.** 그러나 자신의 소명에 대해서는 이렇게 말하고 있다. "내가 내 직분을 영광스럽게 여기노라."***

---

\*　《잠언》 27장 14절.
\*\*　《고린도 후서》 11장 23절.
\*\*\*　《로마서》 11장 13절.

# 허세

 이솝 우화에 대단히 재치 있는 구절이 있다. 파리가 전차의 굴대에 앉아서 하는 말이 "내가 일으키는 이 먼지를 보라!"고 하는 것이다. 이와 마찬가지로 무엇이든지 저절로 움직이거나 어떤 큰 힘으로 움직이는 일에 자신이 조금이라도 관여하고 있기만 하면, 이를 움직이는 것이 자신이라고 생각하는 허망한 사람들이 있다. 허세가 심한 사람은 반드시 파쟁도 심하다. 모든 자만심은 남과의 비교를 바탕에 두기 때문이다. 그들은 자신의 자랑거리를 입증하기 위하여 격렬한 행동을 하게 마련이다. 그들은 또 비밀을 간직할 수 없으며, 따라서 일을 이룰 수 없다. 그러므로 프랑스의 속담에 "소란이 크면 결실이 적다"고 했다.
 그렇지만 정치적인 문제에 이르면 바로 이러한 자질이 쓸모를 가질 수 있다. 덕망이나 능력에 관한 여론과 명망의 형성 과정에서 이러한 사람들은 훌륭한 나팔수가 된다. 그리고 티투스 리비우스가 안티오쿠스와 아에톨리아\*인을 예로 들어 말했듯이 "쌍방에 한꺼번에 거짓말을 하여 큰 효험을 보는 수도 있는 것"이다. 예컨대 두 군주와 교섭하여 제삼자와의 전쟁에 끌어들이고자 할 때 어느 한쪽의 군사력을 다른 쪽에서 과찬하는 것이다. 또 때로는 사람과 사람 사이에서 거래하는 경우 자기가 어느 일방에 대해 가지고 있는 영향력을 실제보다 짐짓 부풀림으로써 쌍방에 대한 신용도를 높인다. 이렇게 하여, 아니면 이와 비슷한 방식으로 무(無)로부터 무엇인가가 생겨나는 수가 종종 있다. 거짓말이 능히 평판을 낳을 수 있고, 평판이 능히 실질(實質)을 가져오는 까닭이다.

군대의 지휘관이나 병사에게 허세는 지극히 중요하다. 쇠로 쇠를 벼리듯 자만심을 통하여 한 가지 용기가 다른 용기를 벼리는 것이다. 비용과 위험이 큰 사업의 경우 허세와 자만심이 활력이 되지만, 착실하고 온당한 성격은 돛의 역할보다 바닥짐의 역할을 한다. 학문적 명성도 어느 정도 과시의 날개가 없으면 그 비상이 늦을 것이다. "명예를 경멸한다고 책에 쓰는 자도 자신의 이름은 책에 올린다"\*\*고 했다. 소크라테스, 아리스토텔레스, 갈레노스\*\*\* 등은 모두 과시욕이 큰 사람이었다. 확실히 허세는 사람의 기억이 오래가도록 한다. 그러나 덕망은 스스로 빛을 내는 것이지 인간 본성의 혜

---

\*   안티오쿠스는 기원전 2세기의 시리아 왕. 아에톨리아는 그리스의 한 부족.
\*\*  키케로의 말.
\*\*\* 기원후 2세기경 그리스의 의사로 의학에 관한 저술을 남겼다.

택을 받은 것이 아니다. 키케로, 세네카, 플리니우스 세쿤두스\*의 명성이 오래오래 지속된 것도 천장을 빛나게 할뿐더러 오래가게 해주는 바니시 칠처럼 자기 안에 자만심이 들어 있었기 때문이다.

허세에 대하여 이런 투로 이야기해보았으나, 그렇다고 타키투스가 무키아누스에게 있다고 말한 자질을 염두에 둔 것은 아니다. "모든 그의 언행에서 그는 자신에게 이로움이 오도록 내뵈는 기술을 가졌다"라고 타키투스는 기록했다. 이것은 자만심에서 나오는 것이 아니라 타고난 아량과 분별심에서 나오는 것이요, 사람에 따라서는 어울림에 그치지 않고 우아하기도 하다. 변명이나 양보나 겸양 따위가 지나치지만 않다면 자기 과시의 기술이 된다. 이러한 기술 가운데 스스로 자신하는 장점을 남에게서 찾아 아낌없이 칭찬하고 천거하라는 플리니우스 세쿤두스의 말을 능가할 것은 없다. "타인을 칭송하는 것은 네 자신에게도 이롭다. 네가 칭송하는 사람은 그 점에서 너보다 낫거나 못하거나 어느 한쪽이다. 만약 그가 너만 못한데도 칭송할 만하다면 너는 훨씬 훌륭한 사람이 되며, 만약 그가 너보다 나은데도 칭송을 듣지 못한다면 너의 경우는 말할 나위도 없다." 플리니우스의 말은 대단히 영특한 것이었다.

허세 부리는 사람은 현명한 사람의 비웃음을 사며, 어리석은 자의 칭송을 받으며, 기생적인 자의 우상이 되며, 스스로 자만심의 노예가 된다.

---

\*   로마의 집정관(62~113년).

## 명예와 명성

　명예를 얻는다 함은 자신의 덕성과 값어치를 손해 없이 드러냄을 말한다. 어떤 사람은 자신의 행동에서 명예와 명성을 좇고 노린다. 그러한 부류의 사람들은 남의 입에 자주 오르내리나 속으로부터의 칭송이 적다. 이와는 반대로 어떤 사람은 자신의 값어치가 드러나지 않도록 덮는다. 따라서 그들은 정당한 평가를 못 받게 된다. 만약 일찍이 아무도 시도하지 않은 일이나, 혹은 시도하였더라도 중단된 일이나, 이루어졌다 하더라도 결말이 신통치 않았던 일을 해내면 일의 어려움이나 값어치는 훨씬 크더라도, 자신의 위치가 추종자에 지나지 않을 일을 이루었을 때보다 많은 명예를 얻을 것이다. 만약 자신의 행동거지를 잘 배합하여 모든 파벌, 모든 편을 흡족하게 한다면 칭찬의 합창 소리는 더 크게 충만할 것이다.

　성공했을 때의 명예보다 실패했을 때의 치욕이 큰 일에 뛰어드는 사람은 명예를 잘 관리하는 사람이 못 된다. 남이 실패한 것을 성취시켜 얻는 명예는 다면체로 깎은 금강석처럼 더할 나위 없이 눈부신 빛을 낸다. 그러므로 명예에 있어 경쟁자를 능가하려면 될 수 있는 대로 상대방의 화살로 상대방보다 멀리 쏘도록 노력해야 한다. 분별심이 있는 추종자나 하인은 명성을 얻는 데 큰 도움이 된다. "모든 명성은 가솔에게서 나온다"*고 한다. 명예의 암(癌)인 질투를 없애는 최선의 방책은 자신의 목표가 명성의 추구가 아니라 정당한 공적임을 밝히고, 성공을 자신의 능력이나 책략에 돌리지 말고 신의 섭리와 행운에 돌리는 것이다.

국왕의 명예는 다음과 같은 순서로 그 서열을 정할 수 있다. 제1위는 '국가의 창업자', 곧 왕국이나 공화국을 창건한 자들이다. 로물루스, 키루스, 카이사르, 오토만, 이스마엘** 등이 그러한 인물이다. 제2위는 '입법자'로서 제2의 창건자, 혹은 '영원한 통치자'라고도 불린다. 왜냐하면 그들은 죽은 후에도 자신이 만든 법률로 통치하기 때문이다. 리쿠르고스, 솔론, 유스티니아누스, 에드가,《칠부법전(七部法典)》을 만든 카스티야의 현왕(賢王) 알폰소*** 등이 그

---

\* 키케로의 말.
\*\* 로물루스는 로마를, 키루스는 기원전 6세기에 페르시아 제국을, 카이사르는 진정한 의미의 로마 제국을, 오토만은 13세기에 오토만 제국을 세웠다. 이스마엘은 208쪽의 주 참조.
\*\*\* 리쿠르고스는 기원전 8세기 스파르타의 입법자. 솔론은 기원전 6세기의 아테네의 입법자. 유스티니아누스는 기원후 6세기 로마 황제로서 로마법을 간소화했다. 에드가는 10세기 영국 왕. 알폰소는 13세기 카스티야 왕으로 유명한《칠부법전》을 편찬했다.

러한 인물이다. 제3위는 '해방자', 또는 '구원자'로서 오랜 비참한 내란을 평정하거나, 이방인이나 폭군의 예속에서 나라를 구출한 자들이다. 아우구스투스 카이사르, 베스파시아누스, 아우렐리아누스, 테오도리쿠스, 영국 왕 헨리 7세, 프랑스 왕 앙리 4세* 등이 그러한 인물이다. 제4위는 '제국의 확장자', 또는 '방위자'로서 명예로운 전쟁으로 영토를 확장하거나 고귀한 방어로 침략자를 물리치는 자들이다. 마지막 자리는 '나라의 어버이'**로서 바른 정치를 펴고 그가 살고 있는 시대를 행복하게 하는 자들이다. 이 마지막 두 가지 경우는 그 사례가 무척 많으므로 실례를 들 필요가 없겠다.

신하의 명예 등급 중 첫째는 국왕이 중차대한 국사를 떼어 맡기는, 소위 '왕과 걱정을 함께하는 자'다. 우리는 이를 가리켜 왕의 '오른팔'이라 한다. 둘째는 '전쟁의 지도자', 곧 위대한 사령관으로서 왕을 대신하여 전쟁에 나가 혁혁한 공훈을 세우는 자들이다. 세 번째는 '총신'으로서, 국왕에게는 위안이면서도 인민에게는 해를 끼치지 않는 한계를 벗어나지 않는 자들이다. 넷째는 '직무 능력자'로서 국왕 밑에서 요직을 맡아 직무를 유능하게 수행하는 자들이다. 이와 마찬가지로 최고의 자리를 차지하여야 마땅한 명예가 한 가지 있으니, 그것은 조국을 위하여 자신을 희생하고 죽음이나 위험

---

\* 베스파시아누스는 네로 황제가 죽은 후의 황제위 찬탈전을 종식시켰다. 테오도리쿠스는 5세기에 이탈리아를 외침에서 구했다. 헨리 7세는 장미 전쟁을, 앙리 4세는 구교도와 신교도 사이의 내분을 종식시켰다.

\*\* 로마인들은 나라에 공훈이 큰 시민에게 '나라의 어버이(patres patriae)'란 칭호를 부여했다.

에 뛰어드는 것이다. 흔히 볼 수 없는 일이나, 레굴루스나 데키우스 부자(父子)* 같은 인물이 있다.

---

* 레굴루스는 제1차 포에니 전쟁 당시 로마 측 사령관으로, 포로의 몸으로 로마에 이로움을 주고 카르타고에서 죽음을 당했다. 데키우스 부자는 기원전 4세기 초 혹은 기원전 3세기 말경 라틴족과 로마족 사이의 전쟁에서 장렬히 전사했다.

# 사법

　재판관은 자신의 직무가 '법의 해석'이지 '법의 제정'이 아님을 명심하여야 한다. 그러지 않으면, 성서를 해석한다는 구실로 서슴없이 덧붙이고 바꾸며, 없는 것을 독단하고 옛것을 가장하여 새로운 것을 꾸며내는 로마의 교회가 주장하는 권위와 다를 바 없을 것이다. 재판관은 재치보다 학식이 많아야 하고, 인기보다 존경을 받아야 하며, 자신감보다 신중함이 앞서야 한다. 무엇보다도 청렴결백은 법관 본연의 분수이며 미덕이다. 유대 율법에 "경계표(境界標)를 옮기는 자에게 저주 있으리라"고 되어 있다. 경계표석을 잘못 세우는 것은 잘못이다. 그러나 부당한 법관이야말로 경계표를 옮겨놓는 주모자다. 그때 그는 토지와 재산에 대한 그릇된 판결을 내리는 것이다. 한 가지 부당한 판결은 여러 가지 부당한 사례보다 더욱 큰 해를 끼친다. 후자는 오직 내(川)를 흐리게 하나 전자는 수원(水源)을 어지럽히는 까닭이다. 그러므로 솔로몬은 "의로운 자가 악한 자 앞에 무릎을 꿇는 것은 샘물을 흐리게 하는 것이요, 근원을 혼탁케 하는 것이다"라고 하였다. 법관의 직무는 소송하는 당사자에게, 변론하는 변호사에게, 법원의 서기나 조수 같은 아랫사람에게, 또 위로 국왕이나 국가에 대하여 큰 의미를 가진다.

먼저 사건이나 소송 당사자에 대해서 살펴보자. 성경 말씀에 "재판을 쓴바귀 맛으로 만드는 자가 있다"고 했다. 또 재판을 식초 맛으로 만드는 자들도 있을 것이다. 판결이 부당하면 노엽기가 쓴바귀 같고, 판결이 지연되면 짜증스럽기가 식초 같은 법이다. 법관의 주요한 임무는 폭력과 사기를 억눌러 막는 것이다. 폭력은 공공연할 때 크게 해로우며, 사기는 비밀스럽고 위장하고 있을 때 크게 해롭다. 이 밖에도 소송을 위한 소송이 있는데 이는 법정의 과식과 같은 것이므로 토해내야 한다. 하나님이 골짜기를 돋우고 산을 낮추어서 당신의 길을 마련하는 것처럼*, 법관도 올바른 판결에 이르는 길을 마련하지 않으면 안 된다. 그리하여 어느 한쪽에 위압, 과격한 기소, 교활한 술책, 결탁, 배후의 권력, 유력한 변호 등이 나타날 때 불평등을 평등하게 하여주는 법관의 역량이 발휘된다. 그는 곧 평탄한 땅에 나무를 심듯 판결을 내리는 것이다. "코를 세게 풀면 피가 난다"고 했다. 또 포도주 짜는 기계를 너무 세게 누르면 포도 씨의 맛이 도는 저질의 포도주가 된다. 재판관은 가혹한 해석이나 억지 추단을 경계하여야 한다. 법률에 의한 고문보다도 더 끔찍한 고

---

\* 《이사야》 40장 4절 참조.

문은 없는 까닭이다. 특히 형사법의 경우는 경고를 목적으로 한 법률이 엄격하게 실시되어, 성경이 말하는 "하늘에서 내려치시는 그물"\*의 소나기로 인민을 들씌우는 일이 없도록 경계할 일이다. 왜냐하면 강력하게 시행되는 형사법은 "민중의 머리 위에 내려치는 그물의 소나기"이기 때문이다. 그러므로 형사법이 오랫동안 잠들어 있었거나 현재에 적합지 못하게 되어 있으면, 현명한 법관은 이 법의 시행을 마땅히 제한할 일이다. "사건의 내용과 아울러 그 시기를 살피는 것이 법관의 임무"인 법이다. 생사가 걸린 사건의 판결에서 재판관은 (법률이 허용하는 한) 반드시 자비심을 잊지 말아야 한다. 죄는 준엄한 눈으로 보아야 한다. 그러나 사람은 자비로운 눈으로 보아야 한다.

둘째로, 소송 대행자나 변호사에 관하여 살펴보기로 하자. 인내심을 가지고 신중하게 듣는 것은 재판에서 제일 중요한 사항이다. 지나치게 말이 많은 법관은 소리 좋은 악기라 할 수 없다. 피고석에서 조만간 나올 말을 법관이 앞질러 꺼낸다거나, 증거나 변론을 너무 짧게 잘라내고 자신의 명석한 판단력을 과시하거나, 비록 적절한 것이라 할지라도 질문을 던져서 예상된 응답을 유도하는 따위는 재판관으로서 명예롭지 못한 일이다. 청문(聽聞)에서 법관의 역할은 네 가지다. 합당한 증거를 가리는 일, 장황하고 반복적이고 부적절한 말을 조정하는 일, 진술 내용의 핵심을 종합하고 간추리고 참조하는 일, 판결 혹은 언도를 내리는 일 등이 그것이다. 이 정도

---

\*   《시편》 11편 6절.

를 넘어서는 것은 지나친 것이다. 이것은 허영심이라든가 지껄이고 싶은 욕망이라든가 조바심 때문에 남의 이야기에 귀를 기울이지 못하는 성급함이나, 좋지 않은 기억력이나, 꾸준하고 고른 주의력의 결핍에서 연유한다. 변호사의 대담한 행동이 재판관을 압도하는 괴이한 풍경도 가끔 있다. 그러나 법관은 마땅히 하나님의 자리에 앉아 '불손한 자를 누르고 겸손한 자를 축복하시는' 하나님을 본뜨도록 해야 한다. 더욱 괴이한 일은 변호사가 일방적으로 법관의 애호를 받는 경우다. 이런 경우에는 사례금의 액수가 오를 수밖에 없고, 뒷거래가 있다는 의혹이 따르게 마련이다. 사건이 잘 처리되고 변론이 훌륭한 경우, 특히 패소한 측 변호사에 대하여 재판관은 마땅히 적당한 찬사의 말을 전하도록 한다. 이로써 당사자의 마음속에서 변호인의 명성이 부축임을 받게 되고 그 사건에 대한 자신의 의견을 지울 수 있다. 이와 마찬가지로 교활한 변론, 지나친 태만, 부실한 이해, 지각 없는 억지, 지나치게 담대한 변호 등의 경우에는 공중을 위하여 변호사를 가볍게 꾸짖도록 한다. 그리고 변호인석의 변호사가 재판장과 말다툼을 하거나 판결이 내려진 후에까지 사건의 처리에 끼어드는 일이 없도록 하여야 한다. 한편 재판관이 사건을 중도에서 떠맡거나, 어느 한 당사자에게 자기의 변론이나 증언이 진술되지 않았다는 비난의 여지를 주어서는 안 된다.

셋째로, 서기와 조수에 관련된 문제를 생각하여보자. 법정은 신성한 곳이다. 그러므로 판사석뿐만 아니라 단상과 구내가 모두 추문이나 타락 없이 보존되어야 한다. 성경 말씀에 "포도를 찔레나 엉겅퀴에서 딸 수 없다"고 하였다. 마찬가지로 재물에 눈이 어두운 서기와 조수들의 찔레 밭, 가시덤불 속에서 향기 높은 재판의 열매는 기대할 수 없다. 법정의 운용이 네 가지 파렴치한을 기생시킬 수 있다. 첫째는 소송의 씨를 뿌리는 자들로, 그들은 법정을 번창하게 하고 나라를 시들게 만든다. 둘째는 법정을 관할권 다툼에 끌어들이는 자들이다. 그들은 '법정의 친구'가 아닌 '법정의 기생충'으로서, 자신의 이익을 위하여 한계를 넘어 팽창하게 만든다. 셋째는 법정의 왼팔이라 하여도 될 자들이다. 그들은 민활하고 술책이 음험하며 임기웅변에 능하기 때문에 법정으로 하여금 바르고 곧은 진로에서 벗어나게 하고, 재판을 곧지 못한 길이나 미궁으로 몰아넣는다. 넷째는 사례금을 가로채거나 무리하게 받아내는 자들이다. 법정이 가시덤불에 비유되는 까닭이 여기에 있다. 양(羊)이 비바람을 피하려고 할 수 없이 덤불 속으로 뛰어드나, 반드시 약간의 털을 뜯긴다. 이와는 반대로 전례(前例)에 밝고, 수속에 막힘이 없으며, 법정 사무에 능한 노숙한 서기는 법정의 뛰어난 안내자이며, 종종 재판관에게까지 방향을 가리켜주기도 한다.

 넷째로, 군주와 국가에 관련되는 면을 살펴보자. 법관은 무엇보다도 로마의 십이동판법(十二銅版法)\*의 결론으로 되어 있는 "인민의 안녕이 최고의 법률"이라는 말을 명심하고, 법률이 이 목적을 펴지 못할 때 그것은 한낱 사람 잡자는 함정이요, 가당치 않은 신탁임을 알아야 한다. 그러므로 국왕과 대신이 자주 법관의 의견을 듣고, 또 법관이 국왕과 대신의 의견을 자주 듣는 것은 다행한 일이

---

\* 기원전 5세기에 작성된 로마법.

다. 즉, 법관은 법률 문제가 국사에 개입할 때, 국왕은 국사에 법률 문제를 고려하지 않을 수 없을 때 서로 상의하는 것이다. 재판에 의탁하는 송사가 '내 것 네 것' 싸움이 되는 수가 많은데, 이때 사건의 본말이 국가의 권한 주장과 상충하는 수가 많은 것이다.* 여기서 국가 문제라 함은 군주의 여러 가지 권한만이 아니라 무엇이든지 커다란 변화나 위험한 선례를 남기는 것과, 인민 대다수와 분명한 관련이 되는 것을 가리킨다. 그러나 적당한 법률과 진정한 정책이 서로 상충하는 것이라는 생각을 조금이라도 해서는 안 된다. 양자는 힘과 근육의 관계처럼, 어느 한편이 다른 편과 아울러 움직이는 관계다. 솔로몬의 자리는 좌우에 사자의 부축임을 받고 있음을 법관은 기억하여야 한다. 법관은 사자다. 그러나 국왕 밑의 사자다. 국왕의 통치권을 저해하거나 반대하는 일이 없도록 신중해야 한다. 법관은 법률의 현명한 활용과 응용이 중요한 자기 직분임을 생각지 못할 만큼 자신의 권리에 대해서 무지해도 안 된다. 법관은 그들의 법률보다 더욱 큰 법에 대한 사도 바울의 말을 상기하는 것이 좋다. 즉, 그는 "사람이 율법을 법 있게 쓰면 율법은 선한 것이다"**라고 하였다.

---

* 예컨대 전매를 윤허하는 군주의 권한에 대한 논쟁이 베이컨 시대에는 빈번했다.
** 《디모데전서》 1장 8절에서 사도 바울이 유대인의 율법을 언급하고 있다.

# 노여움

　노여움을 완전히 없애고자 함은 스토아 학파의 허세에 지나지 않는다. 우리에게 더 나은 말씀이 있으니 곧 "노여워하더라도 죄는 짓지 말며, 해가 지도록 노여움을 품지 말라"*는 것이다. 노여움은 그 정도와 시간에 제한을 받아야 한다. 먼저 노여워하는 본성적인 경향과 습관을 어떻게 누그러뜨리고 가라앉힐 수 있을까를 이야기하여보자. 그다음으로 어떻게 하면 개개의 노여움이 억제될 수 있을까, 또는 적어도 해가 없도록 저지할 수 있을까를 검토하고, 마지막으로 남에게 노여움을 일으키거나 가라앉히는 내막을 알아보기로 하자.
　첫째 문제에 관해서는 노여움의 결과를 깊이 생각하고 되씹으

---

\* 《에베소서》 4장 26절.

며, 그로써 자신의 생활이 어떠한 어려움에 부닥뜨리게 될지를 따져보는 길밖에 없다. 이를 위한 절호의 순간은 폭발하는 노여움이 완전히 가시고 난 후 이를 돌이켜보는 때다. "노여움은 무너지는 집과도 같이 내려앉으며 제 자신을 부순다"고 한 세네카의 말은 적절한 것이었다. 성경은 "너희의 인내로 너희 영혼을 얻으리라"*고 충고하고 있다. 참고 버티지 못하는 자는 자신의 영혼을 간직하지 못한다. 사람은 "남에게 상처를 주느라고 목숨도 함께 박아 넣는"** 벌이 되어서는 안 된다. 노여움은 일종의 비열함이다. 노여움에 굴복하는 사람이 어린아이, 여자, 늙은이, 병든 자와 같은 허약자에게 많음을 보아도 분명하다. 그렇다면 자신의 노여움을 두려워하기보다 경멸해야 할 것으로 여기고 주의해야 한다. 그렇게 해야 그 해독에 굴복되지 않고 이를 넘어서 초연할 수 있을 것이다. 이것은 만일 그런 식으로 자신을 통제할 의지만 있다면 그다지 어려운 일이 아니다.

둘째 문제에 관하여 생각해보자. 노여움의 원인과 동기는 대체로 세 가지다. 첫째는 피해에 대하여 지나치게 민감한 경우다. 해를 입었다는 느낌이 없을 때는 아무도 노여워하지 않는다. 그러므로 민감하고 섬세한 사람은 쉽게 노여워한다. 강인한 사람이라면 거의 무감각할 수 있는 일이 그들에게는 큰 괴로움이 된다. 그다음은 받은 피해가 그 상황에서 경멸로 차 있다고 생각되고 풀이되는 경

---

\*   《누가복음》 21장 19절.
\*\*  베르길리우스의 시구에서.

우다. 모멸감이야말로 피해 자체만큼, 아니 그보다도 더욱 노여움을 부채질한다. 그러므로 모멸의 상황을 식별하기에 능한 사람은 그만큼 자신의 노여움을 불태우기도 쉽다. 마지막으로 자신의 명성에 손상이 있다는 생각이 노여움을 키우고 벼린다. 이에 대한 처방은 곤잘보*가 항상 말한 "굵은 신경의 명예로움"을 지니는 것이다. 그러나 시간을 버는 것이야말로 모든 노여움의 억제책 중에서 으뜸가는 처방이다. 곧, 복수의 기회가 아직은 찾아오지 않았지만 그럴 기회가 장차 있을 것임을 스스로 믿고, 그사이 앙갚음을 보류하고 마음을 진정하는 것이다.

  노여움이 우리를 삼키더라도 이를 억제하여 해로움이 없도록 하려 할 때 특별히 주의하여야 할 두 가지 사항이 있다. 그 하나는 극렬한 언사, 특히 상대방의 폐부를 예리하게 찌르는 언사다. '예사로운 모욕'은 대수롭지 않은 것임을 생각해보라. 그리고 노여울 때는 비밀을 드러내지 말 것이다. 그 때문에 사회생활을 망가뜨릴 수 있는 까닭이다. 또 하나는 울화가 치밀어 오른다고 하던 일을 일언지하에 파기하지 말라는 것이다. 아무리 노엽더라도 돌이킬 수 없는 행동을 하여서는 안 된다.

  이제 남의 노여움을 돋우거나 가라앉히는 것에 대한 이야기를 하여보자. 노여움을 일으키려면 상대방이 몹시 심술궂고 기분이 좋지 않은 순간을 택하여 충동질하면 된다. 또 (이미 앞에 언급하였듯이) 모든 수단을 동원하여 모멸감을 자극하면 된다. 노여움을 가라

---

\* 16세기 코르도바의 명장. 스페인 왕에게 발탁되어 이탈리아에 출정했다.

앉히는 두 가지 방책은 그 반대로 하는 것이다. 첫째는 상대방의 노여움을 살 만한 것을 처음으로 말할 때는 시기를 적절히 택하는 것이다. 왜냐하면 처음의 인상이 중요하기 때문이다. 또 한 가지는 상대방으로 하여금 가능한 한 자신의 피해를 경멸받은 것으로 풀이하지 않도록 하고, 이를 오해나 두려움, 걱정 등 무엇이든지 다른 것으로 돌리는 것이다.

## 만상(萬象)의 변전(變轉)

솔로몬은 "땅 위에 새로운 것은 없다"고 하였다. 플라톤의 상상력은 "모든 지식은 회상에 불과하다"고 하였으며, 솔로몬은 다시 "모든 새로운 것은 망각에 불과하다"고 말하였다. 이로 미루어보아 우리는 레테강*이 저승에도, 현세에도 흐르고 있음을 알 수 있다. 어느 고답적인 점성가가 말하기를 "만약 두 가지 불변의 것이 없다면(하나는 항성이 언제나 서로 일정한 거리를 유지하면서 결코 가까워지거나 멀어지는 법이 없는 것이요, 다른 하나는 천체의 하루하루 운행이 변함없이 시간을 지키는 것이다), 어떤 개체도 일순간을 지탱하지 못할 것"이라고 하였다. 확실히 물질은 쉼 없이 유동하면서 잠시도 쉬지 않는다. 만물을 망각 속에 매장하는 위대한 수의에는 두 가지가 있으

---

\* 저승에 흐르는 망각의 강.

니, 곧 홍수와 지진이다. 불벼락이나 큰 가뭄은 인류를 절멸시키거나 세상을 전파(全破)하지 못한다. 파에톤의 수레*는 기껏 하루를 달렸을 뿐이다. 엘리야** 시대의 3년 가뭄도 국지적이었으며, 사람들은 살아남았다. 서인도에서 자주 일어나는 벼락에 의한 큰 불도 좁은 범위에 국한된다. 그러나 다른 두 가지 재앙, 즉 대홍수와 대지진에서 우연히 살아난 사람들은 대개 무지한 산악 지방의 사람들로서, 과거에 대해서 아무것도 설명할 수 없으며 망각이라는 점에서 아무도 살아남지 못한 경우와 마찬가지임을 주목하여야 할 것이다. 서인도의 원주민에 관해 잘 생각해보면, 그들이 구세계의 주민보다 연륜이 짧은 새로운 종족일 가능성이 크다. 그리고 지금까지 그곳을 휩쓴 재앙은 (이집트의 승려가 아틀란티스***섬이 '지진으로 침몰하였음'을 솔론에게 이야기하였듯) 지진에 의한 것이 아니라 대홍수로 그렇게 되었을 가능성이 더욱 크다. 서인도에선 지진이 드물기 때문이다. 그러나 한편으로는 그곳엔 매우 큰 강이 흘러서, 아시아, 아프리카, 유럽의 강을 이에 견준다면 작은 시냇물에 지나지 않는다. 그곳의 안데스산이나 산맥들도 우리가 접하는 산보다 훨씬 높다. 바로 이러한 높은 산 때문에 대홍수에서 사람들이 살아남아

---

* 파에톤은 태양신 헬리오스의 아들로서 하루 동안 아버지의 수레를 빌려 하늘을 달리다가 잘못되어 천지를 불바다로 만들어 제우스가 번개를 쳐서 죽여버린다.
** 유대의 예언자.
*** 대서양 한복판에 있다가 가라앉았다는 전설상의 섬 이름. 플라톤의 대화편 《티마이오스》에 기록되어 있다.

자자손손 대를 이은 것 같다. 마키아벨리는 그레고리우스 대교황\*이 모든 이교도의 유물을 말살하는 데 온갖 힘을 기울였다고 비난하면서, 종파 간의 시의(猜疑)가 사물의 기억을 말살하는 데 큰 역할을 한다고 말하고 있지만, 나의 생각으로는 이러한 열의가 대단한 결과를 가져오지도 않으며 오래 지속되지도 못하는 것 같다. 예컨대 사비니아노가 그레고리우스를 계승하자 그는 옛 유물을 부활시켰던 것이다.

천체의 변전이나 변이는 지금 이 자리에서 논의하기에 적합지 못하다. 플라톤의 대력년(大曆年)\*\*은 만약 세계가 그만큼 오래 지속한다면 어떤 영향을 끼칠지도 모른다. 개체가 똑같이 원상으로 회귀한다는 뜻이 아니라 전체로 보아 그러할지 모른다는 것이다. (천체가 하위의 물체에 대하여 구체적으로 세세한 영향을 끼친다고 망상하는 사람도 있다.)\*\*\* 혜성 역시 이와 비슷한 힘과 영향을 전체 물질계에 끼치고 있음은 말할 나위도 없다. 그러나 사람들은 혜성과 혜성의 운행을 그저 바라보기만 할 뿐 그 영향, 특히 그들의 개별적인 영향을 현명하게 관찰하지 않는다. 곧 혜성의 크기, 색채, 빛이 흐르는 방향, 천공에서의 위치, 지속한 시간 등이 어떠한 영향을 가져오는가에 관하여 관심이 없는 것이다.

---

\*   로마 교회 최초의 수도사 출신 교황(590~604년).
\*\*  플라톤의 대화편《티마이오스》에 언급된 천체 운행의 대주기. 수만 년이 지나면 모든 천체가 본디 자리로 되돌아오는 윤년을 맞는다고 한다.
\*\*\* 74쪽의 주 참조.

내가 들은 대수롭지 않은 이야기가 하나 있는데 그냥 넘기지 말고 잠깐 살펴보기로 한다. 사람들 말이 네덜란드에서는 (어느 지방인지는 모르나) 35년마다 똑같은 연월(年月)과 천후(天候)가 다시 찾아온다는 것이다. 예컨대 큰 추위, 큰물, 큰 가뭄, 춥지 않은 겨울, 덥지 않은 여름 등등이다. 사람들은 이를 가리켜 원년(元年)이라고 한다. 지난 일을 돌이켜보면 어느 정도 부합되는 점이 눈에 띄므로 언급해두었다.

그러나 이제 자연에 대한 문제를 떠나 인간의 일로 돌아오자. 인간사에서 가장 큰 변전은 종파와 종교의 변전이다. 왜냐하면 종교의 운행(運行)이야말로 인간을 가장 강력하게 지배하기 때문이다. 참된 종교는 반석 위에 세워져 있으나 그 밖의 종교는 시간의 풍랑에 흔들리고 있다. 그러므로 새로운 종파가 일어나는 까닭을 살핀 후, 허약한 인간의 판단력으로 이토록 엄청난 변혁을 막고 치유할 수 있는 범위에서 그 대책을 생각해보자.

기성 종교가 불화에 의해서 갈라질 때, 종교가의 신성함이 무너지면서 추문이 가득 찰 때, 게다가 시대가 몽매하고 무지하며 야만스러울 때에 새로운 종파의 출현이 우려된다. 이때 만약 어느 황당무계하고 괴이한 자가 나타나서 새로운 종파의 창시자임을 자처한다면 말할 나위도 없다. 마호메트가 그의 율법을 선포할 때도 이러한 요소가 모두 갖추어졌다. 새로 등장한 종파가 다음 두 가지 특성을 가지고 있으면 염려하지 않아도 된다. 전파되지 못할 것이기 때문이다. 그 하나는 기성의 권위를 대체하거나 적대하는 것이다. 기성의 권위를 능가하는 인기는 없는 까닭이다. 다른 하나는 쾌락과 음란을 허용하는 것이다.* 사변적인 이단(고대의 아리우스파나 현대의 아르미니우스파**와 같은)은 인간의 정신에 끼친 영향은 막대하나 정치적인 계기에 의한 지원이 없는 한 국가에 대한 큰 변환을 가져오지는 못한다. 새로운 종파를 심는 데에는 세 가지 방법이 있다. 조짐과 기적의 힘에 의한 것, 웅변적이요 지혜로운 언변에 의한 것, 칼에 의한 것이 그것이다. 순교는 기적의 한 가지로 생각할 수 있다. 인간성의 능력을 넘어섰다는 점에서 그러하다. 또 제일급의 탄복할 만한 신앙 생활의 본보기 역시 기적의 한 가지로 보고 싶다. 종교상의 새로운 파벌, 분열을 막는 최상의 방도는 폐풍을 개선하고 사소한 분쟁을 해소하고 피비린내 나는 탄압을 피하고 온당하게 나아가는 것이다. 또 주동적인 인물을 폭압으로 철저히 다루어 격노케 하지 말고 설득이나 등용으로 회유할 일이다.

 전쟁에서의 변화와 변전은 허다하나, 주로 세 가지를 지적할 수 있다. 즉, 전쟁의 무대와 전쟁의 무기와 전투의 방식이 그것이다. 고대에는 전쟁이 동쪽에서 서쪽으로 움직이는 수가 더 많았던 듯하다. 페르시아인, 아시리아인, 아라비아인, 타르타르인(이들은 침략자들이었다) 등이 모두 동방의 민족들이었기 때문이다. 갈리아인

---

\* "기성 권위…… 운운"은 베이컨 당대의 급진적 종파인 재세례파를, "음란…… 운운"은 이슬람교를 지칭한 것이다.
\*\* 아리우스는 4세기에 정통적인 삼위일체설에 이견을 가졌다. 아르미니우스는 16세기 네덜란드의 신학자로 칼뱅적인 예정설을 배격하고 자유의지론을 주장했다.

은 물론 서방 민족이었다. 그러나 그들의 침입은 두 번밖에 기록되어 있지 않다. 한 번은 갈라디아에, 또 한 번은 로마에의 침입이었다. 그러나 동쪽과 서쪽이 하늘에서 정한 기준은 아니다. 동으로부터의 전쟁이냐 서로부터의 전쟁이냐는 보는 위치에 따라 달라질 수도 있다. 그러나 북쪽과 남쪽은 고정되어 있다. 먼 남쪽의 민족이 북방의 민족을 침공한 예는 거의 없거나 전무하다. 전쟁의 방향은 그 반대였다. 이것으로 미루어보아 세계의 북방에 사는 민족이 비교적 호전적인 성격을 가진 것이 분명하다. 이것이 북반구의 별자리 때문인지 북쪽으로 잇달아 있는 거대한 대륙 때문인지는 알 수 없으나, 남쪽이 우리가 알고 있는 한 거의 바다로 되어 있음은 사실이다. 또는 (이것은 아마 분명한 사실일 것이다) 구태여 애써 단련하지 않아도 몸을 강인하게 하고 심기를 솟구치게 하는 북방의 추위 때문일 수도 있다.

대왕국이나 제국이 붕괴하고 와해할 때는 반드시 전쟁이 일어난다. 대제국이 존립하고 있는 동안은 자신의 방어력으로 복속된 원주민의 힘을 약화시키고 분쇄할 수 있다. 그러나 제국이 붕괴할 때는 모든 것이 파국의 길을 걸으며 자신은 이웃 나라의 먹이가 된다. 로마 제국의 붕괴가 그러했고, 샤를마뉴 대제 이후의 게르만 제국이 그러했다. 모든 새들이 제각기 자신의 날갯죽지를 찾아가겠다고 나선 것이다. 스페인도 붕괴한다면 같은 운명이 될 것이다. 왕국의 대융성과 합병도 마찬가지로 전쟁을 일으킨다. 지나치게 강대해진 국가는 대홍수와 같아서 틀림없이 흘러넘치게 된다. 로마, 터키, 스페인 등이 그러했다. 세계에 야만 민족이 극히 적은 데다가 생계 수단이 확실할 때까지 혼인하거나 자식을 낳지 않으므로(오늘날 대개의 습속이 그러하다. 타르타르족은 예외지만), 사람이 넘쳐흐를 만큼 인종이 많아질 위험은 없다. 그러나 많은 사람들이 생계의 수단을 강구하지도 않고 계속 자식을 낳아 인구를 늘린다면, 한두 세대에 한 차례씩은 불가피하게 민족의 일부를 다른 나라로 내보내야 할 것이다. 고대 북방 민족은 제비를 뽑아서 이런 일을 했다. 곧 누가 본고장에 머무를 것이며, 누가 이역에 나아가 스스로 운명을 개척할 것인가를 제비로 뽑았던 것이다. 호전적인 나라가 여리고 유약해질 때도 전쟁이 일어나기 쉽다. 대개의 경우 이러한 나라가 쇠락할 무렵에는 부유해져 있으므로 먹이를 노리는 자가 생기게 되고, 또 그 기상이 허하므로 전쟁을 끌어들이게 된다.

무기의 변천에 관하여서는 그 규칙과 관찰이 지극히 어렵다. 그러나 이 경우에도 반복과 변천이 있음을 알 수 있다. 인도의 도시 옥시드라케스에 대포가 있었던 것은 분명하며, 마케도니아인들은 이를 가리켜 우레니, 번개니, 마술이니 하고 불렀다.* 또 중국에서 대포가 이미 2천 년 전에 사용되었다는 것도 잘 알려진 사실이다. 무기의 조건, 개량할 점 등은 다음과 같다. 첫째, 미칠 수 있는 거리가 멀어야 한다. 그래야 위험을 피할 수 있기 때문이다. 대포와 소총이 그러한 예가 된다. 둘째는 타격의 위력이다. 이 점에서도 역시 대포는 모든 파성퇴(破城槌)와 고대의 무기를 능가한다. 셋째는 사

---

\* 알렉산더 대왕의 인더스강 유역 진출에 대해 언급한 것이나 그 신빙성이 의심된다.

용상의 편리다. 즉, 날씨에 관계없이 사용이 가능하고 운반하기 간편하며 다루기 쉬울 것 등등이다.

전쟁의 수행은 어떠한가? 처음에는 사람의 머릿수에 극단적으로 의존했다. 즉, 전쟁을 주력(主力)과 용맹에 의탁했다. 대회전(大會戰)의 날을 정하여두고 대등한 입장에서 승패를 가늠하려 했다. 그리고 부대의 배치와 포진에 대해서는 더욱 무지하였다. 머릿수의 막강함보다 병사의 능력에 더욱 의존하게 되면서, 사람들은 지형의 이용이나 교묘한 견제 등을 알게 되고, 부대의 실전 배치에 더욱 능해지는 것이다.

한 나라의 청년기에는 군사가 융성하고, 장년기에는 학문이 융성한다. 그리고 나서 얼마 동안 군사와 학문이 함께 융성한다. 한 나라의 쇠퇴기에는 공예와 상업이 융성한다. 학문이 비롯하면서 다분히 유치할 때는 학문의 유년기다. 호사스럽고 발랄할 때는 학문의 청년기다. 건실하고 차분할 때는 학문이 힘을 쓰는 나이다. 마지막으로 메마르고 아무것도 남기지 못할 때는 학문의 노년기다. 그러나 이렇게 돌아가는 변전의 수레바퀴를 너무 오래 바라보는 것은 좋지 않다. 현기증이 일어나기 때문이다. 이에 대해 자세히 이야기하자면 끝없는 순환이 될 터이므로 이 글에서는 다루지 않는다.

# 소문[*]

시인들은 '소문'을 괴물로 만든다. 시인은 '소문'을 때로는 섬세하고 우아하게, 때로는 엄숙하고 경구적(驚句的)으로 묘사한다. 시인은 이렇게 말한다.

"보라, 소문의 몸에 붙은 날개를, 날개 밑에 숨긴 무수한 눈을, 저 무수한 혀를, 저 무수한 목소리를, 또 곤두세우고 있는 저 무수한 귀를……."

이것은 부풀린 말이다. 그다음 뛰어난 비유가 있다. 즉 '소문'은 가면 갈수록 힘이 세진다는 것, 소문은 땅 위를 가면서도 머리는 구름 속에 숨기고 있다는 것, 낮에는 망루에 앉아 있다가 밤이면 날아다닌다는 것, 한 일과 하지 않은 일을 뒤섞는다는 것, 큰 도회지

---

[*] 이 수필은 완성되지 않은 단편이다.

에 대해서는 두려운 존재가 된다는 것 등등이다. 그러나 제일 뛰어난 비유는 다음과 같은 이야기다. 즉, 거인족이 제우스에 대적하여 일어섰으나 제우스가 그들을 괴멸시켰고, 이에 거인족의 어머니인 대지가 분개한 나머지 '소문(Fame)'이란 이름의 딸을 낳았다는 것이다. 확실히 거인족으로 비유된 반란의 무리와 혹세적인 유언과 비어는 형제와 자매의 관계이며 남성과 여성의 관계다.\* 그러나 만약 우리가 이 괴물을 길들여 주는 먹이를 쪼도록 하고, 또 다스려 다른 탐욕스러운 새들을 공격하고 꺾게 할 수 있다면, 그런대로 쓸모 있을 것이다. 그러나 우리는 지금 시인의 수사법에 너무 골몰하고 있다. 이제 차분하고 진지한 자세로 이야기해보자.

모든 정치에 관한 글에서 '소문'의 문제만큼 등한시되는 것은 없으나, 이만큼 다루어야 할 가치가 큰 것도 없다. 그러므로 다음과 같은 문제점을 검토해보기로 하자. 즉, 거짓 소문이란 무엇인가, 참된 소문은 무엇인가, 어떻게 하면 가장 잘 분간할 수 있는가, 소문의 씨는 어떻게 뿌려지고 거두어지는가, 어떻게 소문은 퍼지고 늘어나는가, 어떻게 하면 막고 없앨 수 있는가 등을 생각해보기로 하자. 소문의 특성에 관한 그 밖의 것을 알아보기로 하자.

소문의 위력은 대단한 것이어서 소문이 큰 역할을 하지 않는 커다란 사건을 찾아보기 어려울 정도다. 특히 전쟁에서 그러하다. 무키아누스는 자기가 뿌려놓은 소문의 덕으로 비텔리우스를 격파했다. 즉, 비텔리우스가 시리아의 군단을 게르마니아로, 게르마니아

---

\*   72쪽의 주 참조.

의 군단을 시리아로 옮길 의향이라고 퍼뜨려 시리아 군단을 걷잡을 수 없이 격분시켰던 것이다. 카이사르는 교묘한 소문을 퍼뜨려 폼페이우스로 하여금 방비를 풀게 하고 노력과 준비를 게을리하게 했다. 즉, 휘하 장병들이 카이사르를 좋아하지 않는다든가, 전쟁에 지쳤고 갈리아에서의 전리품도 많으니 이탈리아로 돌아오기만 하면 그를 따르지 않을 것이라는 따위의 소문이었다. 리비아는 자기의 남편인 아우구스투스의 병세가 호전되고 있다고 계속 발표함으로써 자기 아들 티베리우스의 제위 계승에 만전을 기하였다. 그리고 터키에서는 대제가 죽으면 황제의 고위 측근은 이 사실을 근위대나 일반 병사에게 숨기는 것이 예사였는데, 그것은 이런 틈에 콘스탄티노플이나 다른 도회지가 약탈당하는 수가 많았기 때문이다. 테미스토클레스는 페르시아의 왕 크세르크세스를 그리스에서 내쫓기 위하여 그리스인들이 그가 헬레스폰트 해협에 가설한 선교(船橋)를 파괴하려 한다는 소문을 퍼뜨렸다. 이러한 예는 무수하게 많다. 많으면 많을수록 그만큼 되풀이할 필요가 없겠다. 그러한 실례를 아무 데서라도 볼 수 있기 때문이다. 그러므로 무릇 모든 현명한 통치자는 행동이나 계획에 대한 관심과 마찬가지로 소문에 대해서도 크게 경계하고 조심할 일이다.

## 작품 해설

　엘리자베스 여왕 시대는 서양 역사의 변두리인 제2진에 있던 영국이 큰 용트림과 찬란한 날갯짓으로 불끈 솟아오른 위대한 시대였다. 아메리카를 발판으로 삼음과 동시에, 지금까지 지중해를 중심으로 해온 동방 교역이 막을 내리고 대서양을 발단으로 꿈과 모험의 신천지 개척에 열을 올리면서, 다시 말하여 지중해를 무대로 활동하던 유럽인들이 대서양 너른 바다로 뛰쳐나가면서, 영국은 모험과 도약과 낙관의 시대로 들어선다.

　이탈리아가 누려온 오랜 상업상의 우위가 대서양 연안국으로 넘어가면서 영국은 처음에는 대단한 활력으로 스페인, 네덜란드, 프랑스 등의 앞서가는 힘에 도전했고, 다음에는 어깨를 겨루게 되며, 드디어 이들을 앞지르게 된다. 1588년 스페인의 무적함대를 격파한 기골찬 승리는 대단히 상징적인 사건이었다. 그리고 시대의 기운은 인본과 합리의 정신이 중세적 우상과 권위에 전면적으로 도전하는 쪽으로 움직였다.

프랜시스 베이컨의 일생은 이러한 시대만큼이나 야심적이었다. 20대에 하원의원에 당선된 이후 50대에 대법관에 이르기까지, 정치적 입신을 위하여 애쓴 끈질긴 태도도 가히 야심적이라 하겠으나, 철학(좀 더 정확히 말하면 지식)의 체계와 방법과 그 공리적 적용을 한꺼번에 의도한 《철학의 대재건(*Magna Instauration*)》이야말로 미완에 그치긴 했으나 실로 과학적 예언자로서의 야심적인 구상이었다. 아리스토텔레스 논리학의 불모성을 지적하고 경험과 관찰에 의한 새로운 방법을 갈파한 그의 주저 《신기관(新機關)》, 지식의 모든 분야를 일람한 후 이를 평가하고 전문화, 통합, 조정을 시도한 《학문의 진보》, 그 나름의 과학주의에 입각한 이상향을 그린 것으로서 1662년에 왕립학회(Royal Society)가 세워지는 직접적 계기가 된 《새로운 아틀란티스》 등은 모두 이 구상의 일부였다.

이와 같은 지적 작업의 궁극적 발상이 과학적 낙관론을 바탕으로 하고 있다고 보면, 베이컨은 시대정신을 훌륭히 대표한 당대인일 뿐만 아니라(그의 대단했던 정치적 입신욕까지도 르네상스 시대 지식인의 특성이었다 한다), 20세기에 이르러서야 비로소 도전을 받게 된 과학적 합리주의를 선창한 시대의 예언자이기도 하다. 베이컨의 중요성은 이렇게 현대에 조응되는 역사적 문맥에서 찾을 수 있다.

그러한 베이컨의 인간과 자연과 세계를 보는 '눈'이 어떠한 것이었나를 친근하게 보여주는 고전적인 산문이 《수필집》(1597~1623)이다. '친근'이라 했으나, 우리가 일반적으로 '수필'이라는 말과 더

불어 연상하는 일인칭적인 심경 서술과는 거리가 멀다. 오히려 때로는 환자를 진단하는 의사의 자세로, 때로는 사건을 심리하는 법관의 자세로, 때로는 자연현상을 설명하는 과학자의 자세로 인간사의 관심과 문제와 현상을 진단하고 심리하고 설명한다.

그의 관심은 '정원 가꾸기'에서 '제국의 경영'에 이르기까지 미치지 않는 곳이 없으며, 독자를 그의 생각과 당대의 풍경에 대단히 자상하고 가깝게 끌어들이나, 목소리가 흥분하는 법이 결코 없다. 훌륭한 대비와 짜임새와 표현상의 절제와 빛나는 경구는 그의 특징적인 문체이며, 《수필집》이 엘리자베스 시대 영국의 대표적 산문인 이유기도 하다. 이 점이 당대의 몽테뉴와 좋은 대조를 이루는데, 이들은 다같이 '수필'이라는 문학상의 장르를 창시한 선구이면서도 수필의 두 가지 다른 방식을 처음부터 각각 대표했다.

우리는 군주제야말로 인간성에 본연적으로 부합하는 제도라는 베이컨의 생각에 찬동할 수 없다. 제왕과 귀족과 평민으로 나뉘는 계급의 필요를 믿는 귀족주의의 입장에도 찬동할 수 없다. 내부의 불만을 외부로 돌리기 위해서라도 전쟁이 필요하다는 생각은 더군다나 하지 않는다. (물론 은인인 에섹스 공에 대한 베이컨의 수상쩍은 처신에도 마음이 개운하지 못하다.)

또한 《수필집》을 읽어가노라면 이따금씩 느끼게 되는 그의 마키아벨리적인 발상의 낌새에 흥미와 불안을 가지기도 한다. 그의 과학주의나 실용주의에 이르면 우리 현대 독자의 반응은 불가불 미묘, 애매해진다. 그러나 우리는 이 의아심의 발단이 베이컨을 우리 당대로 끌어내린 데 있음을 생각한다. 아마 우리 쪽에서 세월을 거슬러 그의 곁에 서보아야 할 것이다. 그리고 마지막으로, 우리는 그의 수필이 이상의 번거로운 사족과 관계없이 대단히 즐길 만한 것임을 안다.

끝으로 이 책은 1971년도 맥밀란 사의 *Bacon's Essays* 를 번역했음을 덧붙인다.

옮긴이

## 프랜시스 베이컨 연보

**1561년** 영국 런던에서 태어났다. 아버지는 여왕의 국새를 관리하는 관료였고 어머니는 인문주의자였다.

**1573년** 열두 살의 나이에 케임브리지대학교 트리니티칼리지에 입학해 3년간 수학했다. 교육은 주로 라틴어로 진행되었고, 아리스토텔레스의 철학을 주요하게 학습했다.

**1576년** 고위 법률가를 양성하는 기관에 들어가 법학 공부를 시작했다.

**1581년** 하원의원으로 선출되었다. 이후 그는 여러 지역에서 의원으로 선출되며 자유주의 개혁가로 이름을 알렸다.

**1582년** 변호사 생활을 시작했다.

**1597년** 수필집을 처음 발간했다. 이후 이 책은 1623년까지 여러 차례 개정되었다.

**1603년** 제임스 1세에게 기사 작위를 수여받았다.

**1605년** 철학, 정치, 과학, 교육 등의 여러 분야를 망라하는 과학적 방법론의 필요성을 주창한 《학문의 진보》를 출간했다.

**1613년** 법무장관에 임명되었다.

**1618년** 1617년 임시 섭정으로 임명된 데 이어 대법관의 자리에 올라 공직 생활의 절정에 올랐다.

**1620년** 당대를 지배하던 아리스토텔레스의 철학을 넘어서는 방법론인 귀납법을 제시한 《신기관》을 출간했다.

**1621년** 왕실과 의회의 대립이 격화되던 와중 소송 당사자에게 선물을 받았다는 부패 혐의로 고발되었고, 공직 사회에서 불명예스럽게 퇴출당했다. 이후 베이컨은 공부와 글쓰기에 매진했다.

**1626년** 실험을 하던 중 감기에 걸렸고, 이후 폐렴으로 사망했다. 사후 인류와 지식의 미래에 대한 비전이 담긴 유토피아 소설 《새로운 아틀란티스》가 출간되었다.

옮긴이 **김길중**

서울대학교와 미국 털사대학교에서 영문학을 공부했다. 한양대학교, 이화여자대학교 영문과 강사를 역임했으며 울산대학교를 거쳐 서울대학교 사범대학 영어교육과 교수로 재직했다. 현재 서울대학교 사범대학 영어교육과 명예교수다. 옮긴 책으로 《프루스트, 만, 조이스》(공역), 《표현주의》 등이 있다.

## 베이컨 수필집

1판 1쇄 발행 1976년 9월 30일
4판 1쇄 발행 2025년 6월 16일

지은이 프랜시스 베이컨 | 옮긴이 김길중
펴낸곳 (주)문예출판사 | 펴낸이 전준배
출판등록 2004. 02. 11. 제 2013-000357호 (1966. 12. 2. 제 1-134호)
주소 04001 서울시 마포구 월드컵북로 21
전화 02-393-5681 | 팩스 02-393-5685
홈페이지 www.moonye.com | 블로그 blog.naver.com/imoonye
페이스북 www.facebook.com/moonyepublishing | 이메일 info@moonye.com

ISBN 978-89-310-2525-5 04800
ISBN 978-89-310-2365-7 (세트)

• 잘못 만든 책은 구입하신 서점에서 바꿔드립니다.

ꭧ문예출판사® 상표등록 제 40-0833187호, 제 41-0200044호

## ■ 문예세계문학선

★ 서울대, 연세대, 고려대 필독 권장 도서  ▲ 미국대학위원회 추천 도서
● 《타임》 선정 현대 100대 영문 소설  ▽ 《뉴스위크》 선정 세계 100대 명저

| | |
|---|---|
| 1 젊은 베르테르의 슬픔 괴테 / 송영택 옮김 | 34 지상의 양식 앙드레 지드 / 김붕구 옮김 |
| ▲▽ 2 멋진 신세계 올더스 헉슬리 / 이덕형 옮김 | 35 체호프 단편선 안톤 체호프 / 김학수 옮김 |
| ▲●▽ 3 호밀밭의 파수꾼 J. D. 샐린저 / 이덕형 옮김 | 36 인간 실격 다자이 오사무 / 오유리 옮김 |
| 4 데미안 헤르만 헤세 / 구기성 옮김 | 37 위기의 여자 시몬 드 보부아르 / 손장순 옮김 |
| 5 생의 한가운데 루이제 린저 / 전혜린 옮김 | ●▽ 38 댈러웨이 부인 버지니아 울프 / 나영균 옮김 |
| 6 대지 펄 S. 벅 / 안정효 옮김 | 39 인간 희극 윌리엄 사로얀 / 안정효 옮김 |
| ●▽ 7 1984 조지 오웰 / 김승욱 옮김 | 40 오 헨리 단편선 O. 헨리 / 이성호 옮김 |
| ▲●▽ 8 위대한 개츠비 F. 스콧 피츠제럴드 / 송무 옮김 | ★ 41 말테의 수기 R. M. 릴케 / 박환덕 옮김 |
| ▲●▽ 9 파리대왕 윌리엄 골딩 / 이덕형 옮김 | 42 파비안 에리히 케스트너 / 전혜린 옮김 |
| 10 삼십세 잉게보르크 바흐만 / 차경아 옮김 | ★▲▽ 43 햄릿 윌리엄 셰익스피어 / 여석기 옮김 |
| ★▲ 11 오이디푸스왕 · 안티고네 소포클레스 · 아이스킬로스 / 천병희 옮김 | 44 바라바 페르 라게르크비스트 / 한영환 옮김 |
| | 45 토니오 크뢰거 토마스 만 / 강두식 옮김 |
| ★▲ 12 주홍글씨 너새니얼 호손 / 조승국 옮김 | 46 첫사랑 이반 투르게네프 / 김학수 옮김 |
| ▲●▽ 13 동물농장 조지 오웰 / 김승욱 옮김 | 47 제3의 사나이 그레이엄 그린 / 안흥규 옮김 |
| ★ 14 마음 나쓰메 소세키 / 오유리 옮김 | ★▲▽ 48 어둠의 심장 조지프 콘래드 / 이덕형 옮김 |
| ★ 15 아Q정전 · 광인일기 루쉰 / 정석원 옮김 | 49 싯다르타 헤르만 헤세 / 차경아 옮김 |
| 16 개선문 레마르크 / 송영택 옮김 | 50 모파상 단편선 기 드 모파상 / 김동현 · 김사행 옮김 |
| ★ 17 구토 장 폴 사르트르 / 방곤 옮김 | 51 찰스 램 수필선 찰스 램 / 김기철 옮김 |
| 18 노인과 바다 어니스트 헤밍웨이 / 이경식 옮김 | ★▲▽ 52 보바리 부인 귀스타브 플로베르 / 민희식 옮김 |
| 19 좁은 문 앙드레 지드 / 오현우 옮김 | 53 페터 카멘친트 헤르만 헤세 / 박종서 옮김 |
| ★▲ 20 변신 · 시골 의사 프란츠 카프카 / 이덕형 옮김 | ★ 54 몽테뉴 수상록 몽테뉴 / 손우성 옮김 |
| ★▲ 21 이방인 알베르 카뮈 / 이휘영 옮김 | 55 알퐁스 도데 단편선 알퐁스 도데 / 김사행 옮김 |
| 22 지하생활자의 수기 도스토옙스키 / 이동현 옮김 | 56 베이컨 수필집 프랜시스 베이컨 / 김길중 옮김 |
| ★ 23 설국 가와바타 야스나리 / 장경룡 옮김 | ★▲ 57 인형의 집 헨리크 입센 / 안동민 옮김 |
| ★▲ 24 이반 데니소비치의 하루 알렉산드르 솔제니친 / 이동현 옮김 | ★ 58 소송 프란츠 카프카 / 김현성 옮김 |
| | ★▲ 59 테스 토마스 하디 / 이종구 옮김 |
| 25 더블린 사람들 제임스 조이스 / 김병철 옮김 | ★ 60 리어왕 윌리엄 셰익스피어 / 이종구 옮김 |
| ★ 26 여자의 일생 기 드 모파상 / 신인영 옮김 | 61 라쇼몽 아쿠타가와 류노스케 / 김영식 옮김 |
| 27 달과 6펜스 서머싯 몸 / 안흥규 옮김 | ▲▽ 62 프랑켄슈타인 메리 셸리 / 임종기 옮김 |
| 28 지옥 앙리 바르뷔스 / 오현우 옮김 | ▲●▽ 63 등대로 버지니아 울프 / 이숙자 옮김 |
| ★▲ 29 젊은 예술가의 초상 제임스 조이스 / 여석기 옮김 | 64 명상록 마르쿠스 아우렐리우스 / 이덕형 옮김 |
| ▲ 30 검은 고양이 에드거 앨런 포 / 김기철 옮김 | 65 가든 파티 캐서린 맨스필드 / 이덕형 옮김 |
| ★ 31 도련님 나쓰메 소세키 / 오유리 옮김 | 66 투명인간 H. G. 웰스 / 임종기 옮김 |
| 32 우리 시대의 아이 왼된 폰 호르바트 / 조경수 옮김 | 67 게르트루트 헤르만 헤세 / 송영택 옮김 |
| 33 잃어버린 지평선 제임스 힐턴 / 이경식 옮김 | 68 피가로의 결혼 보마르셰 / 민희식 옮김 |

(뒷면 계속)

| | |
|---|---|
| ★ 　69 팡세 블레즈 파스칼 / 하동훈 옮김 | ▲105 훌륭한 군인 포드 매덕스 포드 / 손영미 옮김 |
| 　70 한국단편소설선 김동인 외 / 오양호 엮음 | 　106 수레바퀴 아래서 헤르만 헤세 / 송영택 옮김 |
| 　71 지킬 박사와 하이드 로버트 L. 스티븐슨 / 김세미 옮김 | ▲107 죄와 벌 1 표도르 도스토옙스키 / 김학수 옮김 |
| ▲　72 밤으로의 긴 여로 유진 오닐 / 박윤정 옮김 | ▲108 죄와 벌 2 표도르 도스토옙스키 / 김학수 옮김 |
| ★▲▽ 73 허클베리 핀의 모험 마크 트웨인 / 이덕형 옮김 | 　109 밤의 노예 미셸 오스트 / 이재형 옮김 |
| 　74 이선 프롬 이디스 워튼 / 손영미 옮김 | 　110 바다여 바다여 1 아이리스 머독 / 안정효 옮김 |
| 　75 크리스마스 캐럴 찰스 디킨스 / 김세미 옮김 | 　111 바다여 바다여 2 아이리스 머독 / 안정효 옮김 |
| ★▲ 76 파우스트 요한 볼프강 폰 괴테 / 정경석 옮김 | 　112 부활 1 레프 톨스토이 / 김학수 옮김 |
| ▲　77 야성의 부름 잭 런던 / 임종기 옮김 | 　113 부활 2 레프 톨스토이 / 김학수 옮김 |
| ★▲ 78 고도를 기다리며 사뮈엘 베케트 / 홍복유 옮김 | ▲●114 그들의 눈은 신을 보고 있었다 |
| ★▲▽ 79 걸리버 여행기 조너선 스위프트 / 박용수 옮김 | 　　　 조라 닐 허스턴 / 이미선 옮김 |
| 　80 톰 소여의 모험 마크 트웨인 / 이덕형 옮김 | 　115 약속 프리드리히 뒤렌마트 / 차경아 옮김 |
| ★▲▽ 81 오만과 편견 제인 오스틴 / 박용수 옮김 | 　116 제니의 초상 로버트 네이선 / 이덕희 옮김 |
| ★▽ 82 오셀로·템페스트 윌리엄 셰익스피어 / 오화섭 옮김 | 　117 트로일러스와 크리세이드 |
| ★　83 맥베스 윌리엄 셰익스피어 / 이종구 옮김 | 　　　 제프리 초서 / 김영남 옮김 |
| ▽ 84 순수의 시대 이디스 워튼 / 이미선 옮김 | 　118 사람은 무엇으로 사는가 |
| ★ 85 차라투스트라는 이렇게 말했다 니체 / 황문수 옮김 | 　　　 레프 톨스토이 / 이순영 옮김 |
| ★ 86 그리스 로마 신화 에디스 해밀턴 / 장왕록 옮김 | 　119 전락 알베르 카뮈 / 이휘영 옮김 |
| 　87 모로 박사의 섬 H. G. 웰스 / 한동훈 옮김 | 　120 독일인의 사랑 막스 뮐러 / 차경아 옮김 |
| 　88 유토피아 토머스 모어 / 김남우 옮김 | 　121 릴케 단편선 R. M. 릴케 / 송영택 옮김 |
| ★▲ 89 로빈슨 크루소 대니얼 디포 / 이덕형 옮김 | 　122 이반 일리치의 죽음 레프 톨스토이 / 이순영 옮김 |
| 　90 자기만의 방 버지니아 울프 / 정윤조 옮김 | 　123 판사와 형리 F. 뒤렌마트 / 차경아 옮김 |
| ▲ 91 월든 헨리 D. 소로 / 이덕형 옮김 | 　124 보트 위의 세 남자 제롬 K. 제롬 / 김이선 옮김 |
| 　92 나는 고양이로소이다 나쓰메 소세키 / 김영식 옮김 | 　125 자전거를 탄 세 남자 제롬 K. 제롬 / 김이선 옮김 |
| 　93 폭풍의 언덕 에밀리 브론테 / 이덕형 옮김 | 　126 사랑하는 하느님 이야기 R. M. 릴케 / 송영택 옮김 |
| ★▲ 94 스완네 쪽으로 마르셀 프루스트 / 김인환 옮김 | 　127 그리스인 조르바 니코스 카잔차키스 / 이재형 옮김 |
| 　95 이솝 우화 이솝 / 이덕형 옮김 | 　128 여자 없는 남자들 어니스트 헤밍웨이 / 이종인 옮김 |
| 　96 페스트 알베르 카뮈 / 이휘영 옮김 | 　129 사양 다자이 오사무 / 오유리 옮김 |
| ▲ 97 도리언 그레이의 초상 오스카 와일드 / 임종기 옮김 | 　130 슌킨 이야기 다니자키 준이치로 / 김영식 옮김 |
| 　98 기러기 모리 오가이 / 김영식 옮김 | 　131 실종자 프란츠 카프카 / 송경은 옮김 |
| ★▲ 99 제인 에어 1 샬럿 브론테 / 이덕형 옮김 | 　132 시지프 신화 알베르 카뮈 / 이가림 옮김 |
| ★▲100 제인 에어 2 샬럿 브론테 / 이덕형 옮김 | 　133 장미의 기적 장 주네 / 박형섭 옮김 |
| 　101 방황 루쉰 / 정석원 옮김 | 　134 진주 존 스타인벡 / 김승욱 옮김 |
| 　102 타임머신 H. G. 웰스 / 임종기 옮김 | 　135 황야의 이리 헤르만 헤세 / 장혜경 옮김 |
| ●103 보이지 않는 인간 1 랠프 엘리슨 / 송무 옮김 | 　136 피난처 이디스 워튼 / 김욱동 |
| ●104 보이지 않는 인간 2 랠프 엘리슨 / 송무 옮김 | |